Entre les vignes

Design graphique et infographie : Marie-Josée Lalonde
Révision : Sylvie Massariol

Catalogage avant publication de Bibliothèque et
Archives nationales du
Québec et Bibliothèque et Archives Canada

Orhon, Jacques

    Entre les vignes : récits, rencontres et réflexions autour
du vin

    ISBN 978-2-7619-2970-7

    1. Vin - Anecdotes. 2. Vin - Aspect social.
3. Établissements vinicoles. I. Titre.

TP548.O74 2010   641.2'2   C2010-941964-2

DISTRIBUTEURS EXCLUSIFS :

Pour le Canada et les États-Unis :
MESSAGERIES ADP*
2315, rue de la Province
Longueuil, Québec J4G 1G4
Téléphone : 450 640-1237
Télécopieur : 450 674-6237
Internet : www.messageries-adp.com
* filiale du Groupe Sogides inc.,
  filiale du Groupe Livre Quebecor Media inc.

Pour la France et les autres pays :
INTERFORUM editis
Immeuble Paryseine, 3, Allée de la Seine
94854 Ivry CEDEX
Téléphone : 33 (0) 1 49 59 11 56/91
Télécopieur : 33 (0) 1 49 59 11 33
Service commandes France Métropolitaine
Téléphone : 33 (0) 2 38 32 71 00
Télécopieur : 33 (0) 2 38 32 71 28
Internet : www.interforum.fr
Service commandes Export – DOM-TOM
Télécopieur : 33 (0) 2 38 32 78 86
Internet : www.interforum.fr
Courriel : cdes-export@interforum.fr

Pour la Suisse :
INTERFORUM editis SUISSE
Case postale 69 – CH 1701 Fribourg – Suisse
Téléphone : 41 (0) 26 460 80 60
Télécopieur : 41 (0) 26 460 80 68
Internet : www.interforumsuisse.ch
Courriel : office@interforumsuisse.ch
Distributeur : OLF S.A.
ZI. 3, Corminboeuf
Case postale 1061 – CH 1701 Fribourg – Suisse
Commandes :
Téléphone : 41 (0) 26 467 53 33
Télécopieur : 41 (0) 26 467 54 66
Internet : www.olf.ch
Courriel : information@olf.ch

Pour la Belgique et le Luxembourg :
INTERFORUM BENELUX S.A.
Fond Jean-Pâques, 6
B-1348 Louvain-La-Neuve
Téléphone : 32 (0) 10 42 03 20
Télécopieur : 32 (0) 10 41 20 24
Internet : www.interforum.be
Courriel : info@interforum.be

09-10

© 2010, Les Éditions de l'Homme,
division du Groupe Sogides inc.,
filiale du Groupe Livre Quebecor Media inc.
(Montréal, Québec)

Dépôt légal : 2010
Bibliothèque et Archives nationales du Québec

ISBN 978-2-7619-2970-7

Gouvernement du Québec – Programme de crédit
d'impôt pour l'édition de livres – Gestion SODEC –
www.sodec.gouv.qc.ca

L'Éditeur bénéficie du soutien de la Société de développement des entreprises culturelles du Québec pour
son programme d'édition.

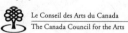 Le Conseil des Arts du Canada
The Canada Council for the Arts

Nous remercions le Conseil des Arts du Canada de
l'aide accordée à notre programme de publication.

Nous reconnaissons l'aide financière du gouvernement du Canada par l'entremise du Fonds du livre du
Canada pour nos activités d'édition.

Entre les vignes

Récits, rencontres et réflexions autour du vin

JACQUES ORHON

LES ÉDITIONS DE L'HOMME
Une compagnie de Quebecor Media

À mes chers parents, Rosa et Raymond.

Avant-propos

Il en a coulé du vin dans les chaumières depuis cette chaude soirée des vendanges 2003 où j'ai décidé de me consacrer à l'écriture de ce livre! Ce qui est amusant, c'est que, depuis, on m'a régulièrement suggéré de me lancer dans cette aventure, celle de vous raconter mes histoires et mes rencontres au cours de ce demi-siècle de fréquentation du bon jus de la treille. Eh oui, cinquante ans! Vous me direz que j'ai commencé bien tôt… Si je ne me suis pas mis à boire dès l'âge de sept ans, la vie, qui est plutôt bonne avec moi, m'a toutefois autorisé à me frotter très jeune au vin, comme je le relate dans le premier chapitre.

Très vite, grâce à l'éducation de mes parents et à mes premiers déplacements, j'ai eu la chance de réaliser qu'au-delà du bien-être qu'il procure, le vin, sujet universel s'il en est, est synonyme d'art et de culture. Il nous fournit l'occasion d'accéder à la poésie et à la littérature, aux arts plastiques, à la musique et à de nombreuses autres activités telles que la photographie, les sports et les voyages.

Contrairement à d'autres passions dévorantes dans lesquelles on peut aisément s'enfermer, la connaissance œnologique, pour peu qu'on s'y arrête, nous ouvre donc à une multitude de centres d'intérêt. Le temps d'une gorgée, le vin nous offre le loisir de retourner dans l'Histoire, et pour mieux le comprendre, il nous invite à parcourir le monde afin de saisir les particularités géographiques, écologiques et géologiques de ses lieux d'origine. Faire ce voyage dans les livres, c'est très bien; aller sur le terrain, c'est encore mieux!

Dès lors, et ce n'est pas le moindre des privilèges, le vin provoque, pour autant que l'on y soit disposé, de fabuleux rendez-vous avec des êtres qui nous font apprécier les bons moments et les vraies valeurs de la vie, en tout cas en ce qui me concerne. Ainsi le dit le journaliste français Jean-Paul Kauffmann dans son livre *Le bordeaux retrouvé*: « La culture du vin permet de développer le goût, le jugement, et une certaine forme de civilité. » Et il précise un peu plus loin : « […] je considère que le vin et la gastronomie sont l'un des derniers domaines "enchantés" de notre civilisation. […] Je puis témoigner que ce culte des plaisirs de la table, qui exprime la vérité profonde de notre pays, celles de ses terroirs et de sa tradition, n'exprime pas la frivolité d'un peuple mais tout au contraire sa profonde humanité. » Tout un programme qui va bien au-delà du simple flacon choisi pour escorter son mets favori !

Comme j'étais décidé à gagner ma croûte en me mettant au service du vin, mon métier de sommelier s'est transformé presque illico en un feu sacré. Il m'a amené à vivre tant d'expériences sous toutes les latitudes que je me devais de les partager, de la même façon que l'on ouvre une bonne bouteille avec des amis pour la simple satisfaction d'échanger.

S'il est vrai que le bien-fondé d'une relation se trouve dans la valeur et la personnalité des protagonistes, je présente quelques personnes, connues ou totalement anonymes, qui figurent dans ces histoires vécues, choisies expressément pour leur éventuel intérêt et, surtout, parce qu'elles m'ont influencé.

Au fil des pages, je tente sans complaisance de vous livrer en leur compagnie mes réflexions sur la divine boisson qui, ne l'oublions pas, n'est, au départ, que du jus de raisin, et sur sa place dans la société. Si je prends position, je vous invite également à faire la part des choses, tout en précisant qu'il n'y a sans doute pas de hasard, peut-être juste des coïncidences… Loin de moi l'idée de désacraliser ce monde teinté de poésie, mais j'admets que je n'aime pas le vin snob. Il n'y a rien de plus ennuyant ! Il ne doit pas être élitiste non plus, et je trouve plutôt rafraîchissant, avec la part de mystère dont il est auréolé, de ne pouvoir tout expliquer à une époque où l'on se targue de tout savoir.

J'avoue cependant m'être posé la question à plusieurs reprises concernant la légitimité de subvenir à mes besoins avec ce produit apparenté au monde du luxe. Quand on pense à tous ceux et celles qui vivent, ou plutôt qui survivent à peine, avec 50 dollars par mois, le prix de certains crus frise le scandale et l'injustice sociale. Et que l'on cesse de comparer la plus-value d'un cru vénérable avec celle d'une œuvre de maître ! Un siècle plus tard, une peinture ou une sculpture auront défié les années, pendant que le précieux nectar, à de rares exceptions, aura perdu depuis belle lurette les charmes de sa jeunesse et les atouts du temps de sa splendeur. C'est justement ce qui le rapproche de nous, pauvres mortels, et c'est très bien ainsi. Cela dit, j'ai l'intime conviction qu'il fait partie, au même titre que l'industrie des parfums, des lunettes et des vêtements griffés, d'une économie mondiale qui mettrait des dizaines de millions de gens au chômage si on en arrêtait la production.

Ce qui me taraude néanmoins quand je suis devant l'iniquité ou l'infamie, c'est, en plus de faire l'impasse trop souvent sur notre statut de bien nantis, la futilité des petites choses de la vie à côté du malheur des autres. Je sais la joie de ressentir les instants fugaces du quotidien, et Kauffmann décrit très bien dans son livre l'émerveillement et l'étonnement qu'il éprouve à respirer, à parler, à se déplacer sans contrainte après avoir été gardé en captivité pendant trois ans. Pourtant, on s'emporte fréquemment pour des balivernes et autres fadaises inutiles. J'en vois trop qui en ont oublié l'empathie et les vertus insoupçonnées du rire, occultant la faculté de mettre le tout dans une large perspective, et je pense ici à la petite phrase de mon ami Jean Chouzenoux : « Elle n'est pas belle, la vie ? »

À vrai dire, si le vin sait engendrer la convivialité avec gourmandise et sensualité, il a cette facilité, parfois inattendue et déconcertante, à s'inviter lors des temps exceptionnels de notre existence, détenant le pouvoir ultime de nous rassembler, de nous faire vivre des fragments de bonheur, en fait, de célébrer la vie avec nous. De temps à autre, il prend la vedette – on le lui doit bien –, mais c'est dans des seconds rôles ou comme figurant qu'il sert de faire-valoir aux hommes et aux femmes auxquels il donne la liberté de se raconter, quand ce n'est pas de se laisser aller. On concède généralement que l'anglais est la langue des affaires et le français celle du vin, mais peut-être que la vraie langue du vin est tout simplement celle du cœur.

C'est, je le souhaite, ce dont vous conviendrez en vivant avec moi ces tranches de vie soigneusement arrosées et riches en émotions.

L'échanson de la maison

Sept ans, c'est l'âge de raison. Pour moi, c'était plutôt l'âge du raisin. Dixième enfant et avant-dernier d'une famille modeste qui s'était installée dans le Haut-Anjou lors de ma naissance, je profitais joyeusement de cette grande maison du centre-ville de l'Ouest de la France, acquise en viager.

Le viager – c'était courant à l'époque – permet à des gens pas bien riches de se procurer une résidence tout en payant un loyer au propriétaire, à qui on laisse l'usufruit d'un appartement suffisamment spacieux. Lorsque ce dernier passe l'arme à gauche, on prend possession de la demeure en totalité, et les paiements cessent. Pas très moral tout ça ! Mes parents, catholiques pratiquants, n'aimaient pas du tout qu'on échafaude des projets douteux afin d'accélérer le processus... «Papa, et si on laissait traîner une peau de banane dans

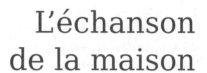

Histoire de viager

Pierre Tchernia, le Monsieur Cinéma du petit écran français, a réalisé en 1971 une comédie grinçante qui a pour titre *Le Viager*, mettant en vedette une impressionnante brochette d'acteurs dont un Michel Serrault retraité et soi-disant malade. Celui-ci cède sa maison de cette façon, mais, au grand dam des acquéreurs convaincus qu'il n'en a plus pour longtemps, Serrault rajeunit à vue d'œil.

l'escalier… Une savonnette peut-être ? » Raymond fulminait en fronçant les sourcils : « Je vous interdis ! Non mais, quand même ! »

Cela dit, il s'agissait pour nous d'une bonne bourgeoise, pimbêche sur les bords mais bien gentille malgré sa sévérité apparente. Ancien professeur de violon, elle tâtait encore de l'archet et nous initiait, fenêtres ouvertes, à la finesse d'une sonate ou d'un concerto. Le problème, 25 ans plus tard, c'est que mes parents ont dû se résoudre, avant de retourner en Bretagne, à revendre la maison à perte avec, en prime aux nouveaux acquéreurs, la coriace et résistante Olive, gaillarde encore pour plusieurs années. Ils en ont bien profité, ceux qui nous ont suivis…

Je me souviens de ces conversations tournant autour des avantages et des inconvénients du viager, et de cette histoire, vraie, je le précise, survenue chez le cordonnier de la famille, à trois rues de chez nous. Trois mois après avoir acheté en viager le bâtiment où se trouvait son magasin, il s'est rendu dans le grenier pour y chercher des outils et est resté bouche bée devant l'ex-proprio qui venait de se pendre à la charpente. On raconte qu'il a hésité avant de porter secours au malheureux mais qu'il s'est repris, lui sauvant la vie juste à temps. Une bien belle anecdote, me direz-vous ! Mais le plus terrible dans cette affaire, c'est qu'on chuchotera que le cordonnier a été récompensé pour son geste puisque le candidat au suicide est décédé de mort naturelle quelques semaines plus tard…

La craie tuffeau

>> Il s'agit d'une pierre blanche d'Anjou et de Touraine qui servait à la construction des édifices (habitations, églises, châteaux, abbayes et autres monuments) et sert encore tout particulièrement dans les travaux de restauration. Crayeuse et poreuse, elle est connue, par exemple, dans le vignoble angevin pour ses vertus minérales dans les appellations du Saumurois.

C'est donc dans une maison de trois étages faite de tuffeau que j'ai vécu les 16 premières années de ma vie. Construit en 1618 puis complété en 1722, le nid familial était un havre de bonheur avec ses larges pièces, dont ses chambres aux portes-fenêtres qui donnaient sur l'immense jardin, son grenier où l'on a fait nos premières armes en théâtre et, bien sûr, sa cave dont je parlerai plus loin. Ornée d'une rosace au plafond, la salle de séjour était assez vaste pour contenir un bureau, le coin couture de ma mère, qui n'arrêtait jamais, et une table qui servait aux repas quotidiens comme aux agapes festives et familiales, sans oublier la table de ping-pong qui prenait ses droits certains hivers.

En fait, et de façon toute naturelle, nous passions chaque jour du XVIIᵉ siècle au XVIIIᵉ siècle et vice-versa. Les murs épais participaient à l'isolation naturelle, toutefois défaillante lorsque les hivers étaient rudes. Je pense à ces bouillottes de caoutchouc ou de terre vernissée que l'on glissait dans le fond du lit pour s'endormir les pieds au chaud… quand ce n'était pas une brique emmitouflée dans du papier journal. Mon père a consacré une partie de sa vie à jouer au maçon, au plâtrier, à l'électricien. Totalement irrespectueux, nous dérobions de petits morceaux des murs extérieurs, que nous utilisions comme craies pour jouer au maître d'école.

Les communs comprenaient deux pavillons plutôt délabrés et une ancienne écurie, dont une partie servait d'atelier. En compagnie d'un ami, à l'aube de mes 12 printemps, j'avais aménagé à l'étage un bar – privé comme il se doit –, mais où rien ne manquait: comptoir, sofa, décoration, musique, choix de boissons désaltérantes et, de temps en temps, des clients égarés. Forcément, je n'ai pas demandé de licence pour ce petit bistro que j'avais baptisé le Café Iznogoud, en référence à l'une de mes bandes dessinées préférées du moment.

C'est dans le jardin, formidable terrain de jeu au centre duquel régna pendant des années un vieux cèdre assez imposant qu'il fallait faire la ronde à six pour le ceinturer, que j'ai collectionné sans le savoir les senteurs et les parfums que l'alchimie du vin nous redonne par esters interposés. La partie orientée à l'est était réservée aux poireaux, aux oignons – des rouges et des jaunes –, aux betteraves, aux carottes, aux pommes de terre

Celui qui veut prendre la place du calife

>> Les aventures du grand vizir *Iznogoud* font partie d'une série de bandes dessinées de René Goscinny et Jean Tabary, créée en 1961.

que j'adorais ramasser, aux radis et aux rutabagas, aux haricots verts – les plus fins s'il vous plaît –, ainsi qu'à tous les choux qu'un potager autorise.

Le côté sud, selon les saisons, voyait mûrir les tomates et les concombres, les framboises, les fraises et les groseilles à maquereau, qu'il ne faut pas confondre avec les groseilles à grappes. Appelées «gadelles» au Québec, ces petites baies rondes, rouges ou blanches, poussaient également dans le bas du jardin, non loin des grandes fenêtres de nos chambres. Je n'ai jamais su pourquoi, mais nos chers parents donnaient à ce petit fruit savoureux le nom de «castille». Pour nous, la seule groseille était celle à maquereau, et c'est ainsi que nous nous gavâmes jusqu'à la fin de l'adolescence de groseilles, sans en connaître la véritable identité. J'apprendrai plus tard que le cassis, dont on fait référence dans les arômes d'un vin, est aussi une groseille, issue cette fois du groseillier noir.

Une groseille parmi d'autres

>> Les groseilles à maquereau poussent sur un arbrisseau épineux. Leur nom fait référence à la sauce aigre-douce mise au point par les Anglais pour accompagner ce poisson, par ailleurs aussi délicieux nature qu'en boîte...

Pourtant, nos parents se faisaient un devoir d'insister sur le mot juste. Je passe sur les *longonberries*, que nous prononcions par la phonétique sans savoir qu'il s'agissait du nom anglais d'une variété de framboise de forme allongée, et sur le *juniperus*, qui embellissait les platebandes et dont on apprit beaucoup plus tard que, derrière le nom latin que nous utilisions sans affectation, se cachait un genévrier. En lieu et place des pommes, nous mangions des *reinettes du Canada*, des *golden*, des *granny smith* et des *winter banana*, tandis que *passe-crassane*, *beurré giffard* et *beurré hardy* étaient des noms qui nous étaient plus familiers que la poire elle-même.

À la demande de ma mère, qui cuisinait chaque jour, nous visitions le flanc ouest du jardin, mitoyen avec le Palais de justice, et plus précisément le bas du mur orné de fines herbes et d'autres plantes aromatiques. Entre le persil, la ciboulette, le cerfeuil, la marjolaine, le thym et l'origan, je faisais mes classes de dégustateur en herbe, c'est le cas de le dire, en toute innocence. L'estragon, la menthe, le fenouil, le romarin et le basilic n'avaient plus de secret pour les gamins que nous étions. Mais j'apprendrai plus tard, en bon adepte de l'étymologie – d'autant plus qu'en matière de plante, c'est souvent une question de racine –, que le laurier a donné son nom au baccalauréat, du latin *Bacca laurea* (baie de laurier), en référence aux couronnes de feuilles de laurier récompensant les guerriers et les athlètes de l'Antiquité.

Justement, une immense haie de lauriers-cerises, une variété à feuille large d'un vert éclatant et brillant, à ne pas confondre avec ce laurier commun ou laurier-sauce que l'on utilise notamment dans le bouquet garni, séparait le grand jardin d'un petit carré discret, néanmoins essentiel à l'équilibre de nos menus. Mes parents y cultivaient toutes sortes de salades, de la laitue frisée à la chicorée passablement amère, en passant par la délicieuse et fine mâche, supposément proche parente de la valériane et connue aussi sous le joli nom de «doucette». Adossée au mur longeant le jardinet poussait la rhubarbe, plante tonique et cholagogue, idéale donc pour ceux qui se font de la bile. Cueillie au printemps, elle a fait les délices de notre jeunesse comme garniture de tarte, et tout particulièrement sous forme de confiture, surtout quand ma mère décidait d'ajouter les bonnes fraises juteuses mûries naturellement sous le doux soleil du Haut-Anjou.

Je me souviens aussi des odeurs du tilleul du voisin, dont les fleurs titillaient nos narines débutantes. Il y avait beaucoup de pensées et des primevères, des œillets, des violettes et du lilas. Et ces roses cultivées pour ma mère, Rosa, ces fleurs magnifiques aux pétales odoriférants

De chaque côté du mur...

>> D'après la loi française, les branches, les fleurs et les fruits d'un arbre mitoyen qui donnent sur votre terrain vous appartiennent. C'est ainsi que, chaque année, nous faisions une récolte suffisante de tilleul, que nous laissions sécher au grenier pour les futures tisanes. Les notes de tilleul se retrouvent régulièrement dans les grandes cuvées issues du cépage chenin blanc, comme dans un bonnezeaux ou un vouvray.

que nous mangions en cachette, apprenant, sans nous en rendre compte, les secrets de la rétro-olfaction!

Ce portrait peut sembler idyllique, et pourtant je n'exagère rien. Tout cela était normal, au risque de paraître banal à nos yeux d'enfants privilégiés...

Je ne peux non plus soustraire de ma mémoire olfactive le buis qui embaumait notre environnement. Employé en bordure ou taillé, pour ne pas dire sculpté par des jardiniers inspirés, le buis se trouve fréquemment aux abords des églises et des presbytères français. Quand on a mémorisé son odeur, souvent à son corps défendant, il est facile de retrouver ses fragrances dans les blancs à base de sauvignon. C'est parfois très agréable quand l'arôme se fait discret grâce à des raisins récoltés bien mûrs, mais cela peut devenir envahissant lorsque des notes végétales trop affirmées dominent avec, en finale, des réminiscences de pipi de chat. Faut aimer...

Tout jeune, j'étais attiré et fasciné par la cave. Peut-être pour la bonne raison que nous devions respecter chaque fois un cérémonial – c'est l'impression que j'en avais – avant d'y parvenir. Très rapidement, mon père avait condamné la trappe installée dans la cuisine, passage qui permettait d'y descendre directement. Il disait que c'était dangereux, mais peut-être voulait-il tout bonnement en restreindre l'accès. Nous devions donc transiter par l'extérieur, tirer une lourde planche de bois recouverte d'une

Éteins la lumière!

>> Il faudra attendre un certain nombre d'années avant que soit installé, à un des murs de la salle à manger, un commutateur équipé d'une lumière-témoin. Pendant mon adolescence, ce dispositif me donnera d'ailleurs du fil à retordre. En effet, je profitais des airs de liberté qui soufflaient sur la France de 1968 pour inviter des copains et des copines à venir s'adonner à de joyeuses libations pendant que papa et maman partaient deux jours à la campagne. Trop occupé à faire disparaître toute trace de nos coupables plaisirs gourmands, j'en oubliais d'éteindre la lumière; l'auteur de mes jours devinait ainsi que j'étais passé par la cave pour «emprunter» une ou deux bonnes bouteilles.

épaisse feuille de zinc. Équipés les premières années d'une lampe-tempête, une torche à pétrole dont la flamme était protégée des intempéries par un lobe de verre, nous descendions dans le sanctuaire où dormaient les vénérables bouteilles réservées aux grandes occasions.

De bonnes ouvrières...

》 Généralement, les araignées sont mal considérées. Pourtant, leur mission, en particulier dans les caves, consiste à se délecter des petits vers qui peuvent s'incruster dans les fûts de chêne et autres structures en bois.

En plus d'un calme absolu maintenu par 350 ans d'histoire, un mélange énigmatique de mystère et de secret planait au-dessus de ma tête, allumant l'imagination débordante de mon jeune cerveau. J'appris très jeune qu'une bonne cave sent bon, que la température se doit d'être constante et la lumière, tamisée, que les araignées qui m'effrayaient, mais moins que mes sœurs, jouaient un rôle important dans la préservation du milieu et que la relative humidité ambiante avait une incidence positive sur l'état des bouchons. En plus des incontournables muscadets et autres gros-plants qui venaient du coin où mon *pater* était né, des coteaux du layon et des savennières attendaient leur tour, pendant qu'une poignée de crus du Médoc et des clos de vougeot faisaient la sieste en toute tranquillité. Rien d'exceptionnel, certes, mais c'était bien suffisant pour aiguiser ma curiosité.

Envoûté par cet environnement habituellement réservé aux adultes, je demandais à tous les coups la permission d'accompagner celui qui avait été désigné ; la plupart du temps c'était le grand patron, notre paternel, qui descendait. Probablement étonné par tant d'empressement, il m'expliqua l'importance de bien regarder le niveau entre le col et le haut du flacon, et de ne pas faire l'erreur d'attendre une éternité pour que le volume se trouve à mi-épaule. À mes yeux, chaque bouteille devenait une partie du trésor qu'il fallait sauvegarder, jusqu'à ce qu'elle remonte au moment opportun pour être servie avec le mets idoine, et surtout, surtout, je le voyais bien, faire plaisir aux convives choyés.

Après ma première communion, le chef de famille jugea que j'étais prêt et me demanda d'être l'échanson de la maison. Il m'aurait offert en même temps une voiture à pédales et un vélo tout neuf qu'il ne m'aurait pas fait plus plaisir. Non seulement j'avais la charge, tout à coup, d'aller chercher les fins nectars, mais je devais aussi les préparer, ôter la poussière, de temps à autre les mettre en panier, sortir les verres du buffet, contrôler la température de service, découper la capsule, extraire le bouchon et verser le précieux liquide en quantité raisonnable.

Ma plus grande fierté, au-delà de la responsabilité qui venait de m'échoir, était sans doute de pouvoir aller dans la cave seul, sans peur et sans reproche. J'en profitais pour préparer la dernière commande et dorloter les fioles convoitées, bichonnant les magnums réservés aux grandes tablées, caressant les fillettes destinées aux futurs tête-à-tête.

L'ancêtre du sommelier

L'échanson est l'ancêtre du sommelier. Sans remonter à la mythologie grecque où les garçons servaient à boire, une *œnochoé* (pichet à vin) d'une main et de l'autre un *kylix*, l'ancêtre du taste-vin, on sait que l'échanson était l'officier chargé d'abreuver les rois et les princes. À cause des intrigues et des complots, le souverain avait une confiance totale en son échanson, qui goûtait avant de servir, écartant ainsi tout risque d'empoisonnement. Par la suite, le «saumalier», un mot qui trouve ses racines dans le provençal et qui désignait le conducteur du troupeau chargé de victuailles, donnera son nom au sommelier, le fonctionnaire de la cour responsable du transport et de l'approvisionnement des denrées alimentaires et des boissons diverses.

Grâce à un rai de soleil qui passait par un vieux soupirail à barreaux, j'adorais lire les étiquettes, comme je le fais encore aujourd'hui. Je prenais chaque bouteille délicatement et j'essayais de comprendre le message. Les noms qui m'étaient inconnus me faisaient déjà voyager, et je me surprenais à écouter le silence qui régnait dans le caveau.

Passer ainsi du côté de la valetaille, être au service des autres, ne me déplaisait pas, bien au contraire. Je découvrirai par la suite, bien installé dans les arcanes de ma profession, combien la fonction de sommelier peut avoir un ascendant et procurer une autorité, voire une emprise, sur quelqu'un. Mais je jure de n'en avoir abusé en aucun cas…

Cette nomination à titre d'échanson me revenait de droit, sans aucun doute. Quand je regarde la photo d'Henri Cartier-Bresson, celle du petit garçon en culotte courte de la rue Mouffetard, avec son chandail, ses san-

> **La fillette n'est pas celle que l'on croit !**
>
> ≫ Il s'agit d'un format de bouteille principalement répandu dans le pays de Nantes et en Anjou. La contenance joue entre 35 et 37,5 centilitres.

dalettes et ses deux litrons dans les bras, l'air triomphant et les yeux pétillants, j'ai l'impression de me reconnaître il y a plus de 50 ans. La ressemblance est troublante, avec en flou deux jeunes filles qui pourraient être deux de mes sœurs. Combien de fois déjà, dès mon tout jeune âge, ai-je traversé, attifé de la sorte, la place de la République de mon enfance pour aller chercher à l'épicerie les bouteilles étoilées qui correspondaient, à l'intérieur, à du vin bien ordinaire et, à l'extérieur, à un flacon reconnaissable entre tous avec ses étoiles gravées sur le col ! Toutefois, je réalisais la nuance lorsque, pour changer des neuf ou dix degrés d'alcool achetés la semaine, mon père passait avec un plaisir non dissimulé au bon douze degrés du dimanche (comme sur la photo de Cartier-Bresson). C'était ainsi ! C'était plus cher et supposément meilleur ; la qualité se reflétait, pensait-on, dans le degré d'alcool. Il n'empêche que, si le produit était le même que le petit rouge servi sans faux col au premier troquet du coin, la bouteille étoilée était écologique, puisque consignée, remboursable et réutilisée.

En charge d'une famille nombreuse, mes parents avaient institué une organisation des travaux ménagers digne d'un restaurant ou d'un complexe hôtelier. Chacun notre tour, nous devions mettre le couvert, débarrasser, balayer, faire la vaisselle puis la ranger. Et il valait mieux éviter les bêtises, car la punition habituelle était d'assurer au complet dès le lendemain, et tout seul, les tâches domestiques. On appelait ça les jours de prestation, la condamnation étant proportionnelle, évidemment, à la gravité de la faute. C'est ainsi que j'ai fait l'apprentissage, bon an, mal an, de mon métier. Mais c'est les jours de fête familiale que ma fonction revêtait tout son sens, alors que je palpais dans l'intimité de la cave l'importance de mon devoir de gardien du temple.

● ● ● ● ● ●

Quand mon père hérita de la simple cambuse où il avait été élevé par sa tante Jeanne et son oncle Pierre, j'avais à peine 10 ans et ma vocation d'échanson s'en trouva renforcée. Ce grand-oncle, que je n'ai pas connu, lui avait très certainement insufflé l'importance d'observer et d'écouter la nature, et, à n'en pas douter, de la ressentir. Un jour, papa Raymond me raconta que l'aïeul, qui possédait pour tout bagage académique son certificat d'études, avait tout compris de ce bocage qui l'entourait. Arpentant sa fermette de ses sabots de bois troués, il les avait baptisés Voltaire (vole terre) et Boileau (bois l'eau).

C'était dans le département de la Loire-Atlantique, à environ 50 kilomètres de Nantes, tout près d'Ancenis. Dès que mes parents en prirent possession, les fins de semaine furent consacrées à cette bicoque inconfortable qui avait un sérieux besoin de restauration. Nous prenions la Renault 4 CV pour nous rendre à La Roche-Blanche, dans le hameau de la Ragotière. Notre plaisir principal consistait à jouer entre frères et sœurs, de temps en temps avec les chers cousins venus de La Baule, dans le grand champ attenant à la maison, et à découvrir les charmes de la campagne : la pêche à la grenouille, l'eau que l'on remonte du puits, les vaches qui meuglent et l'épicier qui s'arrête avec sa camionnette toute garnie.

Il y a ragot et ragot !

>> Une ragotière est un lieu où les ragots (l'autre nom du sanglier) se rencontrent, et dont les grognements font allusion aux cancans et autres commérages d'aujourd'hui.

À mes yeux, l'intérêt résida bien vite dans ce petit vignoble d'à peine deux hectares situé aux confins de la zone de production muscadet-coteaux de la Loire, et qui faisait partie de la succession. J'étais pour ainsi dire devenu, du jour au lendemain, fils de vigneron! Nos premières vendanges furent tout simplement marquantes. Je découvris ces grappes gorgées de soleil (peut-être de gamay et de pinot gris, appelé localement « malvoisie ») que nous coupions au sécateur, et je commençai à comprendre le cheminement du jus de raisin qui se retrouve en bouteille une fois qu'il a fermenté.

Nous mangions en cachette les baies de noah (en référence à Noé), un cépage hybride blanc américain qui poussait çà et là de façon clairsemée, mais principalement aux abords des haies. Interdit en France depuis 1934, car il contient notamment des substances riches en éther et parce qu'il donne, il faut bien le dire, une piquette des plus médiocres, le noah possède une pulpe molle et visqueuse qui se détache en bloc de la pellicule. Notre plaisir coupable, en plus de l'interdiction paternelle d'y toucher, consistait à se cracher mutuellement les peaux que nous faisions rouler sur nos langues après avoir avalé la chair sucrée aux saveurs prononcées.

Entre deux paniers bien pleins, nous dévorions les pêches de vignes, juteuses à souhait, et avions le bonheur de nous plier aux joies du foulage, qui consistait à piétiner le raisin, parfois sans ménagement. La méthode n'était sans doute pas très orthodoxe et le protocole d'exécution, si mon souvenir est bon, somme toute aléatoire. Il faut dire que le contremaître, en l'occurrence le paysan qui prenait soin de notre petite propriété, avait, et c'est un euphémisme, une approche de l'œnologie des plus empiriques. Malgré tout, le résultat semblait séduire les aînés de la famille, qui se prêtaient sans rechigner aux joies de la dégustation.

Rentré au chai, j'aimais sentir les odeurs fermentaires et ce gaz carbonique qui nous picotait le nez. Sans en comprendre toutes les subtilités, je découvrais divers principes de base appliqués à la science œnologique, comme l'utilisation quasi systématique du soufre, lorsqu'on me permettait d'allumer ces mèches d'un jaune canari afin d'aseptiser la barrique prête à recevoir le vin nouveau.

J'étais toutefois à mille lieues d'imaginer que j'allais consacrer le restant de mes jours au mystère et aux plaisirs que peut engendrer la divine boisson.

ENFANTS ☆ PIPAS ☆ AZULEJOS ☆ EFFROI
HAO ☆ 1867 ☆ ERVAMOIRA ☆ QUINTA ☆ TAWNY
EFFROI ☆ LIÈGE ☆ VINTAGE ☆ PORTO ☆ DOURO
TAWNY ☆ VILA NOVA DE GAIA ☆ ENFANTS
PORTO ☆ DOURO ☆ PORTUGAL ☆ PINHAO ☆ 1867

Remonter
le temps

Pour ceux qui la connaissent, la vallée portugaise du Douro, qui fait partie du patrimoine mondial de l'Unesco depuis 2001, est une des plus belles régions viticoles du monde. Bien qu'on y produise du vin depuis des siècles, le véritable porto est né fortuitement à la fin du XVIIe siècle de la guerre franco-britannique, et ce n'est qu'en 1820 que se généralisera la pratique du mutage, technique qui permet d'obtenir un vin capiteux, doté d'une bonne dose de sucres naturels non transformés. Auparavant, les négociants britanniques, et plus particulièrement les Écossais, s'étaient installés dans l'estuaire du Douro pour assurer et contrôler les ventes, ce qui explique, en partie, l'amour et la connaissance des Anglais pour le porto.

Moût, muet, muter, mistelle...

》 Le mutage est une opération consistant à ajouter de l'alcool au jus pendant le processus fermentaire ; ce mot, qui vient d'une variante de « muet », exprime bien l'idée que l'on empêche le moût de continuer à s'exprimer. Au même titre que le porto, les vins doux naturels français, dont le banyuls et le maury, sont obtenus par mutage. Par contre, une boisson obtenue par ajout d'alcool à un jus avant fermentation (le Pineau des Charentes et certains apéritifs) s'appelle une « mistelle ».

Une racine et des mots

>> Comme les mots «capitale» (autant la ville que la peine),
«capitaine», «capitole», «capiton», «capité» et «décapité», tous
issus du latin *caput* qui signifie «tête», le terme «capiteux» laisse
bien sous-entendre qu'un vin trop alcoolisé monte à la tête.

Le porto et les Anglais

>> Cockburn, William, Graham, Sandeman, Offley, Osborne, Taylor,
Warre, Smith, Woodhouse sont autant de visionnaires venus
de Grande-Bretagne il y a longtemps pour s'installer dans la vallée
du Douro. Les Symington sont les descendants d'Andrew James
Symington, natif d'Écosse, et assurent le tiers de la production
de porto, avec des marques qui ont pour nom Graham's, Warre's
et Quinta do Vesuvio.

Le vignoble n'échappant pas à la crise phylloxérique à la fin du
XIXe siècle, la demande dépassera vite l'offre, entraînant des difficultés
d'ordre qualitatif. Pour y remédier, on créera plus tard une zone unique
d'entrepôt à Vila Nova de Gaia afin d'assurer un contrôle sévère sur la
qualité du produit et les exportations. Ce qui n'empêche pas le porto d'être encore victime, dans de lointaines contrées, d'usurpation identitaire, hélas !

Le pou dévastateur

>> Le phylloxéra, un puceron venu
d'Amérique, détruisit la vigne
en Europe à partir de 1865. Le
parasite attaque la racine des
pieds, qui, pour résister, doivent
être greffés avant d'être plantés.

Nous sommes au bord du littoral atlantique, face à Porto, sur la rive gauche du Douro, tout près de son embouchure, à 130 kilomètres de Pinhão, une petite ville incontournable, dans tous les sens du terme, située au centre du vignoble. Si, depuis 1986, une législation permet la commercialisation directement à la propriété, le futur porto prend normalement la route au printemps vers les caves de Vila Nova de Gaia, les *lodges*, dans lesquelles la maturation et l'élevage se font dans des conditions climatiques idéales et où l'océan joue de son influence.

Autrefois, l'unique voie de communication existante était le fleuve sur lequel de singulières embarcations à fond plat, les *barcos rabelos*, partaient chargées d'énormes tonneaux de bois de 550 litres pour un long voyage semé d'embûches. Lors de mon tout premier voyage, je crois avoir assisté aux dernières aventures de ces marins du Douro. Mais si la poésie et les traditions ont fait place à l'efficacité de la route, il n'en demeure pas moins que c'est le plus souvent à Vila Nova de Gaia que les maisons les plus prestigieuses vous attendent afin de vous faire découvrir ce porto de rêve, conçu il est vrai pour entretenir l'amitié, favoriser l'amour et susciter la méditation.

Au cœur d'un site extraordinaire ·

》 C'est à Pinhão que l'on découvre l'une des plus belles gares du Portugal, ornée de ces magnifiques *azulejos*, carreaux de faïence bleus et jaunes, qui illustrent ici les travaux attachés à la production du fameux porto. Que l'on y vienne par la route, par train ou, pourquoi pas, par bateau, c'est justement à Pinhão que l'on déposera ses valises, car il faut compter de trois à cinq jours pour s'imprégner de ce microcosme singulier.

De la tradition au folklore

》 Les *barcos rabelos* sont toujours là, mais servent aujourd'hui de support publicitaire aux maisons de porto, la marque bien imprimée sur les voiles carrées. Faisant partie du passé et tenant maintenant du folklore, les jolies embarcations participent · à une régate des plus colorées chaque année à la Saint-Jean.

C'est ici, dans cette ville portuaire où l'on élève amoureusement Tawnies et Vintages, que j'ai vécu mon premier vrai choc gustatif. Dans le cadre d'un voyage de découvertes sur les conditions de vie des jeunes Portugais, organisé par la JOC (Jeunesse ouvrière chrétienne), mouvement auquel j'appartenais même si j'étais lycéen, j'ai en effet été initié au divin nectar qui ouvre les portes de l'histoire...

Depuis l'âge de 12 ans, je consacrais tous mes jeudis sans classe à travailler au marché, un des plus fréquentés du Haut-Anjou à l'époque. Après avoir été commis pendant un an chez un fromager réputé, je cumulais les jobs de vendeur de légumes, de plongeur dans un café et de monteur de l'étal d'un marchand de chaussures, le tout dans la même journée. Je commençais tôt à 6 heures, et c'était la seule façon de me faire de l'argent de poche. En contrepartie, mes parents comblaient la différence lorsque je leur proposais des projets valables, ce que je fis la première fois avec un circuit germano-suisse.

L'année suivante, pour mes 14 printemps, ils me laissèrent partir trois semaines en groupe, sous la supervision d'un curé sympathique, un futur défroqué qui possédait un penchant naturel pour les plaisirs païens et les belles créatures plus que pour le Créateur. Je me souviens de son nom : l'abbé Cadeau... Par un concours de circonstances – mais s'agissait-il déjà d'un hasard nécessaire ? –, je me suis retrouvé, accompagné de deux autres jeunes de mon âge, dans une cave de Vila Nova de Gaia avec deux moniteurs qui avaient décidé de nous garder près d'eux pour mieux nous surveiller pendant que les autres étaient partis à la plage.

Grâce à mon père, j'avais été en contact très jeune avec le vin, mais du jus de la treille, je ne connaissais à cette époque que le breuvage qui dure un an... en attendant la prochaine vendange. Impressionné par ces tonneaux, ces *pipas* sur lesquels j'en apprendrai bien davantage au cours de ma carrière, j'étais fasciné par la

De foudres en tonneaux

> Il existe de par le monde un nombre considérable de contenants pour le vin. Le terme « barrique » est un mot usuel, mais à des volumes précis correspondent des noms qui le sont tout autant. C'est ainsi que la *pipa* portugaise contient habituellement 550 litres.

beauté des lieux, autrement plus imposants que le petit caveau familial. Or, même si j'avais été gâté de ce côté-là, je n'avais jamais vu de chais si spacieux avec autant de barriques pleines, prêtes à étancher la soif de milliers de gens.

Sans doute pour nous remercier de notre sagesse, on nous autorisa à participer à la dégustation au cours de laquelle, je dois le préciser, recracher ne faisait pas vraiment partie des habitudes. Le chef de cave nous apporta un porto du millésime 1867. Il avait 100 ans exactement! Considérant qu'il est difficile quand on en a 14 de maîtriser la mesure du temps, j'étais aussi envoûté par ce cru centenaire que s'il était né au millénaire précédent. Je me souviendrai toujours de cet instant magique qui m'autorisait à reculer d'un siècle grâce à ce liquide couleur d'ambre aux reflets mordorés, pourvu d'un bouquet aux fragrances totalement inconnues. Plus que la robe, les senteurs et le goût imprimé sur ma langue, le vin venait me chercher, ouvrant dans mon esprit encore malléable des horizons inattendus, qui se transformeront au fil des ans en de formidables perspectives. J'étais si jeune et pourtant, l'esprit vagabond, j'étais déjà loin de chez moi!

Mais il en va ainsi, et à part l'hydromel au temps de sa gloire, devenu depuis des lustres une boisson surannée, le raisin reste à ma connaissance le seul

Qui l'eût cru ?

Parfois galvaudé, souvent utilisé à toutes les sauces, le mot «cru» ne correspond pas au contraire de «cuit» ni au participe passé du verbe «croire», mais bien au substantif issu du verbe «croître»: le vin est élaboré à partir de plants et de raisins qui ont crû (poussé) sur ce terrain.

L'âme du vin

En toi je tomberai, végétale
ambroisie,
Grain précieux jeté par l'éternel
Semeur,
Pour que de notre amour naisse
la poésie
Qui jaillira vers Dieu comme une
rare fleur !

Charles Baudelaire

fruit capable d'engendrer ce que Baudelaire appelle la «végétale ambroisie», dotée d'une âme qui touche celles et ceux qui le courtisent.

Je devinais du même coup la capacité de la noble boisson à me faire voyager, au sens propre comme au sens figuré, et apprendre des quantités de choses, proches ou éloignées. Trois ans plus tard, cette belle occasion jouera indiscutablement dans le choix de mon orientation professionnelle et donnera à ma passion naissante cette dimension à la fois humaine et universelle.

C'est au cours de ce périple que j'ai pu percer également le mystère de ce matériau noble qu'est le liège. Je connaissais le bouchon depuis belle lurette puisque nous faisions la mise en bouteille en famille à la maison. Mais j'étais loin de me douter que le Portugal était le premier producteur du monde, suivi de l'Espagne, de cette écorce de chêne-liège qui pousse à l'est de Lisbonne, dans des forêts appelées «suberaies» (en latin, l'espèce de ce chêne est *Quercus suber*) que j'aurai, beaucoup plus tard, la chance d'étudier de près.

Nous avions la possibilité de visiter une petite entreprise qui transformait le liège en bouchon et, par la même occasion, d'observer le contexte lamentable dans lequel évoluaient des jeunes de notre âge. C'était trois ans avant la mort du dictateur Antonio Salazar. Ces enfants connaissaient des conditions de vie sinistres et misérables en travaillant pour un bouchonnier qui ne leur garantissait aucune protection physique et sociale. La situation devait être généralisée dans le pays, mais n'expliquait d'aucune façon comment on pouvait laisser des personnes, peu importe leur âge, manipuler de la sorte des outils aussi dangereux. Un garçon plus jeune que moi avait perdu deux ou trois phalanges en maniant une scie circulaire, et j'en étais à la fois estomaqué et révolté.

L'esprit troublé par tant d'injustices, le cœur meurtri, nous avons ensuite passé la nuit à la belle étoile, et j'en garde un souvenir circonstancié. Cette expérience, qui, à toutes fins utiles, éveilla nos consciences et me marqua pour la vie, m'incitera avec beaucoup de vigueur à refuser dans mon travail toute forme de compromission.

Tout a changé, heureusement, et si le Portugal connaît une situation financière précaire, comme d'autres nations de l'Europe du Sud, le pays s'est refait une beauté pour l'expo universelle de 1998 à Lisbonne, une fort jolie ville, de plus en plus tendance et glamour, à l'image de Barcelone et de la Catalogne. Les gens y sont sincères et accueillants. Il y a tant à voir – l'Alentejo et Evora, Coimbra, Setúbal, l'Algarve – qu'il serait dommage de s'en priver. Au-delà des clichés réducteurs, on découvrira un pays gourmand et attachant où il fait bon vivre. On peut aussi retourner maintes fois dans la vallée du Douro, qui est le berceau de l'un des plus grands vins du monde, et rester immanquablement bluffé par tant de beauté naturelle. Ceux qui ont pris le temps de l'apprécier comprendront pourquoi j'use si facilement de superlatifs.

Pour aller à Vila Nova de Gaia et à Porto en venant de la France, nous avons longé le Douro qui traverse d'est en ouest le pays, mais qui prend sa source en Espagne sous le nom de Duero. Nous nous y sommes baignés, au sud de Burgos, entre Valladolid et Salamanca, bien avant la vogue actuelle du fameux chemin de Compostelle. À ce sujet, j'ai certainement moins de mérite que les valeureux pèlerins, mais suivre la route des *quintas* revêt une dimension presque religieuse, surtout quand on sait qu'à chaque halte on doit rendre hommage à celui qui, dans sa bienveillance, a pensé que l'homme aurait besoin de se désaltérer dans une région aussi chaude. C'est d'autant plus facile que la plupart des exploitations possèdent leur propre chapelle… où l'on peut se recueillir après avoir succombé aux charmes indicibles de l'endroit.

Comme à la Quinta do Porto, où j'ai vécu en 1999 de vrais moments d'émotion pendant le tournage d'une émission de télévision avec les sociétés Ferreira et Offley-Forrester. Pour l'occasion, nous logions dans

Des domaines invitants

>> Le mot *quinta* désigne une exploitation fermière ou un domaine viticole au Portugal. On en dénombre des dizaines dans la vallée du Douro.

cette superbe résidence entourée de jardins embaumés d'acacia, d'eucalyptus et de fleurs d'oranger. Au programme, avec pour décor une vue à couper le souffle : porto blanc et amandes près de la piscine, repas typique et fados, Tawnies envoûtants et vieux Vintages, parties de billard et havanes solides. Fort heureusement, les responsables m'avaient gentiment assigné la chambre des maîtres qui communiquait avec le haut de la petite chapelle qui leur est d'ordinaire réservée. Vous devinerez que j'en ai profité, avant de m'endormir, pour confesser mes péchés passés… et à venir. Le lendemain, après une nuit sereine et un court jogging dans les terrasses avoisinantes, nous avons, sur un bateau plat, remonté le majestueux cours d'eau et capté des images d'une rare et saisissante beauté.

Il m'arrive fréquemment de penser à cette escapade de mon adolescence, dans ce lieu formidable où j'ai, pour la première fois de ma vie, remonté le temps avec pour seule machine un simple verre de vin. Et je me vois encore entrer chez moi, la hâte au cœur d'embrasser mes parents, avec pour tout cadeau deux bouteilles de porto dans les bras.

Pleins feux
sur le Douro viticole

Situation géographique

La vallée, qui s'étend sur 120 kilomètres, se divise en trois secteurs et fait environ 250 000 hectares, dont 10 % seulement sont couverts de vignes.

Un peu d'histoire

Si l'on élabore du vin sur les rives du Douro depuis une éternité – des traces romaines le confirment –, une proportion importante de la production fut pendant longtemps bien ordinaire, puisqu'il faudra attendre la fin du XVIIe siècle et le début du XVIIIe pour qu'apparaisse le porto tel qu'on le connaît aujourd'hui. À cette époque, les cuvées portugaises remplaçaient les crus girondins, sanctionnés par des taxes prohibitives. Le vin d'alors était assez chargé en alcool, mais pas suffisamment pour supporter le long voyage qui le menait vers l'Angleterre. On eut alors l'idée d'y ajouter de l'eau-de-vie pour le renforcer et empêcher de soudaines reprises de fermentation. Par la suite, la présence des Britanniques au Portugal jouera un rôle crucial sur son avenir.

Le Douro supérieur

À l'extrême est, le Douro supérieur, presque désertique, jouit d'un climat méditerranéen propice à l'élaboration de délicieuses cuvées de porto. On trouve peu d'arbres dans ce paysage difficile, mais beaucoup de garrigues qui se plaisent dans une chaleur et une lumière brûlantes. Il y a peu de *quintas* connues, mais un arrêt s'impose à la Quinta das Aveleiras, à proximité de la ravissante petite ville de Torre de Moncorvo, courue à la belle saison pour ses amandiers en fleurs. Plus au sud, on remarquera la Quinta da Leda, un des terroirs de la société Ferreira, avant d'arriver à la Quinta da Ervamoira, magnifique propriété de la maison Ramos Pinto. Il s'agit ici d'un des plus beaux domaines que j'ai vus de ma vie, un havre de paix et de sérénité aux allures d'amphithéâtre qui m'a particulièrement marqué. Il est situé au sud de Vila Nova de Foz Côa, renommée pour son église en granite du XVe siècle et ses carrières d'où l'on extrait les feuilles de schiste utilisées pour la fabrication des longs piquets qui serviront aux plantations. Tout près se trouve l'instructif parc archéologique de Vale de Côa, où l'on peut admirer de remarquables gravures rupestres du paléolithique.

Le Haut-Douro

C'est en plein centre, dans le Haut-Douro, ou *Cima Corgo* en portugais, que l'on découvre les vignes plantées dans les vallées encaissées et grandioses du fleuve et de ses affluents. Les terrasses vertigineuses, qui vont donner naissance aux meilleurs crus, offrent un panorama d'une splendeur admirable et unique, entièrement créé de la main de générations d'hommes persévérants qui ont creusé le roc, puis cultivé avec passion ces jardins de vignes.

Les pratiques culturales se sont modernisées. C'est ainsi que l'on a vu apparaître, peut-être à tort, les *patamares*, des terrasses où les murets deviennent inutiles puisque les ceps sont alignés sur plusieurs rangs au pied d'un talus en pente. Les conditions de travail restent toutefois difficiles. Les plants de touriga nacional, de tinta roriz, de touriga francesa ou de tinta cão, pour ne nommer que les principaux, prospèrent sur un sol composé de roches sédimentaires schisteuses. Seule la strate supérieure se fragmente et les racines doivent quelquefois aller chercher l'eau à 12 mètres sous terre. Le climat est caractérisé par une faible pluviosité, et aux étés chauds et secs succèdent des hivers rigoureux.

À vrai dire, l'amateur confirmé trouve ici la plus grande concentration de domaines, parmi les plus recherchés. Ainsi, on arrive à Sao Joao da Pesqueira, une petite ville pittoresque d'où l'on prendra les chemins escarpés qui mènent à la Quinta de Vargellas, bateau amiral de Taylor, une des maisons les plus connues toutes catégories confondues. Puis ce sera la Quinta da Bom Retiro, le fief on ne peut plus bucolique de Ramos Pinto. Y prendre un merveilleux Tawny de 10 ans sous les glycines blanches et roses, après s'être trempé dans la piscine, constitue un passage obligé pour quiconque est amoureux de ce Douro enchanteur. La Quinta das Carvalhas permet d'avoir un recul étonnant sur la vallée afin de mieux la saisir. Pas loin de là, il faut se rendre à la somptueuse Quinta do Noval, qui produit de splendides vieux Tawnies, des LBV et des Vintages d'anthologie, dont le célèbre Nacional. Tout près de Pinhão, la Quinta do Seixo, un des fleurons de Ferreira, offre une vue unique sur le Douro, face à la Quinta de la Rosa.

Le Bas-Douro

À l'ouest, en se rapprochant de Porto, le Bas-Douro est une zone fertile où les vignes, situées en altitude moyenne, partagent l'espace avec les oliviers, les figuiers, les céréales et les orangers. Les sols, pauvres en schiste, donnent des produits qui n'ont ni la complexité ni la puissance des crus issus des sites viticoles voisins.

On ne peut manquer Peso da Régua, ville-carrefour que franchissent voitures, camions, cyclomoteurs ainsi que le train, omniprésent puisque la gare joue ici un rôle capital dans le transport des barriques jusqu'à Vila Nova de Gaia. Si l'on veut tout savoir des secrets d'une marque connue dans le monde entier, on se rendra au Centre vinicole de Sandeman. Au sud de Peso, on fera un détour vers Lamego, avant de jeter un dernier coup d'œil sur cette vallée magique et enchanteresse au belvédère de Boa Vista.

Douro, une dénomination d'origine contrôlée

Depuis une dizaine d'années, les bonnes maisons de négoce et les *quintas* élaborent des rouges surtout et des blancs sous la dénomination d'origine douro. À prix abordables, ils sont secs et n'ont pas de point commun avec le porto, si ce n'est l'environnement et les cépages utilisés.

Les types de portos
Conservation, service et plaisirs de table

Porto blanc

Vieilli en fût, il est issu exclusivement de raisins blancs. Des plus sucrés, que l'on appelle «Lagrima», aux extra secs, en passant par les doux et les secs, la teneur en alcool varie. Servi frais, ce porto – qu'il ne sert à rien de garder en cave – constitue un apéritif original avec des canapés à la mousse de foie gras et des allumettes au fromage bleu.

Porto Ruby

Ce porto est un assemblage de jeunes vins sélectionnés pour leur concentration et leur richesse. Fruité, simple et agréable, il vieillit dans le bois avant d'être distribué. Il s'agit du type de porto courant, bien fait mais sans réelle complexité. Servir à une température oscillant entre 14 et 16 °C, avec un melon au jambon, des sorbets ou des tartes aux fruits rouges. Inutile de conserver longtemps en cave.

Porto Tawny

Du blond doré au roux, mordoré pour les Anglais, *Tawny* signifie tout cela à la fois. Issus d'un assemblage de récoltes distinctes et mis à vieillir en fût pendant trois à cinq ans, c'est ainsi que ces portos prennent cette fameuse teinte orangée aux nuances dorées. Attention : produits en grande quantité, il y a du bon et du moins bon ! On pourra servir le Tawny à 15-18 °C avec des coquilles Saint-Jacques à l'aigre-doux et des desserts (tarte aux groseilles et à la réglisse, gratin de fruits rouges, etc.). Inutile de conserver longtemps en cave.

Porto Tawny avec indication d'âge

Que l'étiquette indique 10, 20, 30 ou 40 ans d'âge, il s'agit de l'âge moyen du vin puisque celui-ci est issu d'un assemblage de divers millésimes, élevé en fût jusqu'à l'embouteillage, donc prêt à boire lors de sa mise en marché. Puisque ce produit est de type oxydatif, il ne s'améliorera pas ; on peut conserver la bouteille bouchée debout sur la tablette. Une fois ouverte, le porto gardera ses caractéristiques pendant des semaines, voire des mois. Ce sont des crus savoureux aux riches bouquets d'épices, de fruits secs, d'agrumes confits et de torréfaction. Certains voudraient faire croire que le Vintage est le seul grand porto. C'est faire une lecture simpliste des choses puisqu'on trouve des produits très différents. Un vieux Tawny, souvent ma préférence, sera parfait avec un foie gras poêlé au vin rouge, un feuilleté aux figues rôties, une crème brûlée ou une marquise au chocolat. Servir à 16-18 °C.

Porto Colheita ou Tawny millésimé

Issu d'une seule et excellente récolte (Colheita), ce porto est vieilli au moins sept ans en fût avant l'embouteillage. Ses caractéristiques se rapprochent d'un Tawny de 10 ans.

Porto Vintage

Porto d'une seule récolte exceptionnelle, et ne représentant que de 4 à 5 % de la production totale (ce qui explique aussi son coût passablement élevé), il est paré d'une robe profonde et intense, et mûrit en fût pendant deux ans avant d'être logé dans un flacon opaque. Il faut donc attendre des années, parfois des décennies, avant de l'ouvrir et de lui permettre de s'exprimer pleinement. Conservé couché, il s'offrira à vous de ses notes de fruits noirs, généreusement concentré et opulent, drapé dans des tanins à la fois soyeux et puissants. À ne pas mettre dans une bouche non avertie, le porto Vintage fera un malheur, servi à 16-18 °C, avec un civet de chevreuil aux myrtilles, un filet de caribou aux bleuets et les fromages à pâte persillée. Puisque le Vintage se présente avec un bon dépôt, il sera nécessaire de le décanter avant de le servir. Enfin, il sera inutile de le conserver plus longtemps puisque, à l'air libre, ce type de porto perd rapidement ses spécificités. En conséquence, la seule chose à faire est de vider la bouteille... Depuis les 35 dernières années, les millésimes 1977, 1983, 1985, 1991, 1992, 1994, 1995, 1997, 2000, 2003, 2005, 2007 et 2008 sont considérés comme étant les plus beaux.

Porto LBV (Late Bottled Vintage)

Compromis entre le Tawny et le Vintage sur les plans de la matière et de la puissance, le LBV est issu d'une seule récolte, moins cotée, et est élevé en fût de quatre à six ans avant sa mise en bouteille. Il s'agit en général d'un bon vin à prix doux, qu'il soit commercial (c'est-à-dire filtré et stabilisé, prêt à la consommation) ou *traditionnel* (c'est-à-dire non filtré et qui peut vieillir). On trouve l'année de l'embouteillage sur l'étiquette. Si on peut garder quelques années les LBV *traditionnels* (qu'il faut aussi décanter), il sera inutile de conserver longtemps les LBV classiques. On sert ce porto à 15-16 °C ; il peut accompagner les petits gâteaux de foies de volaille, les brochettes de magret de canard aux griottes et, bien sûr, les fromages à pâte persillée tels que le stilton, le roquefort ou la fourme d'Ambert.

Porto Vintage Character

Cette dénomination est si controversée que la plupart des maisons ne l'indiquent pas sur l'étiquette. Elle concerne des vins d'assemblage de plusieurs récoltes, donc non millésimés, et élevés de trois à quatre ans en fût avant d'être embouteillés. Portés sur le fruit, ils se rapprochent de certains LBV, tant par leurs caractéristiques que par l'utilisation qu'on en fait.

ANGEVINE ☆ VAL-DAVID ☆ BARAGOUINER ☆ IMMI
CAVE ☆ RENÉ LÉVESQUE ☆ ZITRONE ☆ PHILIPPE
BARAGOUINER ☆ IMMIGRATION ☆ LAURENTIDES ☆ QU
ONE ☆ PHILIPPE ☆ SOMMELIER ☆ DUFRESNE ☆ AN
LAURENTIDES ☆ QUÉBEC ☆ SAPINIÈRE ☆ CAVE
DUFRESNE ☆ ANGEVINE ☆ VAL-DAVID ☆ BARAG
PINIÈRE ☆ CAVE ☆ RENÉ LÉVESQUE ☆ ZITRONE
AL-DAVID ☆ BARAGOUINER ☆ IMMIGRATION ☆ LA
LÉVESQUE ☆ ZITRONE ☆ PHILIPPE ☆ SOMMELIER
☆ IMMIGRATION ☆ LAURENTIDES ☆ QUÉBEC ☆ SAPIN
PE ☆ SOMMELIER ☆ DUFRESNE ☆ ANGEVINE ☆ VAL-D
ES ☆ QUÉBEC ☆ SAPINIÈRE ☆ CAVE ☆ RENÉ LÉVES

Dans une cave au Québec

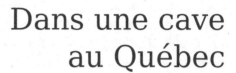

Peut-être est-ce une manifestation de mon optimisme naturel, mais j'ai l'impression quelquefois de me trouver au bon endroit au bon moment. Certes, je ne m'en rends pas toujours compte sur le coup. Mais j'ai seulement besoin d'un minimum de recul et de réflexion, auxquels j'ajoute une once d'objectivité et une pincée d'honnêteté, pour réaliser que la vie est bien faite par moments. Peut-être aussi est-ce le courage de changer radicalement le cours de mon existence qui fait que la vie est bonne à mon égard. Ou tout ça à la fois! Chose certaine, la capacité de vivre des instants privilégiés et de ressentir la magie du moment présent compense pour les périodes difficiles subies, ou parfois provoquées à mon corps défendant…

Toujours est-il qu'après avoir cajolé les bouteilles du paternel, j'apprenais depuis un certain temps à caresser des peaux plus satinées. C'est ainsi qu'à l'aube de mes 22 printemps, l'amour d'une belle Angevine m'est tombé dessus, voluptueusement, dois-je le spécifier. Cela mit pour ainsi dire fin à ma vie teintée d'insouciance mêlant mon activité en restauration à mes loisirs, dans lesquels les rencontres et les repas joyeusement arrosés avaient occupé jusque-là une place prépondérante.

Pour souligner l'union célébrée devant le maire et le curé, nous avions décidé de faire notre voyage de noces au Canada, avec l'ambition affichée d'y trouver un travail afin d'accélérer les formalités d'immigration. C'était aussi pour nous, je dois m'en confesser, une façon de persévérer et de tenir tête aux fonctionnaires canadiens qui nous avaient refusé le visa d'immigrant reçu après une demande formulée chacun de notre côté. Nous n'étions pas spécialement attirés par les États-Unis, comme tant de nos congénères, mais bien par ce Québec au drapeau fleurdelisé, ce coin d'Amérique où l'on parlait, et parle encore, le français.

Il faut dire qu'à l'époque – le milieu des années 1970 – les perspectives d'avenir n'étaient pas spécialement encourageantes en France. Et puis, Montréal et ses Jeux olympiques, programmés en juillet 1976, faisaient la une des journaux. Avec mes collègues du restaurant de l'hôtel où je travaillais à Angers, j'avais monté un petit groupe de musique et, pendant mes temps libres, je me frottais aux chansons de Dubois, de Ferland, de Charlebois et de Beau Dommage, des interprètes qui, déjà, me fascinaient. Leclerc et son *Petit Bonheur* n'avaient plus aucun secret pour moi ; je connaissais aussi assez bien les paroles de *La Manic*, une belle complainte de Georges Dor.

C'est donc au cours de ce voyage en terre canadienne, d'une durée de 45 jours, un luxe compte tenu de nos modestes revenus, que je me suis approché de l'Hôtel La Sapinière, un lieu qui allait m'ouvrir tant de portes par la suite. Toutefois, avant d'y parvenir, nous allions vivre coup sur coup ce curieux phénomène de synchronicité qui me sera expliqué beaucoup plus tard ; ainsi, nous ressentirions certaines situations en fonction de notre état d'esprit, avec autant de subjectivité que d'objectivité.

Rue Sainte-Catherine, en plein défilé de la 19e Coupe Stanley gagnée par les Canadiens le 16 mai 1976, je me suis collé involontairement derrière un copain français que je n'avais pas vu depuis des mois. Si l'on se fie au calcul des probabilités, nous n'aurions pas dû nous trouver près de lui tant la foule, composée de dizaines de milliers de personnes,

Déguster avec des artistes

》 Des années plus tard, mes responsabilités dans le premier festival des vins qui se tiendra l'été à Saint-Adolphe-d'Howard m'amèneront à côtoyer Jean-Pierre Ferland, Marie-Michèle Desrosiers, la chanteuse du groupe Beau Dommage, et le réputé jazzman Vic Vogel.

La synchronicité

Il s'agit d'un concept développé par le psychiatre suisse Carl Jung, qui a écrit : «Les événements synchronistiques reposent sur la simultanéité de deux états psychiques différents.» On pourrait parler aussi de concomitance, d'occurrence d'événements qui n'ont aucun rapport et dont l'association prend une signification, troublante cela dit, aux yeux de celui qui les vit. Si Jung parle de coïncidence temporelle, on se rend compte au final, et paradoxalement, qu'il n'y aurait pas de hasard – ou plutôt qu'il y aurait des *hasards nécessaires*, comme l'explique si bien le psychologue québécois Jean-François Vézina dans son livre justement titré *Les hasards nécessaires*, publié aux Éditions de l'Homme.

était dense et animée. Trois mètres plus loin et nous ne nous serions sans aucun doute jamais revus. Quand il entendit ma voix, mon copain se retourna, éberlué lui aussi. Pour des tas de raisons, il nous rendit service, et ces retrouvailles inopinées furent pour nous une véritable providence.

Depuis, je ne compte plus toutes les expériences de synchronicité, plus ou moins conséquentes la plupart du temps mais toujours enrichissantes, que je vis grâce à mes activités de globe-trotter du vin. Je suis toujours fasciné de croiser quelqu'un que je connais à l'autre bout du monde alors que je ne m'y attendais pas du tout, et mon ami belge Louis Havaux sait aussi ce que ça signifie.

C'est dans ce contexte synchronistique que j'ai découvert l'établissement touristique qui influencera mon itinéraire de vie. Si, un soir de printemps, je n'avais pas rendu service à un couple d'Agathois un peu désemparé ayant – par hasard ? – frappé à la porte du restaurant angevin où j'exerçais, je n'aurais peut-être jamais mis les pieds dans ces Laurentides, devenues depuis mon deuxième chez-moi. Qui plus est, je n'aurais pas fait le tour, un bel après-midi de mai, de tous ces hôtels bénéficiant d'une réputation nationale, voire internationale. C'est ainsi que de l'Auberge Mont-Gabriel à l'Hôtel Estérel, en passant par le Chantecler et l'Alpine Inn, je me suis présenté, ne connaissant personne, quêtant un

Sainte-Agathe-des-Monts

> Cette charmante petite ville, établie sur le lac des Sables entre Sainte-Adèle et Mont-Tremblant, est située à moins de 100 kilomètres au nord de Montréal, dans les Laurentides, une région de villégiature connue pour ses centaines de lacs et ses pistes de ski.

rendez-vous ou une simple entrevue, afin de faire valoir mes compétences et d'obtenir un job qui faciliterait les procédures d'immigration. Et c'est à Val-David, à l'Hôtel La Sapinière, que ma carrière prendra finalement son envol.

Trois éléments majeurs rattachés à cette magnifique propriété, le seul «Relais & Châteaux» du Canada à l'époque, furent pour moi plus que déterminants: le propriétaire, Jean-Louis Dufresne, un pionnier de souche québécoise et un homme d'affaires gratifié d'une âme d'hôtelier; le directeur, Monsieur Belleteste, qui deviendra au fil des ans un ami très proche; et, de toute évidence, la cave du restaurant.

Ma rencontre avec Philippe Belleteste, improbable dans mon esprit deux jours auparavant, fut particulièrement décisive et changea le cours de ma vie. Orléanais d'origine et bardé de diplômes, ce grand monsieur de l'hôtellerie, comme nous nous plairons à le décrire pendant longtemps, avait mis les pieds au Québec en 1964. Simple et humble, il avait débuté comme aide-cuisinier à l'Auberge Mont-Gabriel avant de devenir, à 27 ans, le directeur général de La Sapinière, un poste qu'il occupera jusqu'en 1979.

Après une entrevue, au cours de laquelle il me posa beaucoup de questions d'ordre technique, il me promit donc de m'engager dès la réception des fameux papiers. Il me fit aussi parler anglais pour vérifier mes aptitudes: «*What means* soupe crécy? *Do you prefer French wines? What is* tournedos, sauce périgueux?» J'en passe et des meilleures! Nous rions encore de cet épisode au cours duquel n'importe qui maîtrisant la langue d'Oscar Wilde aurait aimé se transformer en petite souris pour entendre ces deux Français s'exprimer, pour ne pas dire baragouiner en ce qui me concerne, aussi maladroitement!

Bref, c'est l'histoire de la poule et de l'œuf! Sans papier, on ne pouvait décrocher un emploi, et sans promesse d'embauche, on ne pouvait obtenir les documents officiels tant désirés. La volonté de nous rendre sur place pour faire avancer cet épineux dossier fit tomber un à un tous les obstacles, comme par enchantement. Comme quoi on est bien maître de son destin, pour autant qu'on soit prêt à faire tomber le mur des difficultés, mur qu'on a habituellement contribué à bâtir.

Par la suite, Philippe, que mon éducation m'obligera à vouvoyer pendant près de 25 ans, me donnera plusieurs premières

Qu'est-ce que tu dis ?

Selon *Le Petit Robert*, le verbe «baragouiner» vient du breton *baragouin*, qui désigne «celui qui parle une langue incompréhensible»; ce mot est lui-même issu des mots *bara* («pain») et *gwin* («vin»), que les pèlerins bretons prononçaient quand ils demandaient l'hospitalité.

chances, par exemple celles de participer à des émissions de radio deux ou trois semaines après mon arrivée, puis de devenir responsable de la cave, et, des années plus tard, d'enseigner à l'École hôtelière des Laurentides, ce que je ferai pendant 30 ans. En fait, il sera en tout temps à mes côtés, m'encourageant dans l'écriture, m'appuyant dans la création de l'Association canadienne des sommeliers professionnels, provoquant les bonnes rencontres, donnant fréquemment carte blanche à mes projets, facilitant mes déplacements et mes nombreux voyages sur la planète vin. Il sera pour moi la source d'inspiration professionnelle et humaine, mise sur mon chemin par la vie. C'est depuis un ami, et nous nous tutoyons enfin !

Toujours est-il qu'à la suite de cet entretien, ma femme et moi reçûmes, cinq mois plus tard, en pleines vendanges dans le Bordelais, nos papiers pour émigrer au Canada, ce que nous fîmes en deux petites semaines. Trois jours après notre installation, comme «par hasard» près de La Butte à Mathieu, je foulais la salle à manger de La Sapinière en tant qu'employé.

Deux mois s'écoulèrent, le temps de m'acclimater, puis je reçus de mon directeur une lettre, que j'ai gardée précieusement, qui faisait de moi un sommelier à part entière. La cave allait devenir mon petit royaume, que je partagerai il va sans dire avec mes éminents collègues.

À cette époque, celle de Gérard Delage, adoubé du titre de Prince des gastronomes, venir manger dans ce haut lieu de la fine cuisine était le rêve de bien des Québécois. Nombre d'entre eux l'ont d'ailleurs découvert à

Le berceau de la chanson québécoise

> La Butte à Mathieu, à Val-David, était une boîte à chansons mythique créée par Gilles Mathieu. La plupart des artistes québécois célèbres y ont fait leurs premiers pas dans les années 1960 et 1970. À notre arrivée au Québec, le propriétaire louait des chalets juste à côté. Ça ne pouvait tomber mieux !

l'occasion de leur mariage, et on ne compte plus tous les bébés qui ont été conçus dans les chambres à l'étage ou les dépendances qui longeaient le lac paisible de la propriété. La Sapinière était l'endroit tout indiqué pour les lunes de miel, et j'avais profité de la mienne pour y faire ma place.

La cave comprenait une réserve de 20 000 bouteilles, ce qui était considérable pour un établissement situé dans un pays où les plaisirs de la table ne faisaient pas partie des priorités du moment. Des 200 références, les françaises composaient la majeure partie de la carte, suivies de celles de l'Allemagne, de l'Italie, de l'Espagne, de la Suisse et du Canada, et les prix variaient de 10 à 150 dollars. En plus d'une gamme de produits achetés en importation privée avec la photo de l'hôtel sur l'étiquette, nous tenions les meilleurs crus de Bordeaux, de Bourgogne, d'Alsace et de la vallée du Rhône. Nous avions même du château-chalon, le précieux vin jaune du Jura, que personne, soit dit en passant, ne savait trop comment servir et quel mets recommander pour chanter ses louanges.

Je laissai filer quelques mois afin de gagner la confiance de mes pairs, évitant surtout de brusquer les plus chatouilleux, notamment le chef sommelier, un tantinet susceptible et coincé dans ses petites manies. Je fis ensuite sortir les clavelins (flacons dans lesquels le vin jaune est logé) du réfrigérateur pour les remettre à la cave, puis j'invitai des clients avides de nouveauté à tenter le mariage du précieux élixir, servi à 15 °C, avec un morceau de comté accompagné de noix de Grenoble. Je connus un certain succès…

Faire visiter la cave aux habitués devint pour moi une activité incontournable, doublée d'un réel moment de plaisir. Je me pliais effectivement avec grâce à cet exercice qui consistait, si on veut le voir ainsi, à faire la tournée des vignobles en passant d'un casier à l'autre de cet immense caveau divisé en deux parties. La première contenait les crus prestigieux en rouge, tandis que la seconde, plus fraîche, était réservée aux blancs. Les amateurs posaient beaucoup de questions et je me rendis compte bien vite qu'en les faisant rêver avec mes explications, je préparais le terrain à de meilleures ventes en salle. Même si ce n'est pas cet aspect mercantile qui me motivait, je joignais, disons, l'utile à l'agréable, bien que le contraire m'apparaisse plus jouissif en général.

En plus de mieux m'approprier la cave, j'imprimais dans ma mémoire les détails de la carte et l'emplacement physique de chacun des vins, ce qui n'était pas négligeable pendant le coup de feu. Nous étions quatre sommeliers le samedi soir et nous en vendions beaucoup pendant les deux services. Habillés d'un pantalon noir recouvert d'une tunique brune, et taste-vin en argent autour du cou, nous avions l'air de moinillons, les cheveux en plus, prêts non pas à réciter des prières en latin, mais à dresser religieusement la liste des crus classés du Médoc ou ceux de la Côte de Nuits. Nous avions fière allure, paraît-il, et lorsque nous procédions au cérémonial du décantage sur guéridon, avec carafe et chandelier, les convives écarquillaient les yeux et nous laissaient communier en silence pendant la dégustation.

Les propriétaires avaient le souci du détail. Madame Dufresne, que tous appelaient affectueusement Bobby, venait faire son petit tour pendant la mise en place, rectifiant ici un rideau, là une nappe, ou remarquant les trop longs cheveux de l'un et la moustache indisciplinée de l'autre. Rien ne lui échappait. Futé comme un renard, Jean-Louis Dufresne, le grand patron, avait flairé les retombées engendrées par les touristes américains qui, bien que timidement dans les années 1960, faisaient tout de même du Québec une de leurs destinations favorites. Avec un sens aigu de l'hospitalité, il savait investir et investir sans cesse afin de faire de « sa » Sapinière un havre de paix, mais aussi un endroit recherché pour sa table et le choix de crus exceptionnels qui l'accompagnaient.

En bon Canadien français visionnaire, il avait deviné le potentiel gastronomique susceptible d'attirer ses concitoyens sortant peu à peu de la Grande Noirceur pour vivre à plein leur Révolution tranquille, période majeure de changement social de la société québécoise. Plutôt reconnu comme francophile, il adorait tout ce qui venait de l'Hexagone.

Dès qu'il avait de nouveaux invités, il se faisait un malin plaisir d'exiger ma présence à sa table et de me demander d'où je venais exactement. Comme s'il ne le savait pas, je lui parlais du coin de pays de mon père où se trouve, dans l'arrondissement d'Ancenis, le village du Fresne. Chaque fois, il faisait semblant de constater que nous venions, à trois ou quatre siècles près, du même coin de France, ce qui le mettait en joie. Nous avons joué à ce petit jeu pendant trois ans sans nous concerter, avec à la clef un clin d'œil complice qui ne regardait que nous.

Pendant la saison hivernale, la direction faisait déneiger les voitures des gens qui s'apprêtaient à quitter l'hôtel le dimanche après-midi. Tout le monde était considéré comme un VIP (*Very Important Personality*). C'est un des aspects qui m'a d'ailleurs marqué et comblé personnellement. Formé à l'école française à réserver mes courbettes aux « gens importants », je découvrais l'avantage d'offrir les mêmes égards à un inconnu qu'à une vedette du hockey ou de la chanson. Stars du cinéma, couple royal en villégiature ou simple quidam étaient logés à la même enseigne, et chacun devait être servi avec professionnalisme, attention, respect et gentillesse.

Je me souviens d'un journaliste, très connu en France, venu couvrir l'élection de René Lévesque. Ce cher Léon Zitrone passait la semaine avec nous, et nous devions faire des tours de passe-passe pour le contenter. Muni d'un appétit féroce, ce qui se voyait bien, et appréciant la savoureuse cuisine du chef Marcel Kretz, qui s'était déjà fait un nom, il mangeait tout simplement deux fois. D'abord, il s'attablait avec son épouse, qui l'obligeait à se serrer la ceinture. Adoptant un profil bas – et, je dois le reconnaître, avec notre sournoise complicité –, il mangeait presque comme un oiseau. Mais dès que sa femme tournait les talons, nous lui servions en cachette un plat pas vraiment diététique, comme cette choucroute dont le chef (un Alsacien) avait le secret, arrosée copieusement, il va sans dire, du

L'incontournable Léon Zitrone

> Ce présentateur-vedette de la télé française couvrait aussi bien les mariages princiers que les funérailles nationales, sans oublier les courses hippiques du dimanche après-midi !

meilleur riesling. Bien que le journaliste fût connu dans le milieu pour son mauvais caractère, je peux témoigner que nous l'avons vu de bonne humeur en toutes circonstances, nullement avare d'anecdotes, en un mot absolument charmant. Et nous y étions pour quelque chose.

*   *   *

Pendant trois belles années à travailler sur les bords de ce petit lac, qui invitait au repos et à la sérénité, je me suis servi de cet endroit renommé pour parfaire mon service. Si nous faisions tout pour satisfaire nos visiteurs, ces derniers nous le rendaient bien, et je remarquais avec étonnement l'attitude affable et respectueuse de la clientèle nord-américaine, ce qui me changeait, il faut en convenir, de ce que j'avais connu à plusieurs reprises de l'autre côté de l'océan. La carte des vins, vitrine unique et inspirante du contenu de notre cellier, provoquait chez moi un désir de me perfectionner et d'en apprendre davantage. Nous ne pouvions d'ailleurs prétendre à l'excellence si nous n'étions pas prêts à jouer le jeu, alors je me suis mis à dévorer tous les livres consacrés à la dive bouteille et les manuels d'œnologie qui me tombaient sous la main. J'ai lu si souvent *L'âme du vin*, le poème de Charles Baudelaire, placé bien en vue à la première page de la carte, qu'il m'a inspiré dans ce qui allait devenir important dans ma vie de sommelier : mes relations avec les vignerons.

Ce n'est pas d'hier que je pense que la valeur d'une cuvée se trouve d'abord dans celle de la maison qui le produit. Au-delà de la région, des cépages et des millésimes, il faut avant tout se fier à la signature, qui sous-tend une philosophie, un savoir-faire, une passion, des exigences. Et l'on trouve le meilleur aussi bien que le pire dans de grosses structures comme dans des petites. Tout découle, surtout en matière de vin, des hommes et des femmes qui sont sur le terrain.

*   *   *

Passe-temps d'œnophile

>> L'*œnographile* collectionne les étiquettes, et le *placomusophile*, les plaques de muselets de champagne qui couvrent les bouchons.

C'est au cours de ma première année à La Sapinière que j'ai commencé ma collection d'étiquettes. En plus de celles que je décollais de tous les flacons vendus, j'avais demandé la permission de récupérer celles qui se trouvaient sur des bouteilles vides qui faisaient office de décoration dans une petite cave où nous faisions occasionnellement de l'animation. Pendant le service du midi, j'ai eu maintes fois la possibilité, entre deux tables, de descendre pour décrocher des hauts égouttoirs-hérisson les vieilles fioles sur lesquelles étaient restées collées des étiquettes, parfois jolies, souvent éloquentes. Je ne suis pas un éminent œnographile ni, en passant, un fervent placomusophile; pourtant, les 3000 étiquettes que j'ai classées soigneusement m'ont beaucoup appris et servi dans l'enseignement.

Aujourd'hui, l'Hôtel La Sapinière n'a plus son lustre d'antan et beaucoup de restaurants et d'hôtels ont pris la relève. Qu'importe! Cet établissement hôtelier aura su imprimer à des générations le goût de la table et du bon vin. Il m'aura servi d'école grâce à des gens passionnés qui m'ont donné le désir et la volonté de persévérer.

SAPINIÈRE ☆ CAVE ☆ RENÉ LÉVESQUE ☆ ZITRONE ☆ PHILIPPE ☆ SOMMELIER ☆ DUFRESNE ☆ ANGEVINE ☆ VAL-DAVID ☆ BARAGOUINER ☆ IMMIGRATION ☆ LAURENTIDES ☆ QUÉBEC

TOMI UNGERER ☆ RIESLING ☆ KOUGELHOPF
HUGEL ☆ TRISTESSE ☆ CIGOGNE ☆ SERGE

Sabotage
en Alsace

Disons-le tout de go: je suis un amoureux des vins
d'Alsace et de ce charmant coin de France qui possède à la fois des paysages d'une rare beauté et un
des plus jolis vignobles du pays. J'ignore si c'est l'histoire
qui les a ainsi façonnés, reste que les Alsaciens et les Alsaciennes sont profondément attachés à leur patrimoine et ont
des caractères bien trempés. Les aléas des dernières guerres,
qui ont fait trop souvent de leur splendide région un couloir
de la mort ou un terreau fertile à des luttes fratricides, expliquent peut-être la détermination des uns, l'obstination des
autres, appuyant au passage cette fierté qui autorise également des gestes exemplaires.

Cela se traduit la plupart du temps par des réalisations
exceptionnelles menées à bout de bras par des personnes qui
le sont tout autant. Je pense à Serge Dubs, aux sœurs Faller
qui, avec leur maman, ont dû retrousser leurs manches

De la race des vrais

》 Serge Dubs est depuis longtemps le sommelier
de l'Auberge de l'Ill, à Hillhaeusern, chez la famille
Haeberlin. Grâce à son talent, et surtout à son travail
acharné, il a été sacré meilleur sommelier du monde en
1989, à Paris. C'est un très bon ami avec lequel je voyage
et travaille de temps en temps.

Des vins ciselés

>> Le domaine Weinbach, au Clos des Capucins, obtient régulièrement les faveurs des critiques et des connaisseurs. À mon avis, il fait partie des 10 propriétés viticoles les plus en vue d'Alsace. On dit des vins de la famille Faller qu'ils sont ciselés, taillés comme des diamants !

lorsque leur père est décédé. Même si les cuvées étaient déjà réputées, réussir en quelques années, dans un monde d'hommes à ce point hermétique, à hisser leur domaine parmi les plus respectés de ce coin béni des dieux, relève du défi de haute volée. En passant, c'est dans leur village, Kaysersberg, qu'est né Albert Schweitzer, le célèbre théologien protestant, philosophe, organiste reconnu et médecin, lauréat du prix Nobel de la paix en 1952. Son éthique du « respect de la vie », sur lequel se fonde toute sa pensée, reste pour beaucoup d'entre nous une immense source d'inspiration.

En 1998, à Kientzheim, j'ai eu le plaisir de déjeuner et d'être intronisé à la confrérie Saint-Étienne en compagnie de Tomi Ungerer, un autre Alsacien notoire, qui fut, comme beaucoup de ses contemporains, allemand et français pendant la dernière guerre.

Et la liste pourrait s'allonger. Je songe notamment à toutes ces familles qui se sont installées des siècles plus tôt dans des conditions de vie difficiles et qui ont fait de leurs patronymes des signatures, certains diront des marques, devenues incontournables – à juste raison – pour tous les œnophiles de la planète :

Un artiste engagé

>> Né en 1931 à Strasbourg, Tomi Ungerer est un dessinateur réputé pour son talent et bien connu pour ses positions politiques. Issu d'une famille d'horlogers, il a puisé son inspiration dans son Alsace natale même s'il a beaucoup voyagé. Son œuvre est riche de 30 000 à 40 000 dessins et il a obtenu le prix Hans-Christian-Andersen, la plus haute reconnaissance pour un auteur-illustrateur de livres pour enfants.

Jean-Baptiste Adam, Léon Beyer, Dopff, Hugel, Muré, Sparr, Schlumberger, Trimbach, etc.

C'est justement dans une maison de ce coin de pays, beaucoup moins connue cela dit et dont je préfère taire le nom, que j'ai vécu de l'intérieur les déchirements causés par un drame familial. Cet épisode m'a d'autant plus touché qu'il s'agissait de ma première véritable expérience d'organisateur et d'accompagnateur pour de petits groupes désireux d'en savoir un peu plus sur la chose œnologique. Voici l'anecdote.

À l'issue d'un tour de France des plus profitables, nous arrivons dans ce Haut-Rhin aux villages fleuris et bucoliques, où les touristes d'aujourd'hui, avides de photos colorées, aiment flâner. Comme dans un décor de cinéma, les habitations à colombages, géraniums aux fenêtres, les petites places aux fontaines reposantes, les rues étroites et les enseignes en fer forgé participent à ce décor naturel et enchanteur.

Nous avons rendez-vous dans une petite bourgade typique. Le maître des lieux nous accueille avec gentillesse et nous propose aussitôt de faire le tour du propriétaire dans les vignes avoisinantes. Il nous explique en long et en large la composition de son domaine, la répartition des cépages, précisant dans la foulée, comme si de rien n'était, qu'il vient de séparer en deux le patrimoine familial avec son frère aîné.

Sur le coup, je ne comprends pas qu'il se trame autre chose de plus grave. De retour au bercail, nous descendons à la cave où nos hôtes ont organisé la dégustation de leurs produits – ce qui, soit dit en passant, n'est pas tout le temps une bonne idée. Il arrive en effet, mais c'est de plus en plus rare, que nous dégustions dans des caves où persistent des odeurs indésirables causées par des installations vétustes ou une humidité mal contrôlée, sans oublier les problèmes de poussière et la lumière défaillante qui, par la force des choses, empêche de bien mirer le précieux nectar.

Toujours est-il qu'un kougelhopf trône déjà sur un petit guéridon recouvert d'une nappe à carreaux rouge et blanc. Le gâteau a été préparé à notre intention pour conclure sur une note sucrée le tour des foudres, ces larges et hautes cuves en bois de plusieurs hectolitres d'où l'on tire le liquide par une chantepleure, terme autrement plus poétique que robinet. Le premier échantillon est un *edelzwicker*, qui signifie littéralement «mélange noble» et qui correspond à un assemblage de cuvées issues de

Gourmet gourmand...

>> Le kougelhopf, ou kugelhopf ou kugelhof (en allemand *Gugelhupf*), est une spécialité alsacienne (qui se trouve en outre dans le sud de l'Allemagne et en Autriche). Il s'agit d'une brioche dont la forme particulière est façonnée par un moule en terre émaillée.

cépages fins, comme le riesling, le pinot gris ou le muscat. De nos jours, on fait référence au gentil, une ancienne dénomination remise au goût du jour.

Nous n'en sommes qu'au premier verre que nos narines sont alertées par des notes de fumée âcre, et non par les arômes floraux auxquels nous sommes en droit de nous attendre. Au moment où quelqu'un du groupe me demande ce qui se passe, jaillissent les hurlements de l'épouse du proprio qui, les mains appuyées sur les hanches, s'époumone en haut des marches à l'adresse de son mari: « Sabotage ! Sabotage ! Ton frère est en train de nous enfumer !!! » Honnêtement, j'entends plutôt la dame dire de son accent si caractéristique : « *Sabotache ! Sabotache ! Ton frère est...* »

D'un accent à l'autre

>> À propos de l'accent alsacien, j'ai en mémoire cet instant savoureux : dans une boulangerie près de Colmar, une Québécoise à l'accent prononcé qui m'accompagnait se fit répondre par la plantureuse boulangère : « Je ne sais pas d'où fous f'nez, mais vous affez un drôle d'accent !!! » Comme quoi tout est relatif ; on voit ou on entend bien ce que l'on veut...

Nous sommes donc en pleine crise existentielle chez ces producteurs qui ont décidé que, dorénavant, leurs chemins vont séparément. Ils ont travaillé main dans la main pendant des années, mais la jalousie, ou peut-être l'argent, et des relations tendues entre les membres des générations suivantes, comme cela arrive fréquemment, ont eu raison de l'entente fraternelle, qui s'est tout à coup lézardée. En plus d'avoir divisé le vignoble en le redistribuant à parts égales, et à qualité de terroir équivalente, ils ont tout bonnement divisé la cave en deux, et pour cela, dressé un mur en plein milieu. Le jour de notre visite, cela vient probablement de se faire puisque le travail n'est pas terminé : il y a un interstice entre le plafond et le mur. Ce passage étroit permet au frère jaloux et désespéré d'envoyer dans le caveau voisin toute la fumée d'un feu qu'il vient d'allumer. Il a, paraît-il, décidé d'exercer des représailles parce que son frère cadet reçoit des touristes canadiens... Drôle de façon de se venger, mais en existe-t-il de bonnes ? La réalité prend parfois des airs de fiction ! Nous devons donc plier bagage sous les invectives du fils à l'égard de son oncle, qui y va de plus belle en alimentant le foyer destructeur.

Sachant pertinemment que la fumée peut endommager les vins, et dans l'espoir de donner une leçon au tonton revanchard, son neveu fait venir un huissier de Colmar. Une heure plus tard, alors que nous sommes installés dans la salle à manger, l'homme de loi fait irruption en décrétant à mon adresse : « Vous, l'œnologue, s'il vous plaît, vous allez venir témoigner ! » Je consulte mes compères de voyage, et nous décidons de signer solidairement la déposition, quitte à revenir ultérieurement en Alsace déposer en cour... Ce à quoi nous ne serons pas astreints, hélas ! Je ne saurai jamais le fin mot de leur bataille, bien que, ce jour-là, nous ayons fait les frais d'une mésentente dont l'origine ne date certainement pas de la veille.

Ce qui est terrible dans tout cela, en plus des dommages collatéraux, c'est que bien des familles comme celle-ci se déchirent pour des futilités, ruminant de basses rancœurs et un ressentiment plein d'aigreur. Après des années, la plupart du temps les protagonistes ne se souviennent même plus de ce qui en fut la cause.

Désolé de ce qui vient d'arriver, notre vigneron décide donc de nous inviter au restaurant pour la soirée. Une fois bien attablé en notre compagnie, il se laisse aller à des réflexions philosophiques – que je note –, du genre « chaque grand vin porte l'empreinte de l'homme qui l'a fait », et décrit son travail « comme celui d'un artiste amoureux de la perfection ». Malheureusement, le bon jus de la treille aidant – ou n'aidant pas, c'est selon –, il se met, à vives lampées de riesling, à s'épancher joliment sur nos épaules bienveillantes. Passant du rire à la tristesse, la journée de cet homme dépité prendra fin comme elle a commencé : de bien pathétique façon.

Depuis cet épisode navrant, je suis retourné à maintes reprises en Alsace visiter les bonnes maisons, et pour les fois où je me suis fait rabrouer par un patron de *winstub* aimable comme « une porte de prison » ou un viticulteur mal embouché (un comble pour un homme du vin), je ne garde de mes virées alsaciennes – à la cave de Pfaffenheim, par exemple, à Epfig chez l'artiste André Ostertag, dans les terrasses du Kitterlé, grand cru de Guebwiller, aux côtés de la belle Évelyne Beydon-Schlumberger, ou avec l'adorable Manou Massenez – que de bons souvenirs.

D'eau, de vie, de fruit et d'esprit...

》 La société Massenez, dont s'occupe la fringante et dynamique Manou, se trouve à Villé-Bassemberg, à une cinquantaine de kilomètres au sud-ouest de Strasbourg, et produit parmi les plus belles eaux-de-vie blanches du monde. Au catalogue des eaux-de-vie de fruit : poire, framboise, kirsch, mirabelle, prune, quetsche ; et des eaux-de-vie de baies sauvages : alisier, églantier, sureau et houx.

Je plains ceux qui ignorent les vins d'Alsace, car ils n'ont pas compris ce qui fait leur charme ni voulu sortir des avenues balisées pour découvrir les chemins sinueux le long desquels se cachent de délicieux trésors à déguster, dans le verre et dans l'assiette. Au menu, tarte à l'oignon, choucroute traditionnelle et munster assorti de graines de cumin, sans oublier le foie gras au torchon, les poissons de rivière, le gibier finement travaillé et les succulentes tartes aux mirabelles ; j'en passe et des meilleurs…

Je ne voudrais pas insinuer que l'Alsace a le monopole des chicanes et des bisbilles. Je ne peux néanmoins m'empêcher de relater ces deux autres histoires affligeantes, qui se ressemblent mais qui n'auraient pas de lien. La première s'est déroulée à la fin du mois d'août et en septembre 2004 lorsqu'un inconnu, vite surnommé « *serial* coupeur », a cisaillé des milliers de plants. Parmi les trois victimes, Christian Binner, adepte du bio à Ammerschwihr, a perdu 1300 ceps de gewurztraminer

Embrouilles et jalousies

>> Du Chinonais au Médoc, en passant par la colline de l'Hermitage, le Narbonnais, les garrigues du Languedoc, et aussi en Californie, en Italie ou sous d'autres latitudes, le monde vitivinicole est parsemé depuis toujours de poursuites, de malversations et autres querelles familiales. Dernièrement, à Châteauneuf-du-Pape, une jeune femme qui se sentait spoliée a dénoncé son père à la Répression des fraudes pour faire valoir ses droits. L'entente s'est conclue à l'amiable.

plantés sur le *Kaefferkopf*, magnifique coteau devenu en 2006 la 51ᵉ étoile qui brille au firmament des crus d'Alsace. Le coupable n'a pas encore été retrouvé, mais pourquoi tant de haine ?

Dans le même registre, un habitant de Bennwihr, cible de moqueries dans son enfance en raison d'une incontinence tardive, a été condamné en décembre 2009 à un an de prison avec sursis et mise à l'épreuve pour s'être vengé, 50 ans plus tard, en cisaillant 430 pieds entre décembre 2005 et février 2008, comme le relate une dépêche de l'Agence France Presse. On connaissait les raisins de la colère, on a maintenant les vengeances tardives ! En Alsace, cela ne pouvait tomber mieux !

Cette histoire de sabotage aura eu l'avantage de me sensibiliser bien vite à ces querelles intestines et à ces feuilletons judiciaires qui existent ici et là aux quatre coins de la France comme partout sur la planète. Il faut reconnaître que le poids des traditions et les exigences imposées par notre monde d'aujourd'hui ne font qu'accentuer la fragilité des liens d'affaires, d'autant plus lorsqu'ils se tissent dans un contexte familial. Toutefois, c'est justement cette réalité humaine, avec ses travers, ses forces et ses faiblesses, qui fait aussi de ce milieu un univers des plus passionnants.

Pleins feux
sur l'Alsace viticole

Situation géographique

Située dans le nord-est de la France, cette région s'étend sur plus d'une centaine de kilomètres du nord au sud, le long de la vallée du Rhin. Les villes principales sont Strasbourg, Obernai, Ribeauvillé et Colmar.

Un peu d'histoire

Même si on pense que Jules César a déclaré que le vin d'Alsace était pour lui *optimus totius galliae*, c'est-à-dire le meilleur des vins de Gaule, c'est à la fin du IIIe siècle de notre ère qu'on situe le vrai commencement de la viticulture alsacienne. Beaucoup plus tard, la vigne deviendra source d'échanges commerciaux fructueux avec de nombreux pays de l'Europe, dont l'Angleterre, les Pays-Bas et les États scandinaves. C'est à peu près à la fin de cette époque que s'établiront les petits villages que les visiteurs d'aujourd'hui trouvent si pittoresques. Malgré les ravages de la guerre de Trente Ans, des vignerons s'installeront pour de bon en Alsace. Certaines familles réussiront à produire du vin jusqu'à nos jours, comme la dynastie Hugel, à Riquewihr depuis 1637 et dont le nom fait encore autorité.

Plus près de nous, plusieurs dates demeurent capitales. Annexée à l'Allemagne en 1871, redevenue française de 1919 à 1940, la région, envahie de nouveau par l'Allemagne, sera finalement libérée en 1945. De nos jours, les efforts consentis dans les années 1920 à 1940 portent leurs fruits. En 1925, par exemple, l'association des viticulteurs décide de ne planter que des cépages nobles. C'est ainsi que les meilleures variétés règnent dans des zones bien délimitées. L'instabilité politique et historique de l'Alsace explique qu'elle n'ait obtenu sa propre AOC qu'en 1962.

Climat

Sous ce climat semi-continental, le vignoble est protégé des vents violents, des pluies et des gelées par les Vosges. Les coteaux les mieux exposés se présentent, du côté de la vallée du Rhin, à des altitudes variant de 200 à 380 mètres. C'est ainsi que fleurissent en Alsace de nombreux crus favorisés par un climat à la pluviométrie faible, des étés chauds et des automnes lumineux. Les plus recherchés proviennent en général de la partie sud de l'Alsace, c'est-à-dire dans le département du Haut-Rhin.

L'Alsace à la loupe

- Plus de 15 500 hectares en production.
- Trois AOC (appellation d'origine contrôlée): alsace (74 %); crémant d'Alsace (22 %); Alsace grand cru (4 % de la production avec ses 51 crus délimités).
- 40 % du produit agricole de l'Alsace.
- 30 % du marché français des blancs AOC consommés à domicile.
- Riesling, pinot blanc, pinot gris et gewurztraminer représentent à eux quatre 76 % des cépages cultivés.
- Depuis 1972, la mise en bouteille se fait à 100 % dans la région de production. L'Alsace a sa propre bouteille.
- Les Vendanges Tardives et les Sélections de Grains Nobles constituent habituellement, pour l'œnophile patient, de fabuleux flacons d'anthologie.

Un terroir d'exception

Ce qui fait la gloire et la réputation de l'Alsace, ce sont, bien sûr, ses cépages, dont le nom n'est pas vraiment aisé à prononcer mais qui sont, *a contrario*, si faciles à apprivoiser. La complexité, la distinction et la subtilité illustrent bien, surtout chez les producteurs qui se démarquent, la véritable personnalité des vins d'Alsace, que l'on met en bouteille «dans leur pureté d'expression», comme le dit si bien Laurence Faller. Les sympathiques sylvaner et pinot blanc sauront se faire plus discrets pour laisser la part belle au croquant muscat, au fin et distingué riesling, au racé pinot gris et, enfin, au majestueux et puissant gewurztraminer. Quant aux sols, qu'ils soient de nature granitique ou argilo-calcaire, c'est à travers les crus qu'ils s'expriment probablement le mieux.

Symbole animal

La cigogne niche ici depuis des lunes puisque l'on relève, dans des chroniques datant du XIIIe siècle, les dates d'arrivée des grands échassiers qui passent l'hiver dans le nord de l'Afrique. En diminution notable dans les années 1950, les cigognes sont revenues grâce à l'introduction d'élevages, et à une volonté de sauvegarde de l'environnement naturel alsacien.

☆ CHINON ☆ DEVINIÈRE ☆
GOURMAND ☆ PUISAIS ☆ JOYEUX
LY ☆ GARGAMELLE ☆ JEAN CARMET ☆ BRETON ☆ B
X ☆ GARGANTUA ☆ FRADETTE ☆ RABELAIS ☆ CHI
ET ☆ BRETON ☆ BUVEUR ☆ ÉPICURIEN ☆ GOURMAN
RABELAIS ☆ CHINON ☆ DEVINIÈRE ☆ COULY ☆ GA
RIEN ☆ GOURMAND ☆ PUISAIS ☆ JOYEUX ☆ GARG
E ☆ COULY ☆ GARGAMELLE ☆ JEAN CARMET ☆ E
JOYEUX ☆ GARGANTUA ☆ FRADETTE ☆ RABELA
N CARMET ☆ BRETON ☆ BUVEUR ☆ ÉPICURIEN ☆
DETTE ☆ RABELAIS ☆ CHINON ☆ DEVINIÈRE ☆ C
☆ ÉPICURIEN ☆ GOURMAND ☆ PUISAIS ☆ JOYE
DEVINIÈRE ☆ COULY ☆ GARGAMELLE ☆ JEAN CARMET
PUISAIS ☆ JOYEUX ☆ GARGANTUA ☆ FRADETTE ☆
AMELLE ☆ JEAN CARMET ☆ BRETON ☆ BUVEUR
RGANTUA ☆ FRADETTE ☆ RABELAIS ☆ CHINON ☆
T ☆ BRETON ☆ BUVEUR ☆ ÉPICURIEN ☆ GOURMAN
RABELAIS ☆ CHINON ☆ DEVINIÈRE ☆ COULY ☆ G
EN ☆ GOURMAND ☆ PUISAIS ☆ JOYEUX ☆ GARG
☆ COULY ☆ GARGAMELLE ☆ JEAN CARMET ☆ BR
YEUX ☆ GARGANTUA ☆ FRADETTE ☆ RABELAIS
CARMET ☆ BRETON ☆ BUVEUR ☆ ÉPICURIEN ☆ G
DETTE ☆ RABELAIS ☆ CHINON ☆ DEVINIÈRE ☆ COU
☆ ÉPICURIEN ☆ GOURMAND ☆ PUISAIS ☆ JOYEUX
DEVINIÈRE ☆ COULY ☆ GARGAMELLE ☆ JEAN CARME
PUISAIS ☆ JOYEUX ☆ GARGANTUA ☆ FRADETTE
AMELLE ☆ JEAN CARMET ☆ BRETON ☆ BUVEUR
GANTUA ☆ FRADETTE ☆ RABELAIS ☆ CHINON ☆
☆ BRETON ☆ BUVEUR ☆ ÉPICURIEN ☆ GOURMAN
RABELAIS ☆ CHINON ☆ DEVINIÈRE ☆ COULY ☆ G
EN ☆ GOURMAND ☆ PUISAIS ☆ JOYEUX ☆ GARC
☆ COULY ☆ GARGAMELLE ☆ JEAN CARMET ☆ BE
YEUX ☆ GARGANTUA ☆ FRADETTE ☆ RABELAIS
CARMET ☆ BRETON ☆ BUVEUR ☆ ÉPICURIEN ☆
TTE ☆ RABELAIS ☆ CHINON ☆ DEVINIÈRE ☆ COU
ÉPICURIEN ☆ GOURMAND ☆ PUISAIS ☆ JOYEUX
IÈRE ☆ COULY ☆ GARGAMELLE ☆ JEAN CARME
AIS ☆ JOYEUX ☆ GARGANTUA ☆ FRADETTE

Entre Carmet
et Rabelais

« **É**coute, mon gars, si on doit passer deux heures ensemble, autant que ce soit agréable. Alors tu vas me tutoyer. Surtout que t'as l'air d'aimer le vin comme faut. C'est bien, ça ! » me dit mon interlocuteur en me serrant la main d'une poignée franche et vigoureuse.

Une demi-heure plus tôt, nous nous étions donné une main polie, un brin timide – avec tous les égards dus à Jean Carmet, une célébrité du cinéma français –, puis nous avions roulé en direction de Chinon (à 45 kilomètres à l'ouest de Tours), tout près d'où est né François Rabelais, vers la fin du XVᵉ siècle.

Un grand acteur

Longtemps confiné aux seconds rôles, Jean Carmet a joué dans plus de 200 films, sans compter la télévision et le théâtre. Même s'il a souvent passé pour le Français moyen ou le beau-frère de service, il a campé des personnages de premier rang. De Georges Lajoie dans *Dupont Lajoie* à Thénardier dans *Les Misérables*, en passant par Le Bombé dans *La Soupe aux choux* et Maurice dans *Le Grand Blond avec une chaussure noire*, Carmet savait se faire grave, impressionnant le spectateur avec sa gouaille et son talent.

De bien bons moments !

≫ Mon travail m'a donné l'occasion de rencontrer deux des principaux disciples de Jean Carmet : entre deux rangs de carignan, Pierre Richard (le grand blond qui vinifie dans les Corbières) et, à Montréal, son ami Gégé (Gérard Depardieu), qui s'implique dans plusieurs vignobles, dont le Château de Tigné, en Anjou, sa propriété où il avait aménagé un appartement pour son cher ami et mentor *ès caves*.

Dans le cadre des Journées nationales du livre et du vin à Saumur, j'ai pu échanger joyeusement avec trois autres bons vivants, des personnages avec lesquels Jean Carmet a parfois tourné et souvent trinqué : Claude Chabrol, prolifique cinéaste ; Claude Brasseur, notoire enfant de la balle ; et Daniel Prévost, l'inénarrable Lucien Cheval, le contrôleur fiscal du *Dîner de cons*.

Au Québec, Jean Carmet a joué Pacifique Berthet (*Le Crime d'Ovide Plouffe*, de Denys Arcand) et Ratablavasky (*Le Matou*, de Jean Beaudin). Nommé pour le César du meilleur acteur en 1986 pour son rôle dans *Miss Mona*, il a remporté deux fois le César du meilleur acteur dans un second rôle pour *Les Misérables* (en 1983) et *Merci la vie* (en 1992). Il a reçu un César d'honneur en 1994, l'année de son départ pour les pampres du paradis…

Grâce à une relation québécoise ayant travaillé avec lui sur un plateau de tournage à Montréal, Carmet avait eu la gentillesse d'accepter de se prêter à une entrevue pour un documentaire que nous nous apprêtions à réaliser sous la direction de mon bon ami Guy Fradette. Ce dimanche était pour moi une journée bénie des dieux Bacchus et Dionysos, puisque j'aimais beaucoup l'artiste et que j'allais devoir travailler en sa compagnie. Il avait prévu nous quitter deux heures plus tard, soit à midi, mais prendra finalement le chemin du retour à minuit.

Je connaissais son inclination pour la dive bouteille, penchant authentique qu'il contrôlait bien, mais je ne soupçonnais pas l'étendue de son attachement pour les fruits de la vigne, une érudition qui s'était ancrée naturellement au fil des ans. En fait, Carmet était un œnophile patenté né à Bourgueil, une appellation située à 17 kilomètres de Chinon, avec laquelle elle partage notamment la présence du *breton*, l'autre nom du cabernet franc, et la faculté de produire des rouges recherchés.

Spécialiste éminent de descentes de caves, l'artiste avait cultivé les plaisirs véritables d'ici-bas et son côté rabelaisien, tout comme ses amitiés avec certains collègues de renom devenus vignerons à temps partiel en bonne partie grâce à lui.

Tourner dans la maison natale de Rabelais en compagnie de Jean Carmet relevait de l'évidence. Écrivain et humaniste de la Renaissance, François Rabelais, moine au couvent de Puy Saint-Martin dans sa jeunesse, était un homme optimiste, érudit, joyeux, curieux, sceptique et ambitieux. Botaniste et anatomiste, ce médecin praticien était aussi un libre-penseur. Les célèbres histoires de Gargantua et de Pantagruel, signées par l'auteur humoriste, font partie de cette œuvre littéraire qui s'inspire à la fois du conte peuplé de géants, du roman chevaleresque et de la parodie. Il a su se faire corrosif à l'égard des religieux, prônant la tolérance et la sagesse dans une culture populaire et paillarde faite de liqueurs de raisins et de jeux. Le portrait que je dresse de Rabelais est bref et bien succinct quand on considère l'importance du personnage, mais il colle à l'idée qu'on se fait de Carmet, un ripailleur débonnaire et attachant, même si, sur ce terrain, Depardieu ne donne pas sa place.

Un buveur de vin

≫ François Rabelais a laissé de lui l'image d'un jouisseur impénitent. À preuve, le début de cette épitaphe de Ronsard, une ode dans laquelle il le célèbre surtout comme buveur : « Jamais le soleil ne l'a vu, tant fût-il matin, qu'il n'eût bu, et jamais au soir la nuit noire, tant fût tard, ne l'a vu sans boire… » Et c'est bien connu que Rabelais ne faisait pas dans la dentelle, comme le prouvent ces cinq citations prises dans *Gargantua* : « Petite pluie abat grand vent. Longues buvettes rompent le tonnerre » ; « Au seul son des pintes et flacons, il entrait en extase, comme il goûtait les joies de paradis » ; « Buvez toujours, vous ne mourrez jamais » ; « Lever matin n'est pas bonheur, boire matin est le meilleur » ; « Je bois pour la soif à venir. » À méditer !

Dès notre arrivée à Seuilly, à huit kilomètres de Chinon, l'équipe technique installe son matériel afin de faire une entrevue dans ce logis modeste du hameau de La Devinière. Un bel escalier de pierre coiffé d'un petit toit d'ardoise longe le mur de façade et mène à l'étage où serait né le petit François. Je l'écris au conditionnel puisque aucun document ne peut garantir avec certitude ses véritables lieu et date de naissance. Mais qu'importe, l'endroit est joli, empreint d'une simplicité que semble affectionner notre comédien, et pour les autorités culturelles, il s'agit bien de la demeure où Rabelais a vu le jour.

Tout à coup, Jean Carmet, à qui j'ai tendu un verre de vin jeune à la robe purpurine, semble hésiter. « Mais que vont dire mes amis de Bourgueil de me voir boire du chinon ? » me glisse-t-il à l'oreille. Bon ! Ça allait pourtant bien ! Caprices de star ou véritable solidarité citoyenne ? J'opte pour le deuxième motif, et pour faire tomber les réticences de notre interprète, je demande aussi sec aux frères Couly-Dutheil, des vignerons de la région qui feront partie de l'émission, d'aller chercher en urgence un plus vieux millésime, du pain et des rillons, une spécialité régionale qui consiste en de savoureux morceaux de lard maigre confits dans la graisse. Mon petit stratagème fonctionne puisque, 40 minutes plus tard, notre chauvin trublion, qui n'a pu résister au péché, s'est copieusement régalé, et ne semble plus se soucier de la peine qu'il eût pu occasionner à ses amis, les Bourgueillois.

Je lui pose les questions que j'ai préparées et Carmet se laisse prendre au jeu, celui de nous dire son affection pour le géniteur de Grandgousier et Gargamelle, et de nous raconter ses souvenirs en pays tourangeau. Il m'émeut quand, prenant une voix de circonstance, il nous explique combien il avait peur avant ses 10 ans quand il descendait à la cave paternelle, une lampe-tempête à la main. Encore cette lampe-tempête ! Mes souvenirs de jeune échanson remontent alors à la surface, lentement comme on remonte du cellier un cru d'un âge vénérable patiemment attendu.

Puis il dit sur un ton plus solennel, les yeux penchés sur son verre : « J'ai des souvenirs du vin… Le vin appelle des silences… Quand on le regarde, il y a quelque chose. On va chercher la profondeur dans la couleur, puis on va goûter et, tout d'un coup, suivre le voyage dans lequel il nous emmène. C'est une chose très reposante de boire une bouteille de vin.» Il s'assied ensuite sur une des marches, en bas de l'escalier extérieur, et conclut en beauté : «Et là, je me trouve à Chinon, dans la maison où Rabelais est né… Peut-être que si je continue, dans quelques instants, grâce à cette vertu fabuleuse… et hygiénique… Monsieur Rabelais viendra s'asseoir à côté de moi. Je trinquerai avec lui et je lui dirai : "À ta santé, François !"»

Le vin et les mots

》 Nul doute qu'avec le jus de la treille le bon usage des mots est important. Il sera question, pendant cette conversation animée, de style et des mots utilisés pour en parler. Au-delà des écarts de langage et des manifestations de grossièreté, il est entendu qu'un petit effort ne fait pas de mal... C'est ainsi que bien des gens pensent encore que nous dégustons à l'aveuglette, c'est-à-dire sans discernement et sans analyse précise. C'est en fait une question de sémantique et, dans ce cas, de hasard parce que les mots se ressemblent, mais l'expression «déguster à l'aveugle», qui vient de l'anglais *blind tasting* et qui signifie que l'on ne connaît pas le nom du vin, est évidemment plus juste. Toutefois, nous pouvons parler de «dégustation anonyme» ou «à l'anonyme» puisque, à preuve du contraire, nous voyons la robe et non le nom inscrit sur l'étiquette.

Il y a aussi ces néologismes qui nous arrivent comme ça, sans crier gare, par exemple l'amusante «champagnette», plutôt péjorative à l'égard du champagne. Tout comme il est impropre de dire d'une piquette oxydée qu'elle est «madérisée» ; ce n'est pas gentil pour le madère, qui sait jouer dans la cour des grands. Il existe également une certaine confusion dans les termes : on dira «goulot» et non «goulon», «muselet» (fil de fer maintenant le bouchon d'un effervescent) et non «muselière». Et l'on n'insistera jamais assez sur la différence entre l'«œnologue», qui élabore le vin, et le «sommelier», qui le sert.

Il n'en faut pas plus pour que nos poils de bras se redressent. Une prise suffira! Il a improvisé; tout habitué qu'il est à dire des textes écrits, il a laissé parler son cœur. Même s'il est content, il nous propose consciencieusement de recommencer. Nul besoin, et il est temps d'aller déjeuner. C'est ce moment d'émotion que le réalisateur choisit pour clore en beauté son film sur la passion du vin.

Notre sympathique hédoniste, qui est accompagné d'une amie, se laisse convaincre de nous suivre dans un bon restaurant du coin. Se joint au groupe Jacques Puisais, un œnologue poète qui a joué en France un rôle considérable dans l'art de la dégustation et l'éveil du goût chez les enfants. Les deux hommes se connaissaient sans jamais s'être rencontrés. C'est magique à tout point de vue, dans le verre et dans l'assiette, et surtout dans la tête de chacun grâce à une joute épicurienne particulièrement fine et jubilatoire qui prépare la suite de la journée.

Après le dessert et moult cuvées ligériennes, nous nous dirigeons vers la cave des frères Couly, là où leur père a déposé dans la fraîcheur du tuffeau (comme les murs crayeux de la maison de mon enfance) des millésimes d'anthologie.

Le vin qui inspire

>> Dans la pénombre de la cave, j'entends encore Pierre Couly dire : « Ce qui est formidable devant le verre, c'est que le masque tombe, le masque de la fonction tombe, et l'homme redevient plus humain. » Ce à quoi Jacques Puisais ajoutera : « C'est ça, les vignerons. Ce sont des gens qui vous vendent des images, des visages, et à nous de comprendre ce qu'il y a sur ces visages. Eh oui, tout ça, c'est simple... »

De clos de l'Écho en clos de l'Olive, des 1945, 1947 et 1959, nous trouvons l'inspiration, humons de somptueux bouquets de violettes et de roses fanées, palpons la matière fruitée et jouissons du temps passé, comme si rien n'avait bougé. Le fait que les flacons, habillés d'un tissu de poussière protecteur, n'ont pas été déplacés depuis leur tendre jeunesse et la fraîcheur constante du caveau ne sont certainement pas étrangers à cette grâce juvénile qui se cache dans chacun d'eux. Tous y vont de leurs commentaires, allègrement et sans façon.

Mais si le temps semble s'arrêter, les heures et le ventre qui crie famine nous conduisent tout naturellement en fin de journée dans un petit restaurant fermé, que le propriétaire s'empresse d'ouvrir lorsqu'il apprend le nom des augustes convives – affamés et très joyeux, il va sans dire, vu que l'idée de cracher ne nous a même pas titillé l'esprit. Nous ne sommes ni soûls, ni pafs, ni gris, ni bourrés, ni paquetés, ni éméchés… Nous sommes bien ! Jean est dans une forme exceptionnelle, espiègle, disert et truculent. Avec ses airs bonhommes comme il sait les prendre, il fait de cette gargote d'ouvrier, où le patron nous sert sans cérémonie des charcuteries et des fromages délectables, un temple de la gourmandise digne de Pantagruel.

Pour notre plus grand bonheur, les rires et les jeux de mots fuseront jusque tard dans la nuit, de même que les bouchons ponctuant, comme des points d'exclamation, nos propos quelque peu rabelaisiens…

François Rabelais est mort à Paris le 9 avril 1553. Jean Carmet nous a quittés le 20 avril 1994 à Sèvres, en région parisienne, cinq ans à peine après notre rencontre.

Heureux !

L'état dans lequel se trouvait Jean Carmet ce soir-là m'a fait penser à cette petite phrase de Rabelais, extraite du *Cinquième Livre* : « Sa face était comme d'un jeune enfant, pour enseignement que tous bons buveurs jamais ne vieillissent. »

« Jamais homme noble hait le bon vin. »
FRANÇOIS RABELAIS, *Gargantua*

Pleins feux
sur la Touraine viticole

Situation géographique

Sur une centaine de kilomètres, les vignes s'étendent joliment sur des coteaux calcaires bordant, depuis la Sologne à l'est jusqu'aux limites de l'Anjou à l'ouest, de jolies vallées dont celle de la Vienne, affluent de la Loire qui se faufile à Chinon.

Un peu d'histoire

L'origine du vignoble remonte au IIIe siècle, mais c'est à l'époque de saint Martin, qui fonda l'abbaye de Marmoutier en 372, tout près de Tours, qu'on mentionne son existence pour la première fois. C'est d'ailleurs autour des monastères que la viticulture s'est développée. Les poètes, dont Rabelais et Ronsard, ont glorifié le vin de Touraine. Louis XIV et Mazarin, de passage dans la capitale tourangelle, en ont fait provision avant de remonter à Paris. Alfred de Vigny, Balzac, Courteline et Jules Romain, pour ne nommer que ceux-là, ont aussi vanté les mérites de ce coin de pays aux multiples facettes.

Climat, géologie, cépages et principaux crus

«Cette région, sillonnée par six vallées, possède le meilleur climat de France. Sur les 100 dernières années, la moyenne des précipitations est incroyablement régulière», affirme l'œnologue Jacques Puisais, résident du Chinonais. Mais les terroirs sont variés et, selon l'endroit, l'argile à silex, les alluvions sablo-limoneuses ou les sols argilo-calcaires influencent la personnalité des vins. Chenin et sauvignon pour les blancs, cabernet franc pour les rouges, les cépages nobles usent de leur charme et expriment tous leurs signes distinctifs. Bourgueil, Saint-Nicolas-de-Bourgueil et Chinon jouent de leurs terroirs respectifs pour s'offrir à l'amateur sous des aspects variés. C'est ainsi que les crus issus de sols graveleux offrent beaucoup de fruit, d'élégance et de finesse, et atteignent rapidement leur plénitude. Ceux qui sont issus de sols de «tufs» à Bourgueil et des coteaux argilo-calcaires à Chinon seront plus durs dans leur jeunesse, auront plus de corps, mais résisteront au temps de façon remarquable.

L'appellation touraine

Cette appellation se décline de différentes manières. Du simple et gouleyant gamay régional au délicieux cabernet de touraine-amboise, en passant par le blanc d'Azay-le-Rideau et le rosé de noble-joué, chaque dénomination nous accompagne dans notre découverte du «Jardin de la France».

Vouvray, un des grands vins de l'Hexagone

Pour récompenser le visiteur patient et le connaisseur passionné, Vouvray, avec ses caves troglodytiques creusées dans le tuffeau, réserve de ces nectars à faire rêver. Bien sûr, il y a les blancs secs et les demi-secs, bien sûr qu'on fera la fête avec les vins saute-bouchon, mais on prendra le temps de se recueillir et de méditer avec les merveilleux moelleux aux senteurs de miel et de cire, âgés d'une décennie ou deux, élaborés par ces magiciens du chenin blanc, le cépage dont le synonyme est le pineau de la Loire.

La Touraine et ses châteaux

Amboise, Chambord, Chenonceaux, Azay-le-Rideau, Langeais et Cheverny, voici les noms des trésors d'architecture qui font rêver tous les férus de la Renaissance.

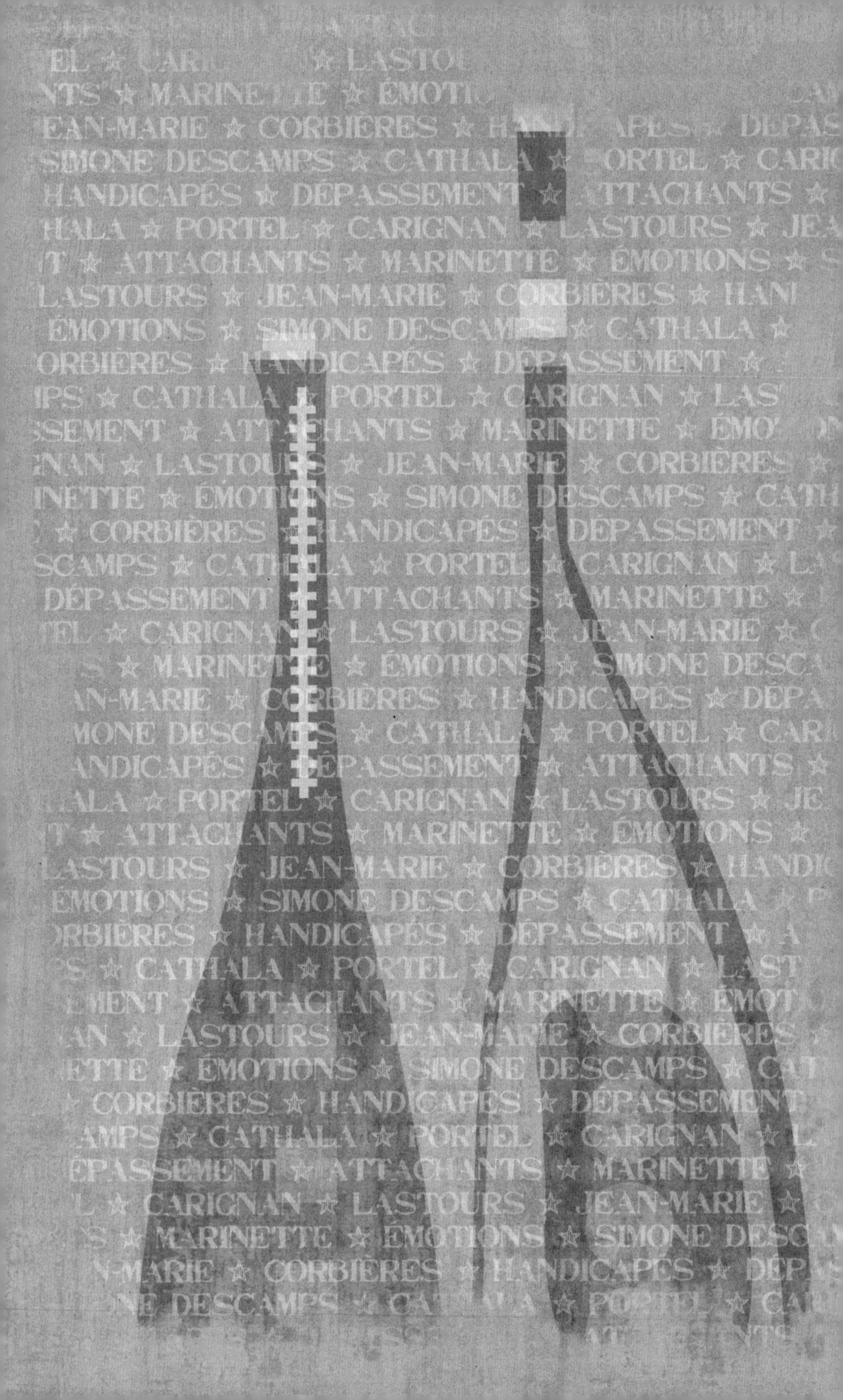
MARINETTE
JEAN-MARIE ☆ CORBIÈRES ☆ HANDICAPÉS
SIMONE DESCAMPS ☆ CATHALA ☆ PORTEL
HANDICAPÉS ☆ DÉPASSEMENT ☆ ATTACHANTS
PORTEL ☆ CARIGNAN ☆ LASTOURS
ATTACHANTS ☆ MARINETTE ☆ ÉMOTIONS
LASTOURS ☆ JEAN-MARIE ☆ CORBIÈRES
ÉMOTIONS ☆ SIMONE DESCAMPS ☆ CATHALA
HANDICAPÉS ☆ DÉPASSEMENT
CATHALA ☆ PORTEL ☆ CARIGNAN
ATTACHANTS ☆ MARINETTE
LASTOURS ☆ JEAN-MARIE ☆ CORBIÈRES
ÉMOTIONS ☆ SIMONE DESCAMPS
CORBIÈRES ☆ HANDICAPÉS ☆ DÉPASSEMENT
CATHALA ☆ PORTEL ☆ CARIGNAN
DÉPASSEMENT ☆ ATTACHANTS ☆ MARINETTE
CARIGNAN ☆ LASTOURS ☆ JEAN-MARIE
MARINETTE ☆ ÉMOTIONS ☆ SIMONE DESCAMPS
CORBIÈRES ☆ HANDICAPÉS
CATHALA ☆ PORTEL
HANDICAPÉS ☆ DÉPASSEMENT ☆ ATTACHANTS
PORTEL ☆ CARIGNAN ☆ LASTOURS
ATTACHANTS ☆ MARINETTE ☆ ÉMOTIONS
LASTOURS ☆ JEAN-MARIE ☆ CORBIÈRES
ÉMOTIONS ☆ SIMONE DESCAMPS ☆ CATHALA
HANDICAPÉS ☆ DÉPASSEMENT
CATHALA ☆ PORTEL ☆ CARIGNAN
ATTACHANTS ☆ MARINETTE
LASTOURS ☆ JEAN-MARIE ☆ CORBIÈRES
ÉMOTIONS ☆ SIMONE DESCAMPS
CORBIÈRES ☆ HANDICAPÉS ☆ DÉPASSEMENT
CATHALA ☆ PORTEL ☆ CARIGNAN
ATTACHANTS ☆ MARINETTE
CARIGNAN ☆ LASTOURS ☆ JEAN-MARIE
MARINETTE ☆ ÉMOTIONS ☆ SIMONE
CORBIÈRES ☆ HANDICAPÉS

Un lieu
hors du commun

« **A**h ? Lasstoursse ! ? » appuie le petit grand-père, la cas-
quette vissée sur la tête. Nous étions à la sortie de Narbonne et je venais de lui demander mon chemin.
« C'est à Lasstoursse que vous voulez aller ou au Château
de Lasstoursse ? » Bon, ça commence bien ! J'étais déjà venu
déguster et manger au Château de Lastours, dans un autobus bondé de collègues, et je n'avais pas pris la peine, par
la force des choses, de noter le chemin pour m'y rendre.
C'est le grand problème des voyages au cours desquels tu
te fais conduire, puisque tu suis bêtement comme un mouton le troupeau qui avance, sans savoir où il va exactement.

Le bastion des hérétiques

≫ La plupart des hauts lieux du catharisme français
(mouvement religieux sectaire du Moyen Âge) se
situent dans les limites de l'Occitanie, notamment en
Languedoc. Sur les dentelures d'un massif montagneux
qui domine le village de Lastours, à une quinzaine de
kilomètres à vol d'oiseau au nord de Carcassonne, se
profilent les ruines des quatre châteaux de Cabaret,
Tour Régine, Fleur d'Espine et Quertinheux. En fait,
on découvre un point de vue rude et austère lorsqu'on
se rend dans le terroir viticole connu aujourd'hui sous
le nom de Cabardès.

Un an après ce voyage organisé, seul dans ma voiture de location, je découvrais qu'il existait deux Lastours dans les environs. Je constatais surtout que je ne connaissais pas grand-chose aux albigeois. En m'adressant, de mon accent français international, à ce pépé qui marchait paisiblement sur les bords de la départementale 168, j'ai pris d'un coup une leçon sur l'accent languedocien et un cours 101 sur les vestiges cathares. «Ah! Fallait le dire plus tôt! C'est pas les ruines que vous voulez, c'est le Lasstoursse qui fait du *ving*! Tournez à droite et vous allez trouver.»

Après avoir écouté attentivement mon sympathique papi, j'ai continué le petit jeu de piste et je me suis dirigé vers le sud jusqu'à Portel des Corbières. C'est ici, sur l'ancienne voie de communication appelée au XIIe siècle la *via Mercaderia*, reliant à l'époque Narbonne à l'Espagne, que «mon» château était installé. J'avais été intrigué la première fois et je m'étais promis de revenir sur ce site unique, caractérisé par un vignoble en terrasses créé de toutes pièces dans les années 1970 sur des collines escarpées.

C'était en 1990, et ce deuxième séjour me permettait de mieux connaître l'endroit, qui restera pour moi et pour toujours éminemment capital. C'est ici que la formidable équipe de Jean-Marie Lignières, le directeur, faisait œuvre humanitaire en donnant à des handicapés

Un environnement exceptionnel

>> On découvre entre ciel et mer un vignoble culminant à 300 mètres d'altitude. Le paysage est composé de terrasses aménagées sur des collines abruptes, et le sol aride et caillouteux, combiné au climat difficile des Corbières, joue un rôle primordial sur la personnalité des différentes cuvées. En effet, ces conditions particulières permettent aux cépages, dont le carignan, le grenache et la syrah, d'extraire la quintessence, la sève généreuse qui donnera caractère et individualité aux vins de ce magnifique domaine de 700 hectares. Je reste coi devant tant de beauté sauvage, en regardant la grande bleue nous faire des clins d'œil, cette mer qu'on voit danser en pensant à Trenet, né tout près. En se retournant, on peut admirer le Canigou, point culminant des Pyrénées derrière lequel se cachent les prémisses de l'Espagne.

intellectuels la possibilité de gagner et de vivre leur vie grâce à la vigne et au vin et, comme l'a si bien écrit un journaliste, de connaître le bonheur loin des couloirs gris de la psychiatrie.

Le vin était bon et j'ai fait savoir à Jean-Marie que c'était la raison première de ma visite. Le lendemain, dès le petit-déjeuner au cours duquel notre amitié s'est installée, j'ai pu lui dire que, si, au-delà de mon intérêt pour leurs produits, je participais indirectement à l'intégration de ces êtres aussi attachants que démunis, alors ce bon jus de la vigne jouerait à merveille son rôle trop souvent oublié : celui d'aider à embellir l'espèce humaine.

Ce qui m'a frappé d'abord, c'est que Jean-Marie, titulaire d'une maîtrise en œnologie et d'un doctorat en psychologie, cas plutôt rare, convenons-en, a su implanter la vigne en l'adaptant au rythme lent de ces sujets qui vivaient dans un lieu hors du commun. Je lui ai posé plusieurs questions pour en savoir davantage. « Lorsque l'aventure a commencé en 1970, m'a-t-il dit, tout était en ruine, les vignobles comme les bâtiments. Et c'est justement parce qu'il n'y avait rien que tout a été possible. Nous n'étions pas prisonniers des mauvaises habitudes que la région avait prises et qui avaient conduit les vins du Midi à leur mauvaise réputation. » En 1977, le C.A.T. (Centre d'aide par le travail) a été créé afin de faciliter l'insertion sociale et professionnelle des handicapés.

« Pour qu'il y ait intégration de ces adultes, a-t-il ajouté, il était nécessaire que la structure elle-même soit intégrée par la qualité de ses produits et par sa notoriété. Il fallait aussi que la personne inadaptée se sente privilégiée et fière d'appartenir à une telle structure. »

C'est sans cesse ce qu'a prôné Jean-Marie, se défendant de vouloir faire de ce domaine un ghetto, mais, bien au contraire, un espace ouvert sur le monde qui permettrait à chaque pensionnaire de sortir de son isolement. C'est ainsi qu'il a pu faire découvrir ce havre d'humanité, où l'art, sous toutes ses formes, ainsi que le sport, la compétition automobile tout terrain et la gastronomie régionale pouvaient converger pour mieux donner à la noble boisson cette grandeur qui lui sied si bien.

Le carrefour
des passionnés

> Pendant près de 20 ans, le vin de Lastours a coulé à La Bergerie, le restaurant du domaine, accompagnant à merveille le cassoulet ou un civet de lièvre amoureusement préparé. Si ce n'était le Paris-Dakar qui y passait, Peugeot, Toyota, Michelin et d'autres sociétés du milieu automobile y faisaient des essais, tandis qu'amis anonymes ou artistes célèbres savaient qu'en ce site remarquable on prenait le temps de souffler, et qu'on y cultivait tant l'amitié qu'un vieux cep de carignan. « Les vignerons de Lastours », peu importe leur atteinte, étaient conscients de la renommée de l'établissement dans lequel ils étaient impliqués.

Je me suis vite adapté au tempo des habitants de Lastours, qui se disaient fiers d'être avant tout des vignerons, prêts à rogner, à tailler, à ôter les feuilles inutiles, à vendanger et à mettre le tout en bouteilles, sous la supervision d'éducateurs spécialisés et d'un personnel compétent dans l'exploitation d'un vignoble. Et malgré leur état de santé et ma méconnaissance de leur déficience, une relation amicale empreinte de joie et de respect s'est installée entre nous pour perdurer au fil des ans. Ils ne sauront jamais – mais sans doute le ressentaient-ils – combien ils m'ont apporté, tant sur le plan humain que du côté professionnel.

En aucune façon je n'oublierai le premier repas que j'ai pris à leur table. L'un d'entre eux, un des cas les plus aigus, violent et dangereux, m'a-t-on dit après coup, a voulu me tester en me demandant d'allumer sa cigarette. Il s'est approché de moi, longeant les murs à pas lents, le visage effrayant, sinistre même. Une éducatrice, qui avait deviné son petit manège, m'a discrètement tendu un briquet et je me suis prêté au jeu. Un peu crispé, j'ai esquissé un sourire et, dans le silence pesant de la cafétéria, il a soutenu mon regard cinq longues secondes, m'a pincé l'épaule, et est reparti. J'avais passé le test !

D'autres, au physique qui ne laissait rien entrevoir de leur handicap, autistique éventuellement, m'ont étonné par leur intelligence. Curieusement, je me suis parfois demandé en échangeant avec eux si tous les déficients de la terre sont bien ceux que l'on croit… Je me souviens d'un type qui m'avait raconté son ascension du mont Blanc avec une acuité cérébrale confondante. Mais il y avait un *mais*, et c'est pour ça qu'il était à Lastours.

Pendant les travaux, je leur posais des questions et je les sentais heureux au point de me faire une démonstration, par exemple, sur la manière d'attacher la vigne. J'étais devenu si proche qu'à chacune de mes arrivées ils m'accueillaient chaleureusement d'un signe de la main. Je dois avouer que j'ai toujours été fasciné et touché par les personnes trisomiques – il y en avait peu à Lastours. Si je suis conscient que c'est plus facile à dire quand on n'est pas directement concerné, cet épisode de ma vie m'aura au moins permis de mieux comprendre ces gens différents.

En 1990, dès le deuxième jour, j'ai senti que cet endroit avait également un effet bénéfique sur les individus dits «normaux». Quand on part en 4 x 4 avec des pilotes chevronnés sur des pistes cahoteuses qui sillonnent les collines et les plateaux, dans une végétation aussi belle que farouche, on y prend goût. Jean-Marie, passionné comme au premier jour, de courses et de rallyes, même s'il est resté marqué physiquement à la suite d'un terrible accident au cours du Paris-Dakar 1988, ne faisait ni une ni deux des chemins caillouteux aux courbes perfides, des descentes vertigineuses et des virages en épingles à cheveux. Le lendemain, ce fut avec André, le chef de culture, un valeureux pilote qui a abusé de ma méconnaissance des sports automobiles pour s'adonner à des manœuvres un tantinet imprudentes afin de me faire perdre connaissance. Mais j'en ai redemandé, car je savais que, rentré à La Bergerie, le vin n'en serait que meilleur et les saveurs, à la hauteur des risques encourus.

Comme cette soirée d'avril 1992, magique à tous points de vue. J'étais de passage en Languedoc avec trois de mes élèves, que j'accompagnais pour une tournée hautement pédagogique dans les vignobles français et italiens. Nous nous étions arrêtés à Portel pour deux jours. Le premier soir, fidèle à son habitude, Jean-Marie nous avait réservé sa table et un repas dont il avait le secret, avec l'idée, pour épater mes jeunes sommeliers, de faire servir plusieurs grands crus de Bordeaux en guise d'étude comparative avec ses propres cuvées. De plus, il savait que Saint-Estèphe et le Cos d'Estournel étaient l'objet de notre prochaine étape.

Constatant le fait que nous étions à environ 40 kilomètres de Rivesaltes, nous avons suggéré d'inviter un autre producteur, Bernard Cazes, un des maîtres vignerons du Roussillon. Aussitôt dit, aussitôt fait: il est arrivé une heure après notre coup de fil, une petite caisse de six bouteilles sous le bras. À notre grand étonnement, nous avons appris qu'il n'avait jamais mis les pieds à Lastours, même s'il passait à 10 kilomètres de là depuis des décennies. Mais à bien y penser, cela n'a rien d'inhabituel dans ces vieux pays, où l'on peut côtoyer le beau, le noble, l'ancien et le merveilleux sans vraiment s'y attarder, sans peut-être vouloir en savoir plus. Bernard, qui connaissait Jean-Marie, admit qu'il n'avait pas eu, ou pris, le temps de visiter cette propriété sortant des sentiers battus.

C'est donc avec beaucoup d'empressement que notre hôte a fait servir l'apéritif. Ont suivi, dans le désordre, les rouges, dont le Fût de chêne et Arnaud de Berre, sans oublier les vins de l'ami Bernard. Pour le remercier, notre intrépide docteur en psycho a proposé d'un œil goguenard et malicieux une virée en 4 x 4 avant le dessert. Minuit et nous voilà partis!

Trois voitures étaient au départ avec, à chaque volant, un pilote émérite dont Jean-Marie et André. Si la nuit était sombre, les esprits des participants, allègres et joyeux, étaient encore assez clairs pour évaluer le danger potentiel devant eux. En fait, le spectacle était surréaliste. Nous avions l'impression, malgré la vitesse, d'y aller à tâtons et... d'aller où, d'ailleurs? C'est bien là la question. On ne voyait pas la vigne et l'on devinait de peine et de misère, arrivés sur le haut plateau, les éoliennes géantes qui, faute de vent, s'étaient mises au repos.

Sur des dizaines de kilomètres, dans un fabuleux enchevêtrement de pistes, seuls se sont croisés les faisceaux lumineux des phares, illuminant furtivement au passage trois ou quatre lapins sauvages que nous avons dérangés sans le vouloir. Malgré le penchant naturel des hommes pour la bravade, surtout lorsqu'ils sont en groupe, on pouvait déceler chez chacun d'entre nous une petite angoisse, pour ne pas dire une grande anxiété, laissant place à l'arrivée à une fierté non dissimulée qui, secrètement, flirtait plus avec le soulagement qu'avec le sentiment du devoir accompli.

Un peu plus tard, pendant l'été qui a suivi, j'ai récidivé avec une équipe de télévision qui m'accompagnait pour un reportage. Mon ami Guy Fradette, le réalisateur québécois, a tenu à donner libre cours à son penchant pour la gastronomie: il a réquisitionné les cuisines du domaine et est même allé jusqu'à téléphoner au Québec afin de vérifier des éléments de sa recette d'escalope de veau au bleu.

Pendant le festin, judicieusement arrosé il va de soi, un quidam du nom de Cathala s'est joint à nous. Œnologue aux formes prononcées de joueur de rugby, il s'est pointé là pour me faire plaisir, une bouteille de Mas Amiel 1952 sous le bras. Son geste était gratuit et le flacon était là pour témoigner d'une amitié naissante. Au risque de le désarçonner, j'ai pris la décision de vider sur-le-champ le vénérable maury, et tout le monde s'est fait un devoir d'y goûter au dessert. C'est ça, la magie du vin :

Si proche des vignerons

Jean-Pierre Cathala, avec qui j'ai noué des liens serrés, a travaillé longtemps pour la Cave du Sieur d'Arques, spécialisée dans la Blanquette de Limoux. Il a aidé, de sa légendaire générosité, bien des vignerons de son coin de pays, qu'il connaissait sur le bout des doigts. Il nous a malheureusement quittés en 2009, après une longue maladie.

l'étincelle d'une rencontre, des échanges passionnés et des vibrations partagées, engendrés par quelques gouttes versées au fond d'un verre.

Parfois anticipés, souvent inattendus, ce sont ces petits instants qui se révèlent par la suite d'une grande importance, surtout lorsqu'il s'agit de vivre des sentiments forts, comme l'amour et l'amitié. Il faut bien dire à ce sujet que, pendant des années, en cette contrée bénie des Corbières maritimes, on ne s'est pas privé. Que de soirées au cours desquelles les arts, sous toutes leurs formes, ont tenu autant de place que la dégustation des vins ! Jean-Marie les provoquait et les peaufinait à loisir. Après la peinture et les plaisirs gourmands, place à la musique et à la chanson ! Après le coloré Bernard Soustrot et sa divine trompette, Marie-Françoise, la douce et charmante compagne de Jean-Marie, orthophoniste de son état, me tendait une guitare pour que je puisse les faire chanter, elle et la joyeuse tablée, inspirées très certainement par les parfums enivrants de la belle *Simone Descamps*.

Chaque fois, le personnel handicapé dévolu au service s'est occupé de nous avec diligence, et lorsqu'un geste brusque ou maladroit était commis, il était compensé spontanément par une attention et des sourires, qui font encore défaut chez certains pros de la restauration, hélas !

Je suis retourné régulièrement voir ces amis et j'y ai amené ou envoyé de nombreuses connaissances ainsi que mon fils Jean-Nicolas, qui a travaillé plusieurs mois à La Bergerie. Pour ses premières armes de réalisateur, il a tourné un petit film sur le domaine viticole, mais c'est du destin de ses «drôles de collègues» qu'il a voulu témoigner. Pour ma part, ils m'ont beaucoup inspiré sur la fragilité des choses, sur l'importance de l'empathie, une aptitude qui fait défaut à bon nombre de gens, et sur l'impérieux devoir de ne pas se plaindre pour un rien quand on a tout.

Mon ami Jean-Marie a pris sa retraite et le Château de Lastours, tel que je l'ai connu, a été démantelé en 2004 pour des raisons bassement matérielles. Le propriétaire d'alors, le Comité d'entreprise de la Société Marseillaise de Crédit, a vendu l'ensemble à un groupe soucieux avant tout d'y faire des affaires. On y cultive encore la vigne, mais si l'âme du château s'est envolée, je pense souvent à mes «vignerons» qui m'ont aidé à faire grandir la mienne.

Une dégustation historique

≫ Parlons-en justement, de la Simone! Il s'agit de l'étiquette du château créée pour rendre hommage à Simone Descamps, une femme charitable qui s'est engagée dans l'aide aux malades mentaux. En 1996, Jean-Marie m'a invité à animer une dégustation comparative après un événement au cours duquel le corbières 1986 avait brillé de tous ses feux en compagnie d'illustres crus classés du Bordelais. J'ai accepté l'invitation sans hésiter et me suis retrouvé le soir du 5 décembre devant une centaine d'amateurs et un groupe de dégustateurs chevronnés.

Le Château de Lastours vieilli en fût de chêne est arrivé premier devant le Cheval Blanc, puis la cuvée Simone Descamps et le Haut-Brion se sont classés troisièmes *ex-æquo*, devant les Petrus et Ducru Beaucaillou. Bien entendu, tous les échantillons, servis à l'anonyme, étaient du millésime 1986. La démonstration était faite: un vin issu d'une région où l'on produisait autrefois de la bibine pouvait maintenant jouer dans la cour des grands. Aujourd'hui, du fitou au minervois, en passant par le corbières et le saint-chinian, les rendements ont diminué, les assemblages sont faits avec soin et l'élevage en barrique est de mieux en mieux maîtrisé.

Pleins feux
sur le vignoble des Corbières

Situation géographique

Située au centre du département de l'Aude, la région des Corbières, dominée par le soleil, le vent et l'aridité des sols, offre un curieux panorama de rochers, de landes et de garrigues. La vigne y occupe 19 000 hectares classés en AOC corbières, dont 70 % sont déclarés, en moyenne, depuis le passage en appellation en 1985.

Un peu d'histoire

La vigne a été introduite par les marchands grecs dès le IIe siècle av. J.-C., mais elle s'est réellement développée sous l'occupation romaine. Puis ce fut le long défilé des envahisseurs venus de l'est, du nord ou du sud, laissant désolation et friches. Le mouvement monastique, entre autres les bénédictins et les cisterciens, a ramené la paix. Malheureusement, cet élan fut ensuite brisé par la croisade contre les albigeois, entreprise afin d'exterminer l'hérésie cathare. La prospérité ne sera de retour qu'au XVIIIe siècle, et le canal du Midi deviendra un formidable vecteur de communication, de transports et de développement économique.

Plus tard, la destruction des oliveraies, victimes d'hivers trop rudes, favorisera l'extension de la vigne, mais la fin du XIXe siècle sera marquée par une forte désorganisation du marché français, miné par les fraudes et la surproduction. Dès 1908, les vignerons des Corbières s'organiseront en syndicat de défense. En 1923, l'aire de production sera délimitée; en 1951, leur vin obtiendra le label VDQS (Vin Délimité de Qualité Supérieure). Ce sera une première récompense pour les efforts accomplis. Enfin, en 1985, les corbières entreront par la grande porte dans la famille des appellations d'origine contrôlée (AOC).

Climat

Dominé par l'influence méditerranéenne que l'on retrouve à l'est dans une végétation typique de la garrigue, le climat est aride, ensoleillé et chaud, favorisant ainsi les cycles longs de la vigne. Le vent du nord-ouest, sec et sain, très présent tout au long de l'année, permet au vignoble d'éviter des traitements excessifs. Les terroirs plus occidentaux bénéficient de l'influence océanique, mais des portes de Carcassonne à l'ancienne île de Leucate, les conditions évoluent doucement : les brises océaniques s'estompent, laissant régner en maître la Méditerranée.

Principaux cépages

Les vins se déclinent principalement en rouge (94 % de la production) de couleur assez soutenue, au nez de fruits mûrs et aux saveurs de fruits noirs, d'épices, de thym et de romarin. Charnus en bouche et tanniques dans leur jeunesse, la plupart ont un bon potentiel de vieillissement. Les rosés et les rares blancs (2 %), tout particulièrement, peuvent réserver d'agréables surprises.

Rouges et rosés

Carignan 50 % maximum, syrah, grenache noir, mourvèdre, lledoner pelut et cinsault (20 % pour les rouges, 70 % pour les rosés).

Blancs

Bourboulenc (appelé «malvoisie»), grenache blanc, maccabeu, clairette, marsanne, roussanne, rolle (appelé «vermentino»), terret blanc, picquepoul et muscat (maximum 10 %).

Un écosystème et des terroirs bien délimités

Outre la création en 2005 de l'AOC corbières boutenac, on recense aujourd'hui 10 autres territoires viticoles qui ont été délimités ainsi :

- **Montagne d'Alaric.** La vigne est plantée sur des sols de terrasses calcaires et de graves, n'excédant pas 100 mètres d'altitude.
- **Fontfroide.** S'y rendre pour visiter l'abbaye nichée au creux d'un vallon des Corbières sauvages et secrètes. Cette dernière, merveilleusement conservée, est un somptueux exemple de l'architecture cistercienne des XIIe et XIIIe siècles.
- **Quéribus.** Syrah et grenache trouvent ici les conditions optimales au développement de leurs arômes. Tout près du château de Quéribus se trouve Cucugnan, célèbre pour son curé immortalisé par Alphonse Daudet dans *Les lettres de mon moulin*.
- **Termenès (Hautes Corbières).** Ce vignoble, le plus haut des Corbières, s'étend sur 400 à 500 mètres d'altitude, sur des coteaux argilo-calcaires et des terrasses schisteuses.
- **Lézignan.** Vignoble de terrasses caillouteuses, Lézignan est la capitale économique de l'appellation.
- **Lagrasse.** L'altitude du vignoble, de 150 à 250 mètres, tempère l'effet des grandes chaleurs estivales.
- **Durban.** Ceinturé par une barrière rocheuse culminant à 600 mètres, le vignoble bénéficie peu de l'influence maritime.
- **Serviès.** Le plus à l'ouest, ce vignoble profite à la fois d'influences méditerranéennes et continentales, qui forment une entité climatique originale marquée par une sécheresse estivale.
- **Saint-Victor.** Ce vignoble bénéficie d'un climat homogène, et de sols calcaires, de grès et d'argile. Parmi les communes du terroir, il faut s'arrêter à Fontjoncouse.
- **Sigean (Corbières maritimes).** Cohabitant avec le cyprès, le pin d'Alep, le thym et le romarin, la vigne profite ici de l'influence méditerranéenne. C'est également au cœur de ce terroir que se trouvent Sigean, Port-la-Nouvelle, Fitou et Portel, la commune dont fait partie le Château de Lastours.

LIBAN ☆ BORDEAUX ☆ COURAGE
JOURNALISTE ☆ VIOLENCE ☆ RETROUVÉ ☆ PAIX
JEAN-PAUL ☆ HORREUR ☆ ESPOIR
PAIX ☆ DÉSARROI ☆ LIBÉRATION ☆ LIBAN
AGUEUSIE ☆ LIBERTÉ ☆ JOURNALISTE

La liberté retrouvée

Pendant près de trois ans, le journal télévisé français a inscrit un chiffre à l'écran, égrenant à chaque édition le nombre de jours de captivité de Jean-Paul Kauffmann, de Marcel Carton et de Marcel Fontaine, otages au Liban à la suite des enlèvements qui avaient défrayé la chronique. Chaque fois que j'en entendais parler, j'avais la chair de poule. Comme tous les Français qui manifestaient pour leur libération mois après mois, je m'interrogeais sur leur sort.

Je savais que Kauffmann était – et est toujours – un amateur de Bordeaux, dans tous les sens du terme, puisqu'en plus d'être reporter à *L'Événement du Jeudi*, après avoir travaillé à l'Agence France Presse, puis au *Matin* de Paris, il était aussi journaliste et rédacteur en chef du magazine *L'Amateur de Bordeaux*, créé en 1981. Comme j'avais le plaisir de le lire régulièrement, je savais que sa connaissance du vignoble girondin était indiscutable. Je ne l'avais jamais rencontré, mais j'avais deviné sa sensibilité par ses reportages, et il me faisait l'effet de quelqu'un de bien, comme on dit en parlant d'un individu que l'on connaît peu, mais qui affiche un bon jugement et véhicule des sentiments qui correspondent aux nôtres. Et puis, on s'attache sans le vouloir à une personne qu'on suit dans un journal ou une revue, si on partage un tant soit peu ses idées, sa façon de voir, de penser, de dire et d'écrire ce qu'elle ressent…

Les deux diplomates, Marcel Fontaine et Marcel Carton, avaient été enlevés le 22 mars 1985 à Beyrouth. Le journaliste

Un journaliste devenu écrivain

⟫ Jean-Paul Kauffmann est aussi un écrivain reconnu. Il a publié notamment *L'arche des Kerguelen* (Flammarion, 1993); *La chambre noire de Longwood* (La Table Ronde, 1997); *La morale d'Yquem: entretiens avec Alexandre de Lur Saluces* (Mollat-Grasset, 1999); *La lutte avec l'Ange* (La Table Ronde, 2001); *La maison du retour* (Nil éditions, 2007); *L'âme du vin*, avec Maurice Constantin-Weyer (La Table Ronde, 2008); *Courlande* (Fayard, 2009), et a remporté de nombreux prix. Il a fondé, en 1994, la revue *L'Amateur de cigare*. En 2002, l'Académie française lui a remis le prix Paul-Morand pour l'ensemble de son œuvre.

avait été pris en otage deux mois plus tard en compagnie de Michel Seurat, qui, hélas, n'en sortira pas vivant; l'annonce de sa mort sera faite le 5 mars 1986.

Ironiquement, ces hommes enlevés par des tenants du Djihad islamique, une organisation terroriste clandestine qui ne milite pas vraiment pour les vertus de la dive bouteille, ont passé une partie de leur temps à parler du jus de la treille. «Pendant ces trois années de cauchemar, nous avons presque quotidiennement parlé du vin. Pour Marcel Carton, Marcel Fontaine et moi-même, c'était notre dernier lien avec le monde des vivants. Nous avons eu faim, froid, chaud, peur, nous n'avons jamais cessé de parler du vin», relate le journaliste dans son livre *Le bordeaux retrouvé*. Contre toute attente, ils ont été libérés le 4 mai 1988, alors que Jacques Chirac était premier ministre de François Mitterrand.

Alcool, un mot d'origine arabe

⟫ Double ironie quand on sait que le mot «alcool», substance produite par distillation ou par la fermentation des moûts, vient de l'arabe *al kohl*. Tout comme le mot «alambic» est issu de l'arabe *al ambiq*, qui signifie «le vase», appareil servant à la distillation.

Un an et demi plus tard, la Société des alcools du Québec tenait sa 4ᵉ édition des Sélections mondiales, un important concours international au cours duquel des jurés remettaient, après les avoir dégustés, des médailles à des produits présentés par des producteurs du monde entier. J'avais le bonheur de faire partie du jury. En regardant attentivement la liste des jurés, quelle ne fut pas ma surprise de lire le nom de Jean-Paul Kauffmann! Je trouvais excellente l'idée de l'avoir invité. Et de surcroît, il savait déguster… Je venais alors de publier mon premier volume et je comptais le lui remettre.

Un épisode douloureux

>> Tous ces enlèvements furent revendiqués par l'organisation intégriste libanaise du Djihad islamique proche du Hezbollah (mouvement chiite pro-iranien) qui exigeait la fin de l'aide française à l'Irak, en guerre contre l'Iran. Le 22 mai 2002, cinq des anciens otages (Roger Auque, Marcel Carton, Georges Hansen, Jean-Paul Kauffmann et Jean-Louis Normandin) ainsi que Marie Seurat, la femme de Michel Seurat, déposeront une plainte contre X devant la Justice française pour « crimes d'enlèvement et de séquestration aggravée ».

Habituellement, il est facile, entre les séances de dégustation ou pendant les repas, de côtoyer les confrères pour échanger, faire un peu plus connaissance ou retrouver de bons et fidèles collègues. Avec Kauffmann, cela s'annonçait plus difficile parce que, chaque matin, il arrivait discrètement au dernier moment, s'assoyait et se mettait au travail. Comme la compétition durait cinq jours, je me suis dit que j'aurais bien l'occasion de lui serrer la pince, entre deux séries d'échantillons.

Seulement voilà, j'étais impressionné de voir cet homme, à peine sorti de cette histoire qui avait fait le tour du monde, participer au même événement que moi. Je n'osais tout simplement pas l'approcher, je ne voulais pas le déranger et, après tout ce qu'il avait vécu, j'imaginais qu'il devait se méfier de tout et de rien. J'avais remarqué que plusieurs lui tournaient déjà autour et, au-delà du fait que je ne voulais pas passer pour un enquiquineur, je vouais à cet homme trop de respect pour me permettre d'entrer dans sa bulle. En fait, ma profonde timidité, dont ne soupçonnent pas ceux qui croient me connaître, m'interdisait d'aller vers lui. Finalement, les épreuves se sont terminées sans que j'aie eu la chance de le rencontrer.

Cette timidité qui paralyse

》 Malgré les apparences, la timidité véritable, celle qui découle de votre éducation et qui vous empêche de faire des gestes conséquents, afflige plus de gens qu'on ne le pense. Je ne parle pas du quotidien, pour lequel une gêne de bon aloi se corrige au fil des ans, mais de ces moments qui revêtent à nos yeux une importance cruciale pour quelque raison que ce soit et qui, l'audace se dérobant, sont si ardus à maîtriser. J'en ai vécu et j'en vis encore aujourd'hui...

Un des plus aigus : la fois où je suis resté bloqué une bonne heure derrière Bernard Pivot, au cours d'une vente aux enchères à Paris. Je le connaissais puisque je l'avais rencontré lors d'un tournage télé, mais j'ai été incapable de lui dire un mot, et je sais que cela peut paraître ridicule. La peur de déranger ! Paralysé, vous dis-je !

En soirée, le président du concours donna une réception. Toute la profession montréalaise était là au grand complet avec, en prime, les jurés d'ici et d'ailleurs. Une fois n'étant pas coutume, pendant le cocktail, des hôtesses nous tendirent des paniers contenant de petits cartons. Chacun des 200 invités devait en piger un afin de connaître le numéro de la table qui lui était assignée. Je me suis dit encore une fois qu'il n'y avait pas de hasard, mais ce qui ne devait pas arriver arriva : j'étais invité à prendre place à la gauche de Jean-Paul Kauffmann.

D'entrée de jeu, le célèbre journaliste s'est montré très aimable. En faisant les présentations, nous avons découvert avec un certain étonnement que nous étions nés dans le même département français, à 70 kilomètres l'un de l'autre, et qu'après avoir passé une partie de sa jeunesse en Bretagne, mon compagnon de table avait fait ses premières armes journalistiques à Montréal. Ces petits éléments ont certes renforcé notre relation, mais c'est un détail qui a scellé notre complicité pour la soirée.

En présentant le premier blanc, la serveuse s'est trompée : elle l'a fait passer pour un sauternes, alors qu'il s'agissait d'un bordeaux blanc sec, élaboré par une propriété de Sauternes, ce qui est bien différent. Plus exactement, nous buvions du «G» de Château Guiraud. Nous ne l'avons pas signalé, mais une connivence tacite s'est installée entre nous. En plus, il me faisait penser à mon frère aîné : grand, mince, un côté intellectuel avec ses lunettes, instruit, pudique, un langage châtié, une façon semblable de me parler, une bonne dose d'humour. Et il s'appelait Jean-Paul...

Je crois beaucoup à l'influence de la forme et de la grandeur d'une tablée sur la réussite d'une soirée, et je reste persuadé qu'une table ronde de six à huit convives favorise les communications et les échanges. Toutefois, peu importe la géométrie et le nombre, il peut se former des sous-groupes de deux ou de trois, comme cela arrive lorsque les hôtes viennent d'horizons divers. C'est ainsi que, pendant deux bonnes heures, qui ont passé à la vitesse de l'éclair, l'ex-otage m'a dévoilé au creux de l'oreille, en douceur et sur un ton feutré, des épisodes de son effroyable enfermement. Il a insisté sur la relation qui s'était installée entre lui et ses compagnons de malheur, rapprochement cimenté par l'univers vitivinicole. S'ils ne tuaient pas le temps par la lecture, ils parlaient longuement, dans le secret le plus souvent, pour se sentir vivants. «Dans notre cachot, attachés à nos fers, nous parlions dans la nuit à voix basse. C'était parfois de cuisine et de vin. Il fallait briser le silence, faire diversion à l'angoisse et au désespoir. Chaque jour, j'entretenais ma mémoire en me récitant le classement de 1855», de préciser l'auteur dans son opuscule.

Dans le détail, il m'a raconté l'histoire de ce vœu qui l'avait amené à prolonger volontairement le régime sec que ses bourreaux lui avaient imposé pendant 1077 jours. Quatorze mois avant d'être libéré, au désespoir depuis une douzaine d'heures alors qu'il était enfermé dans ce qu'il appelait un cercueil de fer, utilisé par les ravisseurs pour le transfert des otages, et croyant sa dernière heure arrivée, il avait juré, s'il s'en sortait, de ne plus boire en aucun cas de vin et d'alcool. Ce qui est fabuleux dans son histoire – ne pas perdre espoir est, sans aucun doute, ce qui représente une des forces de l'être humain –, c'est qu'il s'est ravisé. «Mais dans ce tombeau où l'on n'entendait plus que le bruit des gouttes d'eau

Le classement de 1855

》 Napoléon III joua un rôle important en suggérant, à l'occasion de l'Exposition universelle de Paris en 1855, de faire dresser un classement, qui fait encore autorité même s'il ne suscite pas l'unanimité. Il est composé de 60 crus rouges du Médoc répartis entre 5 niveaux qualitatifs, de 1 cru des Graves et de 27 blancs liquoreux de la région de Sauternes. Ce classement a été révisé une fois, en 1973, pour permettre au Château Mouton Rothschild de reprendre sa place de premier cru.

qui tombaient dans le silence, abandonné de tous, et même des geôliers, suffoquant dans cette boîte de fer, pris de panique à l'idée de subir une mort lente, je n'étais pourtant pas tout à fait désespéré puisque je me suis dit : la vie vaut-elle la peine d'être vécue sans bordeaux ? J'ai alors transigé pour trois mois. Je pense encore aujourd'hui que notre délivrance relève du miracle. J'ai été libéré le 4 mai 1988 ; je ne recommencerai à boire du vin que le 4 août », dit-il dans son ouvrage, et je le crois, même si, après tout, c'est impossible à vérifier. En fait, j'en ai eu l'intime conviction le soir même de notre rencontre, et les semaines qui suivront me conforteront dans cette position.

Nous avons pris rendez-vous pour le lendemain afin d'échanger nos livres et de les dédicacer, une tradition que je me plais à entretenir depuis que j'ai le privilège d'être publié. Donc, portant sous le bras mon tout premier ouvrage, *Le petit guide des grands vins*, publié en 1988 aux Éditions de l'Homme, j'ai revu Jean-Paul Kauffmann, qui m'a fait la gentillesse de m'offrir son *Bordeaux retrouvé*, un livre qui deviendra au fil des ans une des pièces maîtresses de ma bibliothèque. J'ai prêté des dizaines de bouquins dans ma vie, mais comme le calcul des probabilités sur leur retour est plutôt négatif, je n'ai jamais pu me résoudre à confier à autrui cet ouvrage auquel je tiens tant. À moins de venir le lire à la maison...

À peine avais-je entamé ma lecture que j'étais taraudé par ce récit qui plonge en même temps dans l'horreur et dans l'espoir. Dans l'horreur lorsque l'auteur nous parle de cette conscience du temps, expérience cruelle du prisonnier : «Avec la peur, on ne joue pas. Avec le temps, on peut pratiquer une forme de compétition assez raffinée. J'ai sans cesse vécu (pendant trois ans) dans une atmosphère de quitte ou double. Quand les gardes nous réveillaient à trois heures du matin, nous ne savions pas à quoi nous étions destinés. Était-ce la mort ou la libération ? Les gardes étaient en transe. Certains jouissaient visiblement de notre désarroi. C'étaient des moments troubles, d'une grande violence.»

> ## Le bordeaux retrouvé
>
> ›› Il s'agit d'une œuvre publiée hors commerce en 1989, avec la collaboration de Michel Guillard, éditeur, journaliste, photographe et ami de l'auteur, et le regroupement hôtelier de luxe Relais & Châteaux. Kauffmann explique en quatrième de couverture : «Nous vivons dans un système où le malheur doit être immédiatement rentabilisé. [...] Je tiens à ce que cette ébauche de livre conserve un caractère intime et même confidentiel.»

Mais aussi dans l'espoir, non pas dans la reconstruction de la victime du rapt, dont on se demande si elle aura lieu un jour, mais dans cette étape déterminante qui va la conduire peu à peu à goûter à cette noble boisson qui n'était qu'un prétexte, mais un prétexte ô combien essentiel. Le journaliste a rapidement constaté que les trois mois supplémentaires de sevrage qu'il s'était imposés allait lui permettre de mieux se réapproprier la mémoire du vin. «Ce sas, je le sens, était nécessaire à ma rééducation.» Le jeudi 4 août correspond à la fin de sa mortification, pour reprendre les mots de l'auteur. Avec de fines gouttes de champagne Cristal 1977 de Roederer, il attendit les premières réactions : rien ne se passa ! Une incidence agréable certes, mais aucune saveur ne pointa à l'horizon. Il s'est alors demandé s'il n'était pas atteint d'agueusie.

Un peu plus tard, c'est avec un Figeac 1975 qu'il s'essaiera : «Le nez, ça va. Je bois… Je laisse cette première quantité de vin reposer au creux de la langue, puis la fais tournoyer dans ma bouche. L'attaque correspond à des saveurs violentes. Pas de successions de sensations mais un chaos de saveurs où l'amer prédomine. C'est une cacophonie d'impressions. Je ne parviens pas à les ordonner, à les nommer. C'est une tempête dans ma bouche, mes papilles gustatives vocifèrent, fulminent, c'est la pagaille, un méli-mélo. Bref, je ne sens rien ; trop d'anarchie. [...] Trois mois exactement après ma libération, je vis avec le vin ce que j'ai vécu quand je me suis retrouvé face au tumulte de ma liberté recouvrée.» Puis, avec un Lynch-Bages 1970, tout s'est bien passé au niveau du nez une fois de plus, mais en bouche, Kauffmann a dû se rendre à l'évidence: toujours cet effet de rugosité et l'impossibilité d'aller chercher les arômes livrés par la rétro-olfaction.

Je n'avais pas encore fini de lire ce *Bordeaux retrouvé* quand j'invitai des amis à la maison. Au cours du repas, j'ai ouvert Les Forts de Latour 1979, qui nous a épatés de ses tanins soyeux et de son fruit éclatant. Le lendemain soir, j'en étais à la page 94 de mon petit livre à la jaquette couleur crème, et Jean-Paul Kauffmann en était, dans son récit, à sa deuxième journée de «rééducation». Après un moulis, Château Poujeaux 1981, dont le nez lui était apparu presque métallique et la finale, sévère avec un support tannique assez rude, son ami Michel Guillard sembla inquiet de le voir errer ainsi. C'est donc sans aucune illusion qu'il s'apprêta à boire le suivant: Les Forts de Latour, justement, du millésime 1980. «Je pressens que je ne retrouverai plus le goût du vin mais je n'en conçois, si j'ose dire, aucune amertume. J'ai avalé ma première gorgée, distraitement. Et voilà que le miracle s'opère. Au contact du vin, je ressens enfin l'impression de fondu, de moelleux. Un voile s'est déchiré!»

J'ai pris acte. J'étais ravi de constater que c'est avec le même

Les Forts de Latour, un très bon deuxième

> Cette cuvée, composée de deux tiers de cabernet sauvignon et d'un tiers de merlot, est le deuxième vin du Château Latour, 1er cru de Pauillac. Il provient de l'assemblage de jus issus des jeunes vignes et de sélections rigoureuses au cours de l'élaboration du cru principal. L'achat d'un second vin reste justifié pour son prix, moins élevé, et pour son air de famille avec le plus grand.

Jean-Paul Kauffmann et les mots du vin

> Interrogé dernièrement sur divers sujets au cours d'un débat, le journaliste ne s'est pas gêné pour se prononcer sur la logomachie de l'analyse organoleptique. « On est arrivé à une situation intenable, avec des commentaires de plus en plus baroques. Le vocabulaire du vin compte 800 mots aujourd'hui, contre 300 il y a tout juste 15 ans. Cette inflation est préjudiciable », a-t-il défendu. Je partage tout à fait son opinion.

cru (à une année près), partagé la veille avec mes amis, que l'auteur du recueil qui me transportait depuis deux ou trois semaines avait retrouvé le précieux sens du toucher, celui de palper la texture de la végétale ambroisie. Puis l'auteur raconte, toujours dans son *Bordeaux retrouvé*, s'être prêté, dans les jours qui ont suivi, au jeu des multiples agapes organisées pour fêter ces retrouvailles fort attendues. Bouteilles et magnums furent ouverts, la plupart du temps au château. Grâce à la cave que ses amis lui avaient constituée pendant son absence, il a pu reprendre peu à peu les gestes de la dégustation, apprivoiser de nouveau les saveurs magnifiées par la rémanence et récupérer dans un coin de sa mémoire les mots pour en parler.

Ce livre a évidemment joué un rôle marquant dans ma vie. Au-delà de toutes les injustices rencontrées ici et là au cours de mes voyages, la terrible parenthèse dans la destinée de l'ancien otage a influencé ma vision des choses en général, et en particulier celle du sommelier et passionné du vin que je suis. Il m'a amené à réfléchir, à relativiser, à être plus philosophe, à aiguiser ma part d'humanité, à positiver. Et pour tout cela, Jean-Paul, je vous remercie.

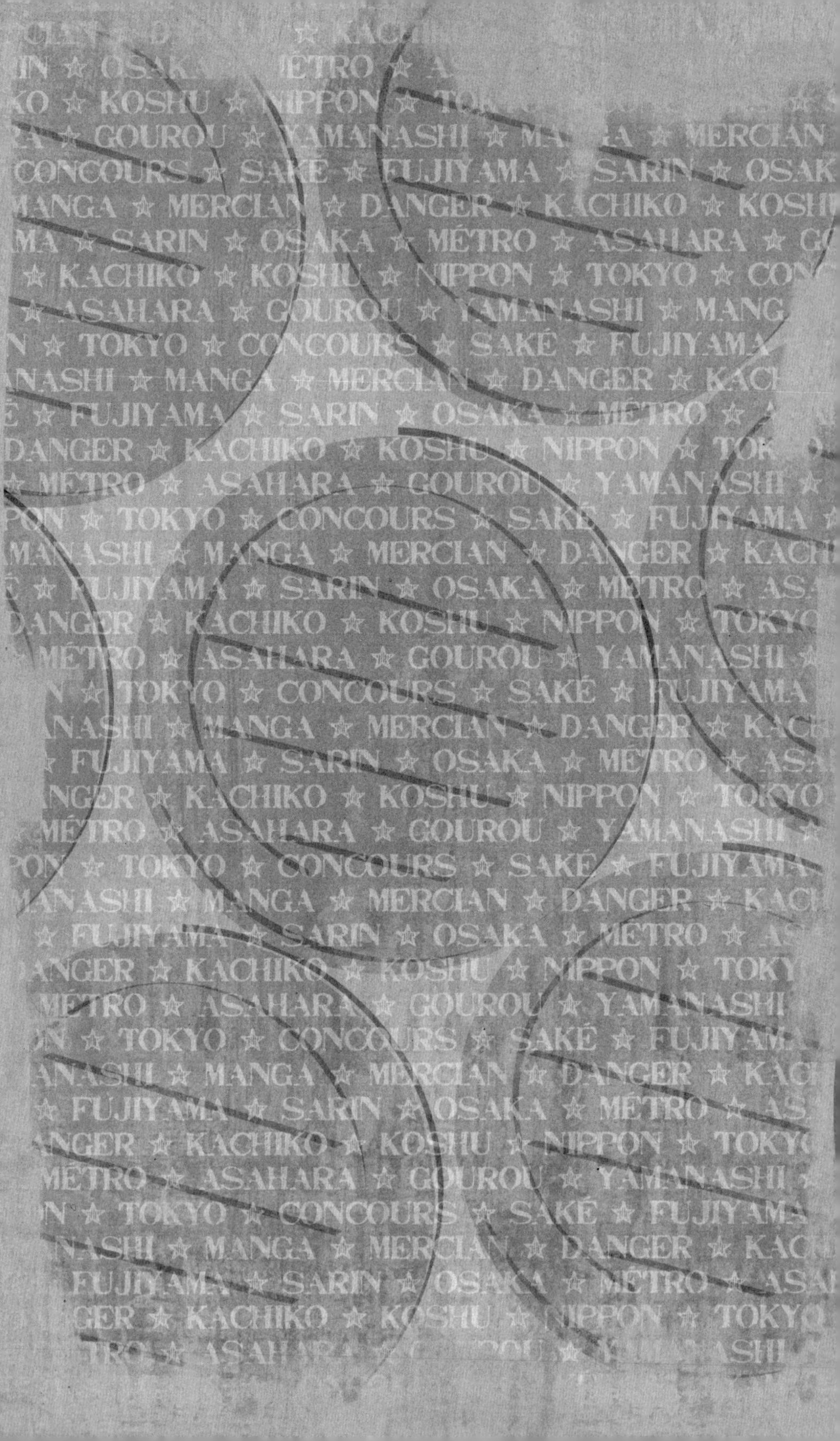
OSAKA ★ MÉTRO ★ ASAHARA ★ GOUROU ★ YAMANASHI ★ MANGA ★ MERCIAN ★ DANGER ★ KACHIKO ★ KOSHU ★ NIPPON ★ TOKYO ★ CONCOURS ★ SAKÉ ★ FUJIYAMA ★ SARIN

Les derniers jours du gourou

« **B**on, voilà que ça recommence ! Je vais bientôt partir en voyage et, comme par hasard, des catastrophes ont lieu où je suis censé me rendre. Pourquoi pas dans l'État voisin ou à l'autre bout du monde ? Non, une fois de plus, en plein dans le mille ! »

Alors que je préparais mon premier voyage au pays du soleil levant depuis plusieurs semaines, j'apprenais que Tokyo venait de subir les foudres de Shoko Asahara, gourou d'une petite secte religieuse créée au Japon en 1987,

Un archipel fascinant

> En japonais, Japon se dit *Nihon* ou *Nippon,* qui signifie « origine du Soleil », évoquant le « soleil levant », expression utilisée pour désigner ce pays d'Extrême-Orient. Le Japon est un archipel volcanique constitué principalement de quatre îles : du nord au sud, Hokkaido, Honshu (la plus étendue), Shikoku et Kyushu. En outre, il comporte environ 3000 autres îles plus petites. Naha, sur l'île d'Okinawa, est située à plus de 600 kilomètres au sud-ouest de Kyushu. Au sud de Tokyo, l'archipel des Nanpo s'étire sur plus de 1000 kilomètres. Au nord, les îles de Sakhaline (*Karafuto* en japonais) et les îles Kouriles sont russes depuis 1945, et sont l'objet d'un sérieux contentieux.

Gourou et dangereux

>> Shoko Asahara, de son vrai nom Chizuo Matsumoto, est né en 1955 sur l'île de Kyushu, dans le sud du Japon. Presque aveugle à la naissance, il fréquente une école pour non-voyants. Après des études de médecine chinoise et d'acupuncture, il se marie en 1978; de cette union naîtra six enfants. Gourou de la secte, il sera responsable de nombreux attentats, de dizaines de morts et de milliers de blessés, et sera considéré longtemps comme l'ennemi public numéro 1.

rebaptisée *Aum Shinrikyo* ou *Aum Vérité Suprême*. Cela se passait en 1995, le 20 mars plus exactement, et cette série d'attaques au gaz sarin dans le métro de Tokyo avait fait 12 morts et intoxiqué des milliers de passagers.

Pas vraiment encourageant comme nouvelle, surtout quand tu n'as jamais mis les pieds dans un lieu auréolé de tant de mystères, et gratifié d'une culture dont les repères sont totalement situés aux antipodes de ceux qui t'ont été transmis! Sans oublier que l'inoubliable expérience de prendre le métro à Tokyo était à notre programme, non pas celui qui était officiel, mais bien dans le plan que nous nous étions concocté pour les temps libres que nos amis japonais voudraient bien nous octroyer.

Sept semaines plus tard, nous décollions en direction du Japon…

Pas rassurant non plus…

>> Situé à la croisée de plusieurs plaques tectoniques, le Japon enregistre environ 20 % des séismes les plus violents du monde, suivis éventuellement de redoutables tsunamis. Pour ajouter à l'angoisse du départ, le tremblement de terre à Kobe trois mois auparavant, le 17 janvier plus exactement, avait fait plus de 6400 morts et des dizaines de milliers de blessés.

C'est à Osaka, une ville comptant environ 2 700 000 habitants, qu'a commencé le périple nippon de la délégation canadienne que je dirigeais, dans le cadre de la huitième édition du concours du meilleur sommelier du monde, et dont le dénouement était prévu à Tokyo, le 16 mai plus exactement. Notre groupe était composé de 10 personnes, dont François Chartier, le candidat canadien, les trois maîtres sommeliers, Aline Michaud, qui couvrait l'événement, Don-Léandri et Jean-Yves Bernard, qui m'assistaient étroitement, ainsi que Monique Nadeau, Daniel Lavergne et l'incomparable Kachiko Hanano. Cette dernière, une amie de Montréal, sera notre interprète désignée, et, ultime raffinement qui lui ressemble, chargée chaque matin d'orner l'ourlet de notre veston d'une rose fraîchement cueillie.

Une redoutable arme de destruction massive

> Le gaz sarin est une substance inodore, incolore et volatile, violente pour l'homme et l'animal ; il est estimé être 500 fois plus toxique que le cyanure. Ce gaz est absorbé par la peau et passe directement dans le sang. Quand il ne tue pas, il laisse de graves séquelles neurologiques. Les États devaient avoir détruit leurs armes chimiques avant 2007.

L'accueil à l'aéroport fut d'une surprenante efficacité. Un peu sonnés par tant d'heures de vol, nous étions accablés par la fatigue, déconcertés, certes, mais agréablement surpris par l'empressement de nos hôtes à nous conduire à l'hôtel. Il n'en va pas ainsi partout ! Nous n'en étions plus à 10 minutes près, mais nous avons rapidement compris, comme au fil des jours qui suivront, que nos nouveaux amis n'avaient qu'une consigne, celle de nous satisfaire. Après un rapide repas au buffet de notre hôtel, situé dans l'impressionnante zone portuaire de la ville, c'était le temps d'aller rejoindre Morphée, mais c'était aussi le moment des retrouvailles et personne ne pensait au gourou en cavale…

Le lendemain, notre première visite officielle eut lieu à la Maison de l'Amitié, véritable carrefour d'échanges où une grande allée bordée de vignes, manifestement aménagée pour l'occasion, nous conduisit vers le hall d'entrée. Puisque nous étions environ 120 professionnels issus de 23 nations, nous participions à l'inauguration d'un musée abritant une superbe collection d'objets liés au monde du vin. Et *de visu*, en contemplant la réserve de crus de prestige particulièrement bien présentée, nous avons constaté l'immense intérêt des Japonais pour le vin, intérêt qui ne s'est pas démenti depuis, et qui est largement consacré, il faut bien le dire, aux vins français.

À la suite de ce premier et chaleureux contact, nous avons pris la route de Kyoto où nous avons séjourné deux jours. Nous nous sommes arrêtés à Yamazaki, une des distilleries de Suntory, qui produit – dans une végétation luxuriante où coule une eau d'une pureté remarquable – le whisky, une eau-de-vie de grain dont les Japonais sont friands à table. Toutefois, la boisson nationale au Japon est le saké, issu de la fermentation du riz, et c'est dans un

Osaka, la Venise du Japon

>> C'est par Osaka que les arts et les techniques du continent asiatique ont été introduits au Japon, et c'est d'Osaka que partaient les messagers japonais qui étaient envoyés à la cour impériale de Chine. Sans doute parce que la mer et ses ports favorisaient depuis des siècles la rencontre des civilisations, les autorités avaient eu la brillante idée de créer la Maison de l'Amitié dans le port de la ville.

Le géant japonais de la bière, des vins et des spiritueux

>> Fondée à la fin du XIXᵉ siècle, Suntory est la plus ancienne société de fabrication et de distribution de boissons alcoolisées du Japon. C'est en 1923 que Shinjiri Tori érigea la première distillerie dans la vallée de Yamazaki. Au début des années 1960, la compagnie, qui s'appelait alors Kotobuyika, commença la production de la bière Suntory et prit le nom de son produit vedette. Il est intéressant de savoir que cette maison, qui fait aussi dans l'eau minérale, le vin et le cognac, distribue nombre de scotchs (whiskies écossais), est propriétaire du Château Lagrange à Saint-Julien, et vient de racheter le groupe français Orangina Schweppes.

des quartiers de Kyoto, Fushimi, que la maison Gekkekian nous a reçus. Devant une horde de photographes, nous nous sommes prêtés aux joies de la dégustation d'une boisson que nous connaissions peu, et l'exercice s'avéra formateur.

Selon le style de saké, il nous fut servi à différentes températures. Les sommeliers les plus aventureux se hasardèrent à des harmonies de table qui semblèrent enchanter, politesse oblige, nos hôtes étonnés. À leur demande, et pour respecter les traditions, le Parisien Jean Frambourt, président des sommeliers internationaux, scella d'un bon coup de maillet, sur les couvercles des tonneaux, l'amitié qui nous unissait. Explosion de joie au son des verres qui tintinnabulaient, et les pérégrinations d'Asahara étaient encore loin de nos préoccupations.

La « bière de riz », le *nihonshu*

> Au même titre que la bière et le whisky, le saké a besoin d'eau pure, qui représente 80 % de sa composition. Les caractéristiques du riz sont évidemment fondamentales, sans négliger le savoir-faire du maître brasseur.

Après un passage obligé au Château Nijo, ancienne résidence du shogun Tokugawa, nous nous sommes installés à Tokyo pour cinq jours. Un chapitre ne suffirait pas pour rapporter tout ce qui fait le charme et la fascination de cette ville trépidante de plus de 13 millions d'habitants, sans compter le reste de l'agglomération. Y prendre le métro ressemble à une aventure percutante, dans un environnement impeccablement organisé : 170 stations desservent un réseau de près de 200 kilomètres, et la ligne la plus longue en possède une trentaine ; plus de 6 millions d'usagers chaque jour s'entassent sagement comme des sardines dans plus de 2500 wagons. Avec nos amis, nous avons choisi volontairement l'heure de pointe pour avoir le plaisir d'être poussés par les agents bien installés devant les portes des voitures, et nous étions tels des gamins qui s'adonnent à un nouveau jeu. Heureusement pour nous, pas de gaz sarin à l'horizon !

La sécurité étant une priorité, l'administration réserve maintenant (c'est-à-dire une dizaine d'années après notre passage) des wagons à l'usage des femmes, comme à Kobe et à Osaka, afin de les protéger des mains baladeuses de leurs concitoyens irrévérencieux et sans doute en mal de sexe.

● ● · · · ·

Deux jours avant les épreuves, direction Yamanashi et visite du vignoble japonais. Il fallait faire deux heures de route à l'ouest, légèrement au sud de Tokyo, pour se rendre dans les principaux domaines. Après avoir longé sur des kilomètres le splendide et inspirant mont Fuji, nous étions sur le point d'arriver quand, soudainement, un barrage policier nous bloqua la route. Branle-bas de combat et effervescence militaire au cours desquels nous avons dû présenter nos passeports pour une raison bien simple: le gourou se cachait dans la région. Moi qui ne suis pas fort dans les paris et les gageures, j'avais sans trop réfléchir dit à mes amis qu'il se ferait arrêter au cours de notre séjour, mais c'était encore trop tôt. Les rumeurs allaient bon train, amplifiées par une barrière de la langue qui n'arrangeait rien. On supputait et on se perdait en extrapolations. Une chose était sûre: il n'y avait qu'un endroit sur terre en ce jour où l'on tentait de débusquer un gourou meurtrier caché dans le fin fond d'une campagne mouillée par la pluie, et nous étions accessoirement de la partie. Merci Shoko d'avoir mis autant de piquant à nos dégustations nippones!

Finalement, nous sommes arrivés à la cave de Suntory, où nous avons dégusté un Tomi no oka, un pinot noir 1989 ainsi qu'un Tomi 1987, le tout dans une ambiance joyeuse et détendue. Il pleuvait, ce qui n'est pas rare dans cette région marquée par l'humidité, mais le soleil était dans le cœur de tous les sommeliers

Imposant et majestueux!

Le mont Fuji (Fuji Yama ou *Fuji-san*), situé dans le Parc national de Fuji-Hakone-Izu, entre les préfectures de Yamanashi et de Shizuoka, est sans contredit l'un des forts symboles du Japon. Il est magnifique avec son sommet en forme de cône et ses 3776 mètres d'altitude. Nous l'avons admiré de la fenêtre de notre autobus, et il a, comme il se doit, suscité chez nous émerveillement et sérénité.

présents, conscients pour la plupart d'être à l'autre bout du monde, dans un contexte viticole qui ne manquait pas d'exotisme... ni de mordant grâce au gourou égaré.

La deuxième visite fut consacrée au fameux Château Mercian, fleuron de la Katsunuma Winery, que la plupart d'entre nous connaissaient sans y avoir mis les pieds tant sa renommée avait fait le tour du monde chez les professionnels de la sommellerie. Nous fûmes invités à apposer notre signature sur le fond des barriques, fabriquées pour la plupart avec du

Des conditions climatiques particulières

>> Environ 73 % de la superficie du pays est constituée de montagnes, une chaîne traversant chacune des îles principales. Du fait qu'il existe peu de terrains plats, les collines et les massifs montagneux sont cultivés habituellement sur toute leur hauteur, et le climat est extrêmement varié. Sapporo, sur l'île du nord, connaît des étés doux et subit des hivers longs et rigoureux, avec de fortes chutes de neige. Tokyo, Nagoya, Kyoto, Osaka et Kobe, au centre et à l'ouest dans l'île d'Honshu, bénéficient d'un climat tempéré avec des hivers relativement cléments (peu ou pas de neige) et des étés chauds et humides. Ces conditions naturelles expliquent en partie l'existence du vignoble. Sur l'île de Kyushu, Fukuoka et Nagasaki font partie des villes nanties d'un climat aux hivers doux et aux étés courts, alors que celui d'Okinawa est subtropical. L'archipel japonais est touché par les tempêtes tropicales et les cyclones, appelés «typhons», surtout de juin à octobre.

chêne français par la maison Séguin-Moreau. Le cépage koshu, dégusté en blanc sec ou en doux, n'était pas sans me rappeler les subtilités du muscadet de mon enfance. Cela dit, j'avais eu la chance de le découvrir deux ans auparavant en coanimant une dégustation à Montréal avec Shinya Tasaki, le candidat japonais du concours pour lequel nous nous étions déplacés.

Retour au bercail, au Takanawa Prince Hotel de Tokyo. Visite de la ville et réception sympathique à l'ambassade du Canada pour notre délégation. Suivirent 2 jours de compétitions pour les 23 candidats sur la brèche. Les préliminaires les soumettaient à une dure épreuve : un test écrit, une dégustation, le service du vin pour 10 convives, etc. Je faisais partie du jury, mais je restais dans l'expectative, car les noms des finalistes ne seraient dévoilés que le lendemain.

La soirée était décontractée pour les accompagnateurs, et les candidats qui avaient de bonnes raisons de croire qu'ils feraient la finale étaient partis se reposer. Je remarquai que la plupart étaient absents, et je vis là une preuve d'un optimisme ambiant exceptionnel. En ce qui nous concernait, c'était l'heure des pronostics, Hennessy XO en bouche, Cohiba ou Partagas entre les doigts. Aux dernières nouvelles, le gourou restait introuvable, caché peut-être entre deux rangs de koshu.

Ce n'est qu'à 13 heures le lendemain, le 16 mai, qu'on nous a révélé les pays finalistes : Allemagne, Canada, France, Japon et Suisse. L'émotion était palpable. On nous présenta le prince Takamado, qui présidait les festivités, puis les candidats se sont exécutés devant un public important et attentionné. Au menu de la finale, scrupuleusement chronométrée, figuraient une dégustation à l'anonyme de cinq produits, un exercice périlleux d'accords vins et mets et une décantation pour laquelle plusieurs se livraient à des incantations.

À l'issue d'un repas grandiose, porté par un spectacle qui nous en a mis plein la vue, les résultats furent annoncés. Shinya Tasaki remporta chez lui et avec brio le titre de meilleur sommelier du monde 1995.

Une rencontre impériale

≫ Je ne m'attendais pas à tant ! Cependant, en ma qualité de président de l'Association canadienne des sommeliers professionnels, j'ai eu le privilège de rencontrer et même de converser avec Son Altesse impériale Takamado, qui avait deux ans de moins que moi. Il a tenu à me saluer ainsi que notre candidat pour la bonne raison qu'il avait fait ses études à l'Université Queen's de Kingston, en Ontario, et qu'il entretenait des liens étroits avec le Canada. Hélas, j'appris plus tard que c'est en jouant au squash avec le diplomate Robert Wright, à l'ambassade du Canada à Tokyo, qu'il décéda en 2002, à 47 ans.

Manga et passion du vin

>> Il est étonnant de voir l'intérêt des femmes et des plus jeunes de la société japonaise pour le vin. De nombreux bars spécialisés et des clubs d'œnophiles ont vu le jour depuis une quinzaine d'années, et la sommellerie, une des plus dynamiques et prospères du monde, compte plusieurs milliers de membres. Enfin, le manga *Les Gouttes de Dieu*, écrit par Tadashi Agi et dessiné par Shu Okimoto, connaît un énorme succès au Japon. Il s'agit d'une enquête policière au cœur d'une chasse au trésor menée par deux frères aux personnalités opposées. On nage en plein mystère autour des crus les plus prestigieux de la planète, principalement français.

Olivier Poussier, qui gagnera à Montréal en l'an 2000, arriva deuxième, et François, le Québécois, se classa troisième. Bravo! Bravo! Bravo! C'était l'euphorie sur la scène et dans la salle. Nous étions heureux. Tout le monde avait travaillé fort et les résultats étaient là.

Et avant de nous rendre au bar en compagnie de *Dom-Pé* – le petit nom du Dom Pérignon dans le milieu –, qui coulera à flots jusqu'aux petites heures du matin, nous avons appris que les policiers et les militaires concernés vivaient enfin leur part d'agitation: ils avaient arrêté le gourou pendant notre grande finale. Toute une finale!

Une cause pendante...

>> Le gourou, arrêté au quartier général de son organisation, à Yamanashi, est accusé de crimes perpétrés depuis 1989. Au terme d'un procès qui durera presque huit ans, il sera condamné à la peine capitale par pendaison. Au moment d'écrire ces lignes, il était toujours en attente de son exécution puisqu'il a demandé la révision de son procès en novembre 2008.

Pleins feux
sur le vignoble japonais

Situation géographique

Le vignoble du Japon compte environ 20 000 hectares (à peu près la surface plantée dans le Beaujolais) et est en majeure partie localisé sur l'île de Honshu. On cultive un peu la vigne à Sapporo et à Kushiro, sur l'île d'Hokkaido, et près de Fukuoka, sur l'île de Kyushu. Bien que le raisin pousse également dans le sud de l'île de Honshu, près d'Osaka, et plus au nord à Nagano et à Yamagata, les deux tiers de la production japonaise proviennent de la préfecture de Yamanashi, à 120 kilomètres environ à l'ouest de Tokyo. Les régions de Kofu et de Katsunuma font partie des secteurs les plus renommés.

Un peu d'histoire

Il n'est pas facile de retracer la véritable histoire du vignoble japonais. Doté de variétés sauvages, comme dans bien des endroits, le Japon aurait reçu ses premiers plants de *Vitis vinifera* en provenance de la Chine par la route de la soie. Je ne vous dirai pas à quelle époque, car mes sources diffèrent sensiblement à ce sujet. J'ai même constaté dix-huit siècles d'écart entre deux ouvrages, par ailleurs fort bien documentés. C'est vous dire ! On s'entend néanmoins sur l'influence des missionnaires européens, notamment des jésuites, au cours du XVIIIe siècle. Ce n'est que vers la fin du XIXe siècle que commencera, sur une base commerciale, la transformation du raisin en vin, plus précisément à Yamanashi, tout près du mont Fuji.

Il faudra attendre la fin de la Seconde Guerre mondiale pour que production et consommation aillent de pair. C'est bien connu, les Japonais sont plus friands de thé, de saké, de bière... et de cognac, que de vin. Toutefois, les choses changent. Beaucoup de Japonais visitent les pays traditionnellement producteurs, comme la France, s'initiant aux plaisirs de la gastronomie et de ce qui l'entoure. En conséquence, les importations de vins fins ont progressé sensiblement ; dans les années 1990, la théorie du paradoxe français (dans le milieu des professionnels, on emploie plutôt son appellation anglaise *french paradox*), selon laquelle une consommation de vin accrue et contrôlée, plus particulièrement de rouge, est excellente pour la santé, a contribué au phénomène. Ajoutons à cela l'influence déterminante du vainqueur du concours sur ses compatriotes.

Cépages et écosystème viticole

Géologiquement, l'acidité des sols de cet archipel d'origine volcanique ne favorise pas la culture des meilleurs cépages. La pluviométrie y est très élevée et les moussons d'été provoquent de graves problèmes sanitaires pour le raisin. Cette réalité écologique explique la présence de divers hybrides, moins sensibles à l'humidité et à la pourriture que les variétés de l'espèce *Vitis vinifera*.

En revanche, les conditions d'altitude leur sont favorables. Les coteaux les mieux exposés sont en général bien drainés et les écarts de température entre le jour et la nuit sont sensibles, ce qui n'est pas négligeable quand on veut obtenir des raisins bien sucrés, non dépourvus de fraîcheur et d'acidité.

Parmi les hybrides, on trouve du delaware et du campbell early, tous les deux d'origine américaine à la base de vins rustiques, utilisés parfois comme raisins de table. Le cépage japonais par excellence est le koshu, un raisin de table rose arrivé de Chine à la fin du XIIe siècle. Il est le plus souvent conduit en pergola haute et les sarments sont soutenus par des treillis métalliques tant la production et le poids des grappes sont élevés. Le koshu sanjaku, un cépage blanc, est également cultivé. De plus, on trouve le koshu-sémillon, issu, comme son nom l'indique, du croisement du koshu et du sémillon. En revanche, dans les zones plus favorables, sémillon, chardonnay, chasselas, cabernet sauvignon, merlot et malbec ont fait leur apparition.

Principales maisons

L'incontournable Suntory, qui fait dans la bière, la distillation et la production de vins, est le grand producteur et distributeur de vins au Japon. La Katsunuma Winery, dont le Château Mercian est le porte-drapeau, figure aussi en tête de liste. Finalement, on pense au Château Lumière, à Manns Wine, ainsi qu'à l'entreprise Asagiri, qui a commercialisé, sur les conseils de l'œnologue bordelais Denis Dubourdieu, le Shizen, Cuvée Denis Dubourdieu, à base de koshu.

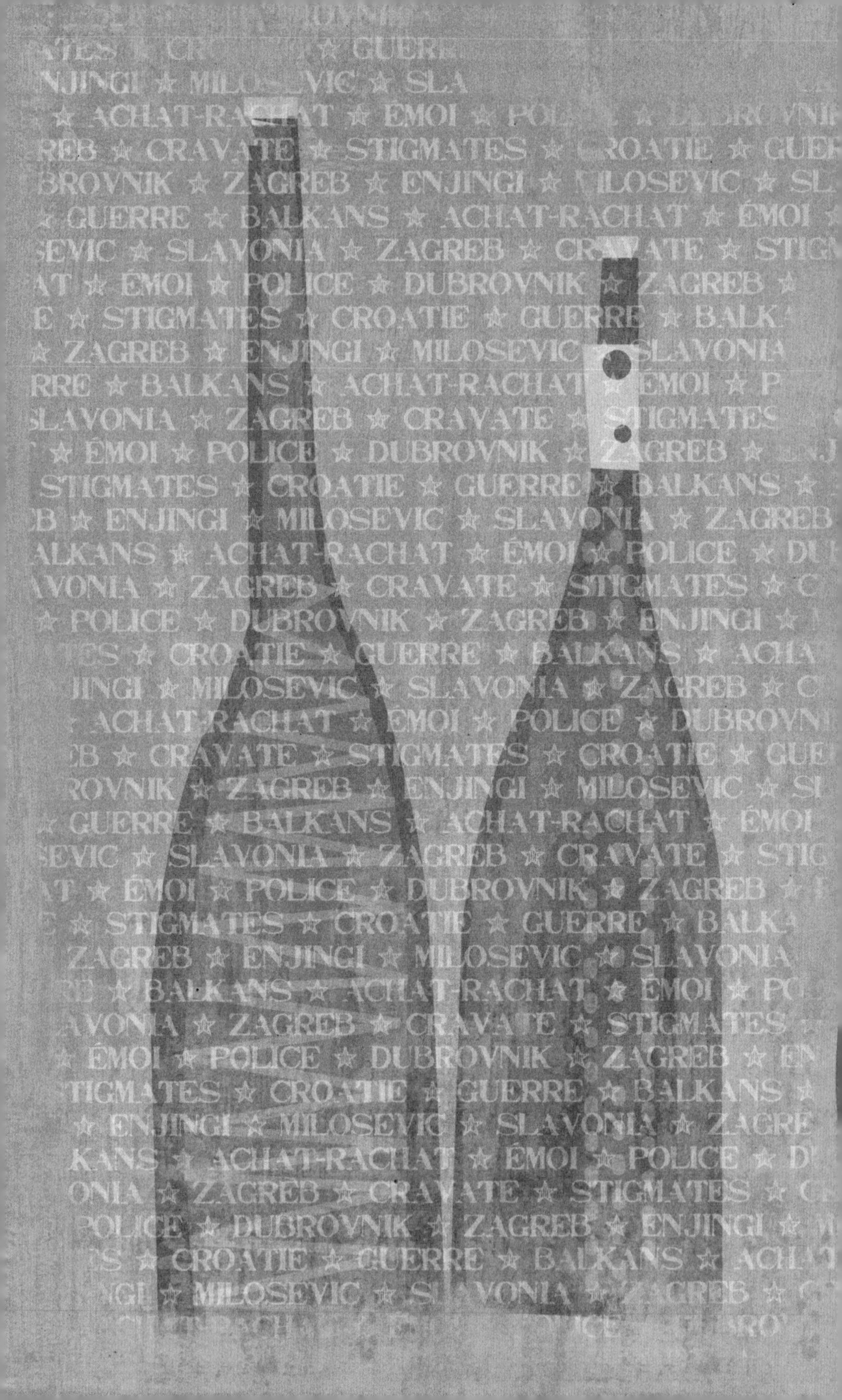

Lendemains
de guerre

« **M**ais ce n'est pas possible! Écoute un peu, la voiture n'est pas assurée dans les pays suivants: Bulgarie, Roumanie et Croatie! dis-je en insistant fortement sur le dernier. Mais qu'est-ce qu'on va faire? »

Je viens tout juste de recevoir les billets d'avion de notre prochain voyage et le contrat de location de la voiture quand, soudain, je détecte au dernier paragraphe, en caractères si petits que j'ai l'impression d'avoir tout à coup vieilli de 20 ans, un léger grain de sable. Je lis et je relis, puis je manque de m'étouffer. Je suis d'autant plus étonné que ce n'est pas la première fois que je loue en utilisant le système achat-rachat. Cette fois-ci, il s'agit d'une petite voiture que je dois prendre à Nice. Ma femme, Josiane, essaie de me rassurer: «Je sais que tu vas trouver une solution... mais il

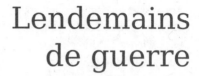

Un bon système de location

⟩⟩ Il s'agit en fait d'une formule de location-vente hors taxes, conçue en France pour les voyageurs vivant à l'extérieur de l'Union européenne et résidant en Europe de 17 jours à 6 mois. La voiture qui sort de l'usine, neuve par conséquent, est immatriculée en TT (transit temporaire) et est habituellement assurée tous bords, tous côtés.

Un État enclavé

La Croatie s'étend de plaines en collines, du Danube à la mer Adriatique, en passant par le massif montagneux des Alpes dinariques. Elle est entourée par la Slovénie, la Hongrie, la Bosnie-Herzégovine et la Serbie. Ses villes principales sont Split, Osijek, Rijeka, Dubrovnik, sur la côte touristique en Dalmatie méridionale, et Zagreb, la capitale.

faut comprendre que nous sommes en 1996 et que la guerre serbo-croate n'est pas encore terminée.» Je suis étonné de l'étendue de ses connaissances en matière de politique étrangère, et je m'empare aussitôt d'une carte routière détaillée afin d'y voir plus clair.

La Croatie, qui ressemble à un fer à cheval ou à un croissant, c'est selon, a pour capitale Zagreb, située judicieusement à environ 30 kilomètres de la frontière slovène. Je précise *judicieusement*, car c'est à Zagreb que nous sommes attendus, et cette courte distance m'encourage, après mûre réflexion, à courir le risque de mener à terme mon itinéraire franco-italo-croate. «Dis donc, j'ai trouvé la solution!» «Ah oui, déjà?» rétorque ma femme, mi-figue, mi-raisin. «Pour minimiser les risques, on roulera doucement.» «Super! Toute une solution!» dit-elle, un brin sarcastique. À deux semaines du départ, il n'y a que peu d'options de rechange.

●●•••

À l'issue d'une agréable semaine à découvrir les sites pittoresques des Cinque Terre, trois ou quatre caves du Chianti Classico, en Toscane, et l'envoûtante Venise, nous traversons sans encombre la Slovénie, verdoyante et accueillante, en passant par Ljubljana. Nous arrivons finalement au poste-frontière, où je me fais particulièrement discret. Après les questions d'usage qui ne concernent pas, fort heureusement, la-voiture-qui-n'est-plus-assurée-à-partir-de-cet-instant, je file tout doux sur la route cahoteuse qui nous mène vers Zagreb. Je me cramponne à mon volant en priant Dieu, Bacchus et tous les saints de nous protéger des aléas de la circulation et des rencontres fortuites avec la police du pays. Ironiquement, le serbo-croate n'étant pas mon fort, je vais me rallonger de façon pitoyable, augmentant désespérément les risques de me faire arrêter. Mais saint Antoine de Padoue nous prend sous son aile ; Padoue ou *Padova* en italien, où nous avons fait halte deux jours plus tôt pour aller voir l'admirable chapelle des Scrovegni et s'extasier devant les œuvres de Giotto.

Nous arrivons enfin à l'Hôtel Intercontinental de la capitale croate. Quel accueil ! En plus d'une poignée de collègues sommeliers – présents eux aussi à l'occasion d'une réunion de la sommellerie internationale –, qui devisent devant la réception, des policiers et des soldats armés de mitraillettes sont postés çà et là – devant toutes les portes de l'hôtel, dans les jardins, sur les toits. Pour la discrétion, on repassera. Passé 10 secondes, fort longues au demeurant, je devine que ce déploiement n'est pas pour nous puisqu'un agent hoche de la tête, sourire en coin, en guise de bienveillante salutation. Au même moment, j'aperçois le mot *parking*, terme universel s'il en est, utilisé comme le sont la plupart du temps *police* et *ambulance*. Je ne demande pas mon reste et sans hésiter m'engouffre dans le stationnement souterrain de l'établissement. La voiture y restera bien sagement tout au long de notre séjour, de surcroît, c'est le cas de le dire, parfaitement protégée, situation des plus ironiques pour un véhicule en position d'illégalité.

Un sinistre personnage

≫ Milosevic est né en 1941 à Pozarevac, à 80 kilomètres de Belgrade. Malgré une absence de charisme, il est resté au pouvoir pendant plus de 12 ans, de 1987 à octobre 2000, et a bénéficié du soutien d'une majorité de Serbes, jusqu'aux élections qui précipitèrent sa chute. Milosevic a provoqué l'effondrement de la Yougoslavie ainsi qu'une guerre au Kosovo, qu'il a perdue. En 2001, ce tyran, considéré comme un médiocre et un manipulateur, subit son procès devant le Tribunal pénal international pour l'ex-Yougoslavie (TPIY), accusé de crimes contre l'humanité et de génocide. Il est décédé le 11 mars 2006, pendant la cinquième année de son procès, d'un infarctus du myocarde selon les sources officielles. Il a été inhumé en Serbie le 18 mars.

Après notre enregistrement et la prise de possession de notre chambre, nous apprenons les raisons de ce branle-bas de combat : l'illustre Slobodan Milosevic, président de la Serbie, et sa garde rapprochée occupent la suite à l'étage supérieur. Dormir avec, au-dessus de nos têtes, le «boucher des Balkans», terrible métaphore qui lui allait comme un gant, n'a jamais fait partie de nos fantasmes, mais nous ferons avec. Il n'y a rien de tel qu'un peu de piquant pour agrémenter les nuits zagréboises…

Dans les mois qui ont précédé notre arrivée, la contre-offensive croate dans la Krajina et, surtout, trois semaines de bombardements par l'Otan sur les positions serbes de Bosnie avaient obligé Milosevic à endosser une nouvelle peau : celle d'un négociateur. Le caméléon s'est assis à la table de Dayton pour y signer les accords du même nom.

Si la Slavonie occidentale, où je me rendrai deux jours plus tard, est complètement libérée, la partie orientale et sa jolie ville de Vukovar, sauvagement agressée en 1991, ne l'est pas tout à fait. D'ailleurs, Vukovar ne sera définitivement réintégrée à la Croatie qu'en janvier 1998. Vous devinez les sentiments qui vont nous assaillir en allant sur le terrain visiter des domaines viticoles et déguster la production locale. Direction sud-est !

Pendant trois bonnes heures de route, stupéfiés et presque incrédules, nous constatons, à travers les larges baies vitrées de notre autobus, les effets de la guerre : des maisons éventrées ou marquées ici et là par des impacts de mortier, des toits qui s'affaissent et des chemins à refaire. Même si les mois ont passé, même si les hostilités ont cessé,

Entre Slovénie et Slavonie

》 Contrairement à ce que croient nombre d'œnophiles et de professionnels, le chêne slavonia, très prisé en Italie pour la fabrication des barriques, ne provient pas de la Slovénie, mais de la Croatie. Confusion bénigne due à une ressemblance orthographique que je me devais de préciser… Et, de fait, les forêts sont bien installées en Slavonie, province croate où nous nous trouvons à ce moment-là.

Un peu d'histoire

>> La Croatie, indépendante depuis 1991, est depuis sa naissance au carrefour de quatre grands espaces culturels. En plus du caractère slave de ses habitants, elle a subi au cours de son existence les influences vénitiennes et l'emprise austro-hongroise. Cet héritage est venu se superposer à celui, romain et byzantin, auquel elle doit sa tradition chrétienne et son alphabet à caractères latins.

C'est au xxe siècle que la Croatie est unie pour la première fois à ses voisins slaves, d'abord sous la forme d'un royaume centralisé au sein de la Yougoslavie, puis constituée en 1941 en État national, collaborant avec les nazis sous la dictature du fasciste Ante Pavelic. En 1945, la Yougoslavie est libérée par les partisans du communiste croate Tito. Le courant démocratique en Europe de l'Est, qui entraîne la chute du mur de Berlin en 1989, touche la fédération yougoslave: les premières élections libres provoquent la défaite du Parti communiste en Croatie, qui s'engage à son tour vers l'indépendance. Les Serbes minoritaires se révoltent dans plusieurs régions en créant une république autoproclamée, massacrant et «nettoyant ethniquement» les Croates sous leur contrôle. En guise de représailles, à l'été 1995, les forces croates s'emparent du secteur complet de la Krajina, d'où la population serbe est chassée.

la tristesse se lit sur les visages de ces gens qui essaient de vivre dans ces petits villages si tranquilles qu'on les croirait abandonnés. C'est à Kutejvo, au centre de cette belle Slavonie verdoyante et couverte de futaies étonnamment denses, que nous entamons notre tournée.

Nous visitons une cave qui ressemble plus à une usine désaffectée et qui, à vrai dire, ne donne pas spécialement envie de déguster. Mais les responsables de cette grosse entreprise veulent à tout prix recueillir notre avis, ce qui, à toutes fins utiles, est plutôt méritoire quand on constate l'ampleur des dégâts. Les vins blancs sont dilués, mous et sans intérêt. Traminer et riesling manquent de ce fruité et de cette vivacité auxquels on est en droit de s'attendre. Quant au chardonnay, il fait partie de la catégorie que j'ai intitulée depuis longtemps SVNV, c'est-à-dire des vins « sans vice ni vertu ». Du côté des rouges, amertume et oxydation sont au rendez-vous dans les cuvées issues du pinot noir et du zweigelt, un cépage qui réserve aujourd'hui de jolies surprises en Autriche. Mais il ne faut pas se décourager.

Ensuite, c'est à Hrnjevac, près de Pozega, que nous avons rendez-vous. En descendant de l'autocar, nous sommes accueillis au pied des vignes par des femmes parées de leurs robes folkloriques multicolores, un châle assorti autour du cou. Les plus jeunes ont les cheveux soigneusement attachés, tandis que les plus âgées les cachent sous un foulard noir. Une dizaine d'hommes vêtus de blanc et d'un boléro brodé les accompagnent. Ces danseurs et ces danseuses ne nous tendent pas la main, ils nous serrent le poignet, le bras, fortement et les yeux fixes comme si nous arrivions d'une autre planète. Les femmes d'un âge avancé sont édentées, mais leurs yeux brillent. On ne comprend pas leur langage, mais on saisit leur émoi, celui de partager à nouveau, sans la peur au ventre, le bonheur de chanter et de danser. Ils ne nous connaissent pas, mais je ressens combien ils sont ravis de nous présenter cette culture que la guerre a mise en veilleuse mais n'a pas encore anéantie. Très vite, l'émotion s'installe et rien n'empêchera les larmes des plus sensibles de couler. L'arrivée des musiciens n'arrange pas les choses. Je fais partie de celles et de ceux qui cherchent un mouchoir, esquissant quelques pas en arrière afin de ralentir cette soudaine agitation du cœur.

Ivan Enjingi, le propriétaire, est planté là devant sa maison, canne à la main. Malgré ce handicap passager qui lui donne un air légèrement dépité, il semble assez prospère. Nous apprendrons qu'il est considéré comme un chef de file parmi les petits producteurs de vins croates, et qu'il est pleinement décidé à ne produire que des vins de bon calibre malgré le contexte économique accablant.

Pour nous faire plaisir, il a fait venir cette troupe folklorique qui se prêtera au jeu pendant trois bonnes heures, même si tout le monde est rentré pour une grande dégustation suivie d'un repas. Tout le monde sauf les 28 danseurs et les 4 musiciens qui s'exécuteront dehors, et sans déjeuner. Troublé par ce qui me semble une injustice, je profite d'un état patraque, dû fort probablement aux écarts de la veille, pour sortir et écouter paisiblement la musique, abandonnant mes chers collègues le nez vissé à leur verre. Surpris sans aucun doute par ce quidam qui semble plus s'intéresser à eux qu'au vin du patron, les membres de la troupe redoublent d'énergie et voient que cela me remue et me requinque. Mon appareil photo fonctionne au maximum et j'essaie de comprendre ces pas de danse et autres entrechats de la chorégraphie croate. Deux jeunes filles graciles pincent allègrement les cordes d'un instrument, qui ressemble à un croisement d'une guitare avec un banjo, et font sortir de leur

De blancs et de rouges

›› Les blancs, pour la plupart issus de pinot gris, de traminer, de riesling et de chardonnay, sont assez secs, friands et fruités. Nous sommes loin de la complexité, mais a-t-on vraiment besoin de complexité et de puissance pour se contenter ? Du côté des rouges, on sent tout de même qu'il reste des progrès à faire avec les cabernet sauvignon, merlot, pinot noir et le fameux zweigelt. Certes, il y a de la couleur, du fruit et de l'acidité, mais peut-être que celle-ci est un peu trop présente face à des tanins qui ne sont pas toujours mûrs ni suffisamment enrobés.

gorge de petits cris stridents d'une surprenante sensualité. Je suis touché.

Je ne peux passer sous silence l'aspect qualitatif de la production du sieur Enjingi. Comparés à ce que nous avons dégusté depuis notre arrivée en Croatie, ses vins tiennent la route. On perçoit dans son discours que ce vigneron est un visionnaire. Dans les années 1980, il a commencé à acheter de petites parcelles abandonnées, situées sur des collines favorables à la culture du raisin, et protégées des vents. Au fil des ans, son entreprise a fructifié et ses vins figurent aujourd'hui parmi les plus prisés de son pays. Il nous explique, en revenant discrètement sur le passé, que, sous le régime de Tito, ils n'étaient pas autorisés à posséder un vignoble d'une surface supérieure à 10 hectares.

De véritables miroirs

>> On nous explique que c'est le dépôt de carbonates de calcium et de magnésium laissé par les eaux qui donne à la surface des lacs cette brillance, digne d'un verre en baccarat. De plus, cette couche blanchâtre recouvre et pétrifie tout ce qui a été immergé, comme les pierres et les arbres déracinés, donnant à cet environnement une impression surréaliste. Des grottes bordent les lacs, et les bois sont si denses qu'ils ressemblent à des forêts vierges.

Peut-être pour nous faire oublier les affres et les stigmates de ce conflit qui a fait tant de victimes, les responsables de la sommellerie croate décident de nous conduire le lendemain dans un de leurs huit parcs nationaux : Plitvice, en croate *Plitvicka Jezera*. Ce site naturel, situé à environ 150 kilomètres de Zagreb, en direction de Split et de Dubrovnik, est immense et magnifique. Il est constitué d'une vallée profondément encaissée entre de hautes montagnes boisées à travers lesquelles se succèdent en terrasses 16 lacs aux eaux cristallines. Ceux-ci sont alimentés par des ruisseaux et des torrents, liés les uns aux autres par des cascades et des chutes écumantes. Le parc est habilement préservé puisqu'on y trouve une flore exceptionnelle et une faune composée d'une multitude d'espèces, des oiseaux aux chats sauvages, en passant par les biches, les loups, les sangliers et le petit gibier. Heureusement, la chasse est interdite et la pêche, sévèrement réglementée.

Avant de quitter la Croatie, nous allons flâner également dans le Vieux-Zagreb. La ville, qui a été fondée officiellement voilà plus de 900 ans, a conservé son style médiéval, et les monuments ont fière allure. Nous passons devant le parlement, l'église gothique Saint-Marc et l'église Sainte-Catherine, de style résolument baroque. Nous avons peu de temps, mais les acheteurs compulsifs que nous sommes veulent se procurer une cravate, ici même à Zagreb, et la raison en est fort simple : le terme «cravate» viendrait du mot «croate».

C'est donc munis de belles cravates en camaïeu et de jolis nœuds papillon colorés que nous quittons la Croatie. Nous n'avons pas croisé Milosevic et ce ne fut pas regrettable. Les collègues et les amis sont repartis. Quant à nous, c'est au volant de notre voiture, toujours pas assurée mais dans un parfait état de conservation, que nous avons repris la route, des émotions plein la tête et le cœur. Direction Vérone, Italie, en roulant sur des œufs jusqu'à la frontière slovène…

Les cravates croates

Ce n'est pas la forme française du nom de cet État qui est à l'origine du mot « cravate », comme on le lit habituellement, mais sa forme croate : *hrvat*. Puisque « croate » se dit *hrvat* (Croatie s'écrit *Hrvatska*) et que le « h » (proche du « h » aspiré anglais) est quasi imprononçable en français, celui-ci a été remplacé par un « k », d'où le terme *krvat* devenu rapidement « cravate ». Pour l'anecdote, on raconte que Louis XIII a engagé un régiment de mercenaires croates, qui avaient l'habitude de porter une sorte de foulard autour du cou…

Pleins feux
sur la Croatie viticole[1]

Situation géographique

Le vignoble croate comprend 60 000 hectares de vignes, mais les producteurs sont engagés dans un processus pour augmenter la surface afin de satisfaire la demande intérieure et celle de l'industrie du tourisme. La production comporte une majorité de vins blancs (environ 67 %), des rouges (24 %) et peu de rosés, sous l'influence de deux types de climats. Le premier, dans le nord et dans l'est, est continental, tandis que le second, sur la zone côtière, est méditerranéen.

La région continentale, domaine des blancs

Située entre la Save et la Drave, affluents du Danube, cette vaste contrée est divisée en neuf entités distinctes : Pljesivica, voisine de la Slovénie, Prigorje, au nord-est de Zagreb, Hrvatsko Zargorje et Medimurje, près de la frontière slovène, Moslavina, Podravina, Pokupje, au sud de la capitale, Posavina et la Slavonie centrale. On y produit surtout des vins blancs (93 %) issus en majorité de riesling italico, appelé « grasevina », mais aussi de riesling rhénan, de gewurztraminer, de chardonnay et de sauvignon blanc. Dans le nord-ouest de cette zone, on vinifie également un peu de rouge.

---

1. Une partie du texte qui suit est inspirée du guide *1000 Vins du monde : nouvelle sélection 2009*, Paris, Hachette et Les Vinalies Internationales, 2009.

La région côtière, terre d'élection des vins rouges

Cette région s'étend de l'Istrie jusqu'à la Dalmatie méridionale et comprend l'ensemble des îles qui la bordent. On compte cinq terroirs viticoles : l'Istrie, le littoral de la Croatie, l'archipel de Kvarner, la Dalmatie septentrionale et la zone côtière de la Dalmatie centrale et méridionale. C'est une terre de vins rouges (70 %) dont le cépage principal est le plavac-mali. De cette variété sont issus trois vins réputés, de couleur foncée et aux tanins robustes : le Dingac et le Postup, situés sur la péninsule de Peljesac, en Dalmatie méridionale, et l'Ivan Dolac, village situé dans l'île de Hvar. L'installation des vignobles sur des pentes ensoleillées, particulièrement bien exposées, remonte à l'Antiquité. Ces lieux sont superbes et constituent aujourd'hui une destination touristique de premier choix. Dans la Dalmatie septentrionale et l'arrière-pays, on élabore des rosés, alors qu'en Istrie comme dans le sud de la Slovénie, on propose un rouge corsé et un tantinet rustique à base de refosk. On cultive encore plusieurs cépages locaux dont le marastina, le babic, le débit (le trebbiano des Abruzzes en Italie), le posip et le zlahtina. Mais depuis un certain temps, nivellement oblige, et pas nécessairement par le haut, on plante du cabernet sauvignon et du merlot.

Un contrôle qualitatif

Une commission d'experts classe les vins en fonction d'une note obtenue à la suite d'une analyse chimique et organoleptique. Les vins de qualité représentent 70 % de la production, et les vins de table avec indication géographique, 22 %.

HELMUT ★ ⋆NARD PIVO⋆
⋆LICOPTÈRE ★ BERGERAC ★ ⋆⋆⋆⋆ ⋆ ⋆⋆⋆⋆⋆ ⋆LIC⋆
★ CHIRAC ★ DÉDICACE ★ SALON ⋆ CABÉCOU ★ H⋆
⋆ÉPUBLIQUE ★ PÉRIGORD ★ HELMU⋆ ★ BERNARD P⋆
⋆OU ★ HANNELORE ★ HÉLICO⋆TÈRE ★ BERGERAC ⋆
⋆RNARD PIVOT ★ BRISTOL ★ CHIRA⋆ ★ DÉDICACE ⋆
⋆BERGERAC ★ TRUFFES ★ RÉ⋆UBLIQUE ★ PÉRIGOR⋆
★ DÉDICACE ★ SALON ★ CABÉCOU ★ HANNELOR⋆
★ PÉRIGORD ★ HELMUT ★ BERNARD PIVOT ★ B⋆
⋆NELORE ★ HÉLICOPTÈRE ★ BERGERAC ★ TRUF⋆
⋆T ★ BRISTOL ★ CHIRAC ★ DÉDICACE ★ SALON ⋆
★ TRUFFES ★ RÉPUBLIQUE ★ PÉRIGORD ★ HEL ⋆T
⋆CE ★ SALON ★ CABÉCOU ★ HANNELORE ★ HÉLICO⋆
⋆IGORD ★ HELMUT ★ BERNARD PIVOT ★ BRISTOL ⋆
⋆ORE ★ HÉLICOPTÈRE ★ BERGERAC ★ TRUFFES ⋆ ⋆
★ BRISTOL ★ CHIRAC ★ DÉDICACE ★ SALON ★ CA⋆
⋆UFFES ★ RÉPUBLIQUE ★ PÉRIGORD ★ HELMUT ★ ⋆
⋆N ★ CABÉCOU ★ HANNELORE ★ HÉLICOPTÈRE ⋆
⋆ELMUT ★ BERNARD PIVOT ★ BRISTOL ★ CHIRA⋆
⋆ICOPTÈRE ★ BERGERAC ★ TRUFFES ★ RÉPUBL⋆
⋆ CHIRAC ★ DÉDICACE ★ SALON ★ CABÉCOU ★ ⋆
⋆PUBLIQUE ★ PÉRIGORD ★ HELMUT ★ BERNARD ⋆
⋆OU ★ HANNELORE ★ HÉLICOPTÈRE ★ BERGERAC ⋆
⋆RNARD PIVOT ★ BRISTOL ★ CHIRAC ★ DÉDICACE
⋆BERGERAC ★ TRUFFES ★ RÉPUBLIQUE ★ PÉRIGOR⋆
★ DÉDICACE ★ SALON ★ CABÉCOU ★ HANNELOR⋆
★ PÉRIGORD ★ HELMUT ★ BERNARD PIVOT ★ BR⋆
⋆LORE ★ HÉLICOPTÈRE ★ BERGERAC ★ TRUFF⋆
★ BRISTOL ★ CHIRAC ★ DÉDICACE ★ SALON ⋆
⋆ TRUFFES ★ RÉPUBLIQUE ★ PÉRIGORD ★ HELMU⋆
⋆ SALON ★ CABÉCOU ★ HANNELORE ★ HÉLICO⋆
⋆ORD ★ HELMUT ★ BERNARD PIVOT ★ BRISTOL ⋆
⋆RE ★ HÉLICOPTÈRE ★ BERGERAC ★ TRUFFES ★
⋆BRISTOL ★ CHIRAC ★ DÉDICACE ★ SALON ★ CA⋆
⋆FES ★ RÉPUBLIQUE ★ PÉRIGORD ★ HELMUT ★ ⋆
★ CABÉCOU ★ HANNELORE ★ HÉLICOPTÈRE ⋆
⋆LMUT ★ BERNARD PIVOT ★ BRISTOL ★ CHIRA⋆
⋆OPTÈRE ★ B⋆⋆⋆⋆⋆⋆ ⋆ ⋆⋆UFFE⋆ ⋆ ⋆PUÉ⋆

Monsieur
le Président

« **S**i vous voulez bien vous tenir prêts, madame Kohl va s'arrêter à un stand, mais on ne sait pas lequel elle va choisir. » Voilà le mot d'ordre lancé aux libraires et aux auteurs de la quatrième édition du Salon international du livre gourmand qui se déroule à Périgueux.

On sent bien l'agitation qui secoue cette préfecture de la Dordogne, capitale du Périgord. Nous sommes fin novembre 1996 et de la grande visite est au programme. En effet, en plus d'une multitude d'auteurs, Bernard Pivot, le journaliste de l'heure, l'animateur de la populaire émission télévisée *Bouillon de culture*, a décidé d'y installer ses caméras pour un tournage en direct de la ville. Et pour cause, Hannelore Kohl, l'épouse du chancelier allemand, présentera son œuvre vantant les subtilités et les ressources de la cuisine teutonne.

Une petite ville à savourer

>> Avec ses 30 000 habitants, Périgueux est un centre administratif et commercial fréquenté, une ville d'art et d'histoire avec sa trentaine de sites classés, et un espace de vie culturelle grâce à ses festivals et à ses spectacles. Et ce qui ne gâte rien, les Périgourdins ont eu le bon goût, en 1990, de créer ce Salon du livre gourmand, qui se tient tous les deux ans.

Pivot, disciple de Dionysos

> Le petit côté sybarite et la propension de Pivot pour les plaisirs épicuriens sont connus du public. Des années auparavant, j'avais eu le bonheur de faire une entrevue avec l'enfant du Beaujolais, au pied du vignoble du Py à Morgon, et il s'était montré aussi intarissable que le vin qui coule depuis des siècles dans sa région, entre le sud du Mâconnais et les coteaux du Lyonnais.

«Une belle idée que d'associer le livre et la gourmandise!» dira Pivot en ouverture d'émission.

Seulement voilà, la dame sera accompagnée de son cher Helmut, lequel, à son tour, et pour des raisons protocolaires évidentes, ne peut faire un pas sur le territoire français sans la présence du président de la République, Jacques Chirac. Tout ce beau monde va donc être réuni à Périgueux, le temps d'un banquet inoubliable auquel les auteurs, dont je fais partie, sont conviés officiellement, sans oublier Bernadette, la première dame du pays.

En plus de nos illustres personnages, je vais côtoyer pendant trois jours d'autres plumes dont Macha Méril, adorable comédienne qui signe un nouveau recueil de recettes, Régine Desforges, qui n'est pas venue avec sa bicyclette bleue, et Irène Frain, romancière qui a déjà dit qu'avec le vin, c'est le dieu Temps que l'on honore. Il y a en outre bon nombre de maîtres queux qui participent, comme la plupart d'entre eux, à la vie littéraire gourmande de l'Hexagone. L'ambiance est plutôt décontractée. Mais ce qui me fascine encore une fois, c'est de rencontrer des collègues de la profession qui se croient investis d'un pouvoir aussi immense qu'un chef d'État ou un spécialiste en chirurgie cardiaque.

La présence attendue du couple franco-allemand a nécessité la mise en place de mesures de sécurité exceptionnelles. Des caméras équipées d'un système à infrarouge ont été installées sur les murs du bâtiment du Conseil général, et la brigade anti-explosifs a exigé le déménagement du décor floral installé sur la scène où sera tournée l'émission de Pivot, un peu plus tard en soirée. La protection du chancelier est assurée par les services germaniques, et le dispositif pour sécuriser Jacques Chirac et son entourage est tout bonnement impressionnant. La ville de Périgueux est quadrillée. On n'en demandait pas tant!

Un autographe, avec ça ?

» Dans les métiers de bouche, il semble parfois difficile de communiquer simplement avec ceux qui ont un malin plaisir à se regarder le nombril – une poignée, car il ne faut pas généraliser – tant peut être étonnante leur faculté à se pavaner comme des dindons (de leur propre farce ?). Ce qui, convenons-en, les empêche, à cause d'une hypertrophie de la tête, de passer aisément dans l'ouverture des portes. Ne leur donne-t-on pas trop d'importance, sous prétexte de leur renommée, en acceptant sans rechigner leurs honoraires démesurés et leurs exigences de star ?

Pendant que les chefs d'État devisent dans le secret sur le sort de l'Europe, le salon ouvre ses portes et madame Kohl, suivie d'un aréopage de personnalités des milieux culturel et politique, fait son entrée. Elle esquisse quelques pas et s'arrête brièvement au stand qui nous fait face, puis elle se retourne et se dirige vers le mien, élégante, jolie et toute de bleu vêtue. Je reprends mon souffle lorsqu'elle s'adresse à moi avec beaucoup de gentillesse et d'empathie. Je sens l'armada de photographes en train de croquer la scène et j'essaie de rester imperturbable, à tout le moins dégagé, devant la situation qui m'honore, certes, mais me déstabilise intérieurement.

Madame Kohl sourit quand, à dessein, j'ose lui dire deux ou trois mots dans sa langue maternelle, qui fut ma première langue étrangère au temps insouciant du lycée. C'est alors qu'en quatrième vitesse je lui dédicace mon dernier bouquin sur les accords vins et mets et le lui tends, aussitôt confisqué par un membre du service d'ordre qui le lui remettra après avoir vérifié si tout est correct. Nous nous entretenons avec diplomatie des vins de glace canadiens qui, à l'époque, commencent timidement à damer le pion à la production allemande, puis elle se volatilise vers d'autres cieux.

Une triste fin

>> Il est difficile d'imaginer que cette femme lumineuse qui a vécu dans les honneurs a terminé sa vie de bien tragique façon. Femme d'influence qui a joué un rôle important auprès de son mari, Hannelore Kohl était atteinte d'une maladie orpheline évolutive, une allergie à la lumière du jour qui l'a obligée à passer les derniers mois de sa vie derrière des volets fermés. Elle s'est suicidée par surdose de médicaments le 5 juillet 2001, à l'âge de 68 ans.

Le lendemain soir, les invités sont légèrement fébriles puisqu'ils ont reçu un bristol : *Le Président de la République et Madame Jacques Chirac prient Monsieur Jacques Orhon de bien vouloir assister au dîner qui sera offert en l'honneur de Son Excellence Monsieur le Chancelier de la République fédérale d'Allemagne et de Madame Helmut Kohl, dans les Salons de la Préfecture de la Dordogne, le samedi 29 novembre 1996 à 20 h 15.*

N'entre pas qui veut à la préfecture, ce fameux soir de novembre. Les places sont assignées et sur chacune des tables trône un bouquet éclatant composé de roses jaunes et blanches. Au menu, après des bulles de Gosset millésimées servies en magnum, des noix de coquilles Saint-Jacques nappées d'une crème de truffes sont accompagnées d'un bergerac blanc 1995 du Château Les Eyssards. Rien à redire sinon que le mets, avec les fortes saveurs du diamant noir, prend toute la place puisque le vin, exquis au demeurant, est trop léger. Suit l'entrée, un pigeonneau fermier farci, cuit au pot comme une poule, garni de chou, d'un velouté lié au foie gras et sublimé par un côtes de bergerac 1989 aux tanins joufflus. La recette d'Hélène Darroze a le mérite de l'originalité et de la simplicité, ce qui n'est pas pour déplaire à Chirac, plus gourmand que gourmet et qui a toujours préféré la cuisine du terroir, solide, riche et généreuse. Les organisateurs n'ont toutefois pas osé commander la fameuse tête de veau sauce gribiche qu'il se plaît à savourer dans l'intimité d'une joyeuse bande de copains.

Après un cabécou, qui eût été mieux servi par un blanc sec de la région des Graves que par le pauillac Lynch Bages 1983 – par ailleurs ô combien savoureux –, on nous propose un dessert inspiré de la cuisine de madame Kohl, un genre du kugelhopf à la vanille et aux cerises, parfumé de cannelle, avec pour escorte un Monbazillac 1990. On me dira que critiquer ainsi un menu présidentiel, offert de surcroît, tient du crime de lèse-majesté ; je ne peux cependant mettre au rancart le bon vieux réflexe du sommelier.

Cela dit, la soirée, du reste délicieuse, se conclura sur un feu d'artifice d'émotions.

Le diamant de la cuisine

> C'est ainsi que Brillat-Savarin appelait la truffe noire, et ce ne sont pas mes amis Vigouroux, à Cahors, et Cyril Payon, fils de trufficulteur, qui diront le contraire. J'ai en mémoire un « léger gueuleton » offert par ce dernier, pendant lequel nous avons communié à la truffe du début à la fin. En guise d'amuse-bouches : cœur de canard sur un fond de truffe confortable, puis des langoustines recouvertes de fines portions du noble champignon. Sans crier gare, une raviole est arrivée, recouverte de belles tranches de truffe marbrée, cachant, blottie à l'intérieur telle une perle dans son huître, une petite boule noire comme le museau d'un chat. Petite, dis-je, mais entière et en beauté. Ensuite, un risotto d'épeautre décoré de nombreux éclats du précieux tubercule a conquis les six apôtres assis autour de la table. Avant le dessert, le chef nous a préparé des Saint-Jacques poêlées, servies en lasagne de céleri et accompagnées de ce que vous devinez, dans un ensemble où croquant et moelleux ne faisaient plus qu'un. Nous n'avons pas mis le point final à ce festin avec des truffes au chocolat. Non, ce fut avec des poires caramélisées, de la glace à la vanille et des lamelles du fameux diamant noir qui trônaient majestueusement sur l'ensemble, dans une explosion de saveurs complexes et un tantinet envoûtantes. Décadent, me direz-vous ? Tout à fait ! Et je n'ai pas parlé des vins. Néanmoins, nous avons bien assumé...

De petits palets pour le plaisir du palais

>> S'il existe plusieurs variantes de ce fromage du Sud-Ouest de la France, le cabécou, dont le nom est habituellement attaché au terroir d'origine, désigne de petits palets ronds fabriqués au lait entier de chèvre, que l'on appelait autrefois «fromage de crème». Évidemment, à ce dîner, il s'agit du cabécou du Périgord. Côté vin, la plupart des Français continuent de faire l'erreur de servir systématiquement du vin rouge, peu importe le fromage. Pourtant, avec les spécialités de chèvre comme avec de nombreuses pâtes pressées, l'harmonie avec un blanc soigneusement choisi est des plus judicieuses, grâce à l'absence de tanins et à la présence d'arômes distinctifs.

Quatre heures plus tôt… J'étais arrivé à la préfecture avec la dernière version de mon guide sur les vins de France, apporté discrètement dans l'intention de le donner au président Chirac. Pas question ici de politique, mais je le trouvais plutôt sympathique et je connaissais ses affinités avec le Québec. Comment pouvais-je m'y prendre? Nous étions une centaine d'auteurs et je supputais mes chances bien minimes, car j'étais persuadé que plusieurs autres avaient décidé d'en faire autant. Eh bien, à mon grand étonnement, ce n'était pas le cas!

Pendant le champagne de bienvenue, en attendant nos hôtes de prestige, je me suis jeté à l'eau et enquis auprès d'un responsable de la sécurité, aperçu la veille, de la possibilité d'offrir mon livre au président. Est-ce parce qu'il m'a reconnu lors de mon échange avec la première dame d'outre-Rhin, ou parce qu'il a apprécié mon aplomb teinté d'une extrême politesse, toujours est-il qu'il m'a répondu qu'il devait d'abord inspecter l'ouvrage. Après l'avoir retourné dans tous les sens, et constaté, j'imagine, que rien de subversif ne s'y trouvait, il m'a dit fort gentiment: «Ils vont arriver dans 15 minutes. À 22 h 30, le président Chirac se lèvera pour prendre congé. C'est alors que vous vous dirigerez en catimini vers la sortie et attendrez que je vous fasse signe. Je vous préviens, tout ira très vite!» Et il est reparti avec mon volume sous le bras.

Abasourdi par cette complicité inattendue, j'ai suivi les instructions à la lettre, ne dévoilant pas un iota de mon entente à mes compagnons de table. J'étais dans le secret des dieux et une brise de satisfaction soufflait au-dessus de ma tête...

Aussitôt sortis de la limousine et dans une ambiance à vrai dire bon enfant, Hannelore, Bernadette, Jacques et Helmut se sont dirigés directement vers la table d'honneur où les huiles locales et nationales les attendaient. Moi qui aime bien prendre mon temps quand je mange, je surveillais furtivement les aiguilles de ma montre et j'ai fait semblant de rien jusqu'au fromage, servi à 22 h 10. À 22 h 32, le dessert à peine déposé, le président français s'est levé, et je suis sorti poliment en m'excusant.

Le spectacle qui m'attendait dehors était digne d'un *blockbuster* hollywoodien. Des lampes d'une force vive éclairaient un hélico arrivé sans tambour ni trompette pendant le repas, et un escadron de soldats armés était sur le qui-vive. Au Québec, il nous arrive de croiser un ministre ou une vedette du *showbiz* en toute simplicité et sans en faire tout un plat. Disons que cela se passe bien différemment de l'autre côté de l'Atlantique, surtout quand deux personnages à ce point influents pour l'avenir de l'Homme ont décidé de faire cause commune dans une petite ville de province afin de célébrer sans façon les plaisirs de la table. La preuve qu'il s'agit d'un exercice autrement plus conséquent que certains esprits chagrins n'aiment le laisser croire...

Une horde de photographes suivaient notre quatuor qui s'avançait d'un pas assuré, encadré de policiers en civil veillant au grain. J'étais planté là, près du chef de la sécurité, quand il m'a remis mon livre et m'a invité à en faire cadeau au président. Tout est allé très vite en effet: «Monsieur le Président, permettez-moi de vous offrir ce livre consacré aux vins de France. Je l'ai écrit depuis ce Québec que vous connaissez bien.» Jacques Chirac a été charmant. Il m'a remercié, m'a serré la main et m'a parlé de son labrador qui venait de la Belle Province. «Mesdames, Messieurs, une photo s'il vous plaît!» ont demandé les reporters. En compagnie des deux chefs d'État et de leurs épouses, j'ai été mitraillé par les éclairs des flashes. J'étais interloqué – et cela se voit sur mon visage un tantinet ahuri dans la photo qui a fait le tour de mon petit milieu –, le président tenant dans ses mains mon *Nouveau Guide des vins de France*.

Le chien du président

>> Les présidents français aiment les chiens, paraît-il, surtout ceux
de la race labrador. De Pompidou à Sarkozy, en passant par Giscard
d'Estaing, Mitterrand et Chirac, tous ont eu leur labrador. Avant
d'avoir des soucis avec un bichon maltais (il s'appelait Sumo) devenu
agressif après son départ de l'Élysée, Jacques Chirac a eu un labrador
(Maskou), offert par la Faculté de médecine vétérinaire de
l'Université de Montréal. Estrie, celui de Sarko, vient également
du Québec. Décidément, c'est une habitude...

L'hélicoptère a décollé et je suis resté saisi par ce qui venait de
m'arriver. J'étais content de mon coup et tout s'est bien passé. En
revanche, cette nuit-là, j'ai eu bien du mal à m'endormir...

Pleins feux
sur la Dordogne viticole

Situation géographique

Sur les bords de la Dordogne, la région de Bergerac s'étend au sud de Périgueux, entre le Massif central et le vignoble bordelais. Sa situation géographique est ambiguë puisque, selon les divisions départementales, elle se trouve dans le prolongement des Côtes-de-Castillon, une appellation girondine. Lamothe-Montravel, un des villages de l'AOC montravel, est à 15 kilomètres seulement de Saint-Émilion, et il suffit de traverser la rivière pour se retrouver dans l'entre-deux-mers voisin.

Un peu d'histoire

Déjà recherchés au Moyen Âge, les vins de Bergerac avaient réussi à se faire une réputation au début du XVIe siècle sur les marchés étrangers, avec l'appui notamment de François Ier qui avait autorisé leur libre circulation sur la Dordogne. Plus tard, grâce à la présence aux Pays-Bas de nombreux Périgourdins protestants qui s'y étaient exilés, le commerce des vins de la région de Bergerac s'est particulièrement développé en Hollande. C'est pourquoi le Château Le Barradis, en bergerac et monbazillac, indique fièrement sur son étiquette que son vin est réputé au pays de Rubens et de Bruegel depuis 1530...

Des terroirs et des vins

Sur la rive droite de la Dordogne, les sols maigres et le plateau calcaire recouvert de sables et de graviers autour de Montravel se prêtent à la production de blancs, des secs ainsi que de beaux moelleux à la robe dorée.

Les terrains graveleux du vignoble de Pécharmant, à l'est de la ville, produisent quant à eux de bonnes cuvées en rouge, à partir des cabernets, merlot et malbec.

C'est sur les pentes orientées au nord, vers la rive gauche de la rivière, que les vignes, principalement de sémillon et de sauvignon, produisent ce vin liquoreux qui a pour nom «monbazillac». Le sol argilo-calcaire et le climat propice au botrytis (pourriture noble) s'unissent pour donner à ce cru célèbre – issu comme à Sauternes des variétés sémillon, sauvignon et muscadelle – ses lettres de noblesse. Il faut faire le tri entre l'excellent et le moins bon, mais disons qu'aujourd'hui la situation s'est améliorée, surtout pour les vignerons soucieux de produire des vins concentrés, avec des rendements faibles.

Enfin, n'oublions pas les bergerac et côtes de bergerac qui couvrent à eux seuls, avec les mêmes cépages qu'à Bordeaux, en blanc et en rouge, près de 90 % de la surface de production de ce vignoble.

REPUBLIQUE ★ PÉRIGORD ★
CABÉCOU ★ HANNELORE ★ HÉLIC
BERNARD PIVOT ★ BRISTOL ★ CHIRAC ★ DÉDICACE
BERGERAC ★ TRUFFES ★ REPUBLIQUE ★ PÉRIGORD
★ DÉDICACE ★ SALON ★ CABÉCOU ★ HANNELORE
★ PÉRIGORD ★ HELMUT ★ BERNARD PIVOT ★ BRIST
NELORE ★ HÉLICOPTÈRE ★ BERGERAC ★ TRUFFES
★ BRISTOL ★ CHIRAC ★ DÉDICACE ★ SALON ★
★ TRUFFES ★ REPUBLIQUE ★ PÉRIGORD ★ HELM
CE ★ SALON ★ CABÉCOU ★ HANNELORE ★ HÉLI
IGORD ★ HELMUT ★ BERNARD PIVOT ★ BRISTOL
ORE ★ HÉLICOPTÈRE ★ BERGERAC ★ TRUFFES ★ REI
★ BRISTOL ★ CHIRAC ★ DÉDICACE ★ SALON ★ CABÉ
UFFES ★ REPUBLIQUE ★ PÉRIGORD ★ HELMUT ★ BER
LON ★ CABÉCOU ★ HANNELORE ★ HÉLICOPTÈRE ★ BE
★ HELMUT ★ BERNARD PIVOT ★ BRISTOL ★ CHIRAC
HÉLICOPTÈRE ★ BERGERAC ★ TRUFFES ★ RÉPUBLI
★ CHIRAC ★ DÉDICACE ★ SALON ★ CABÉCOU ★
REPUBLIQUE ★ PÉRIGORD ★ HELMUT ★ BERNARD P
U ★ HANNELORE ★ HÉLICOPTÈRE ★ BERGERAC
NARD PIVOT ★ BRISTOL ★ CHIRAC ★ DÉDICACE
ERGERAC ★ TRUFFES ★ RÉPUBLIQUE ★ PÉRIGORD
DÉDICACE ★ SALON ★ CABÉCOU ★ HANNELORE
★ PÉRIGORD ★ HELMUT ★ BERNARD PIVOT ★ BRIS
NELORE ★ HÉLICOPTÈRE ★ BERGERAC ★ TRUFFE
★ BRISTOL ★ CHIRAC ★ DÉDICACE ★ SALON ★
★ TRUFFES ★ REPUBLIQUE ★ PÉRIGORD ★ HELM
★ SALON ★ CABÉCOU ★ HANNELORE ★ HÉLIC
ORD ★ HELMUT ★ BERNARD PIVOT ★ BRISTOL
RE ★ HÉLICOPTÈRE ★ BERGERAC ★ TRUFFES ★
BRISTOL ★ CHIRAC ★ DÉDICACE ★ SALON ★ CA
FFES ★ REPUBLIQUE ★ PÉRIGORD ★ HELMUT ★
★ CABÉCOU ★ HANNELORE ★ HÉLICOPTÈRE ★
HELMUT ★ BERNARD PIVOT ★ BRISTOL ★ CHIRA
ICOPTÈRE ★ BERGERAC ★ TRUFFES ★ REPUBL
CHIRAC ★ DÉDICACE ★ SALON ★ CABÉCOU ★ DA

VIN DE GLACE ☆ CASINO ☆
☆ OUVERTURE ☆ AUTRICHE ☆ DON-JEAN ☆
☆ VERRES ☆ INNISKILLIN ☆ VIENNE ☆ VINUM
☆ DON-JEAN ☆ PILULES ☆ SISSI ☆ RIEDEL ☆
☆ VIENNE ☆ VINUM ☆ CRISTAL ☆ SOMMELIER
☆ RIEDEL ☆ VIN DE GLACE ☆ CASINO ☆
☆ SOMMELIER ☆ OUVERTURE ☆ AUTRICHE ☆
☆ GÉNIE ☆ VERRES ☆ INNISKILLIN ☆
☆ AUTRICHE ☆ DON-JEAN ☆ PILULES ☆ SISSI ☆
INNISKILLIN ☆ VIENNE ☆ VINUM ☆ CRISTAL ☆
☆ SISSI ☆ RIEDEL ☆ VIN DE GLACE ☆
☆ CRISTAL ☆ SOMMELIER ☆ OUVERTURE ☆
VIN DE GLACE ☆ CASINO ☆ GÉNIE ☆ VERRES ☆
☆ OUVERTURE ☆ AUTRICHE ☆ DON-JEAN ☆
☆ VERRES ☆ INNISKILLIN ☆ VIENNE ☆
☆ DON-JEAN ☆ PILULES ☆ SISSI ☆ RIEDEL ☆
☆ VIENNE ☆ VINUM ☆ CRISTAL ☆ SOMMELIER
☆ RIEDEL ☆ VIN DE GLACE ☆ CASINO ☆
☆ SOMMELIER ☆ OUVERTURE ☆ AUTRICHE ☆
☆ GÉNIE ☆ VERRES ☆ INNISKILLIN ☆
AUTRICHE ☆ DON-JEAN ☆ PILULES ☆ SISSI ☆
☆ VIENNE ☆ VINUM ☆ CRISTAL ☆
☆ SISSI ☆ RIEDEL ☆ VIN DE GLACE ☆
☆ CRISTAL ☆ SOMMELIER ☆ OUVERTURE ☆
☆ CASINO ☆ GÉNIE ☆ VERRES ☆
☆ OUVERTURE ☆ AUTRICHE ☆ DON-JEAN ☆
☆ VERRES ☆ INNISKILLIN ☆ VIENNE ☆
☆ DON-JEAN ☆ PILULES ☆ SISSI ☆ RIEDEL ☆
☆ VIENNE ☆ VINUM ☆ CRISTAL ☆ SOMMELIER
☆ RIEDEL ☆ VIN DE GLACE ☆ CASINO ☆
☆ SOMMELIER ☆ OUVERTURE ☆ AUTRICHE ☆
☆ GÉNIE ☆ VERRES ☆ INNISKILLIN ☆
AUTRICHE ☆ DON-JEAN ☆ PILULES ☆ SISSI ☆
☆ VIENNE ☆ VINUM ☆ CRISTAL ☆
☆ SISSI ☆ RIEDEL ☆ VIN DE GLACE ☆

Le maître du cristal

Il est 20 heures et les sommeliers du monde dont je fais partie sont rassemblés dans la salle de conférence de notre hôtel, à Osaka. Georg J. Riedel apparaît sur la scène et s'adresse à nous en anglais. Nous sommes au Japon dans le cadre du concours du meilleur sommelier du monde 1995 qui va se dérouler cinq jours plus tard à Tokyo. Comme pour un spectacle bien rodé, Georg Riedel, le président de la cristallerie du même nom, va donner un show dans lequel il partagera la vedette avec ses verres, devenus célèbres comme lui.

Georg, qui est de la dixième génération (il est né en 1949), est le meilleur représentant de la maison depuis sa

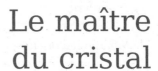

Les Riedel, des visionnaires

>> Claus Riedel, le père de Georg, a marqué de façon notoire l'histoire du verre en adaptant la forme de celui-ci en fonction des caractéristiques d'un vin. C'est lui qui créa, en 1973, la série Sommelier, bien connue des amateurs. Mais c'est en 1756, en Bohème, que l'histoire de la maison familiale Riedel a commencé. Après bien des déboires dus aux conflits, notamment entre la République tchèque (qui avait annexé la Bohème en 1918) et le régime nazi, la cristallerie s'est installée à Kufstein, en Autriche, en 1955.

création, et dire de lui qu'il est persuasif relève de l'euphémisme. J'en veux pour preuve l'anecdote suivante. En octobre 1989, il rencontre à Londres Robert Mondavi, qu'il tente de convaincre d'essayer ses verres en lui disant qu'ils ne pourront que sublimer ses cuvées californiennes. «Jeune homme, réplique Mondavi, je n'ai jamais entendu une telle sottise!» Ne se laissant pas démonter, il convainc Michael, le fils aîné de Mondavi, d'organiser une rencontre aux États-Unis. À l'issue d'une dégustation comparative dans les verres de Riedel et ceux de la *winery*, Mondavi ordonne après un moment de silence: «Jetez tous nos verres! Cassez-les si vous voulez et remplacez-les immédiatement par ceux de Riedel!» Disons que cela a dû aider la cristallerie autrichienne à pénétrer le marché américain... Sa présence dans les salons internationaux, comme Vinexpo qui a lieu tous les deux ans à Bordeaux, a assuré son succès planétaire.

Mais revenons au Japon. C'est avec autant de classe que de charisme que Georg nous explique sa philosophie, qui laisse peu de place aux compromis et pour laquelle la vue, le toucher, l'ouïe, l'odorat et le goût sont à la base de toute sensation de plaisir. J'aime bien l'idée qu'il véhicule, soit que ses verres obéissent à une mission de messager du vin. Nous l'écoutons religieusement, puis à la fin de sa démonstration, dégustation à l'appui, il nous offre un verre en guise de cadeau. Conscient de la force des relations humaines – on ne peut que l'en féliciter –, il nous le remet chacun notre tour, nous demandant de nous présenter, avec en prime une ferme et franche poignée de main. Ce sera pour moi la première d'une série de rencontres avec cet homme remarquable, un brin autoritaire, qui a fait de son entreprise, avec l'achat d'autres sociétés, comme en 2004 la cristallerie allemande Spiegelau, le leader mondial incontesté du verre à vin.

Trois ans plus tard, pendant les festivités précédant les épreuves du concours du meilleur sommelier du monde, qui se déroule cette fois-ci en Autriche, ma deuxième rencontre avec Riedel prend une tournure singulière. Nos amis autrichiens n'ont rien négligé pour nous épater avec, pour décor naturel, un pays magnifique qui ne manque pas d'attraits et, en filigrane, cette idée bien ancrée chez eux que culture et viticulture se fondent dans la quête d'une meilleure qualité de vie.

Dès le premier jour, ils déploient littéralement l'artillerie lourde en nous conviant au château de Schönbrunn à Vienne, l'un des plus imposants palais d'Europe, érigé à la gloire des Habsbourg et résidence d'été de François-Joseph Ier jusqu'à sa mort en 1916. Après la visite, on nous sert un dîner inoubliable à l'Orangerie, à l'endroit même où Mozart a présenté son tout premier opéra. Et la soirée se termine sur des valses que nous tentons de maîtriser, avec la bénédiction posthume de l'empereur et de son épouse, Sissi.

Au programme figure ensuite une visite de trois jours dans les vignobles du Burgenland et du Neusiedlersee, de la Styrie, puis de la splendide Wachau, au cours de laquelle nous sommes impressionnés par l'excellence et la diversité de la gastronomie, et par les vins, parfois légers, frais, pas trop boisés, fins et élégants, le plus souvent d'une grande minéralité. Une journée est consacrée à la mise en place d'un vignoble international pour lequel les délégations plantent deux ou trois pieds de variétés emblématiques de leurs pays. Cela se passe dans un champ attenant à l'hôtel de villégiature où nous résidons, juste avant une nuit mémorable pour les gais lurons dont je fais partie et au cours de laquelle nous faisons rimer jusqu'à l'aube, avec force bouteilles, les mots Ruinart pour le champagne et guitare pour les chansons. Merci, Michèle!

Dans un cadre bucolique

>> Je recommande le magnifique Berghotel Tulbingerkogel, situé à huit kilomètres de Vienne et qui appartient toujours à Franck Bläuel, le président des sommeliers autrichiens de l'époque, et à sa famille. J'ai eu dernièrement de bonnes nouvelles de la cuvée élaborée avec les vignes plantées ce jour-là. On peut la déguster sur place.

Deux jours avant le concours, nous nous retrouvons tous au casino de Baden, à 25 kilomètres au sud de Vienne, et Georg Riedel est notre hôte. La décoration de la vaste salle de réception est étonnante et colorée, et dans l'air flotte une ambiance des plus joyeuses. Les serveurs et les serveuses ont un drôle d'air, et pour cause, puisque ce sont aussi des comédiens, maquillés à outrance, qui vont nous en mettre plein la vue.

Nous sommes environ 400 personnes et les responsables m'invitent à prendre place à la table d'honneur, en compagnie de mon collègue et grand ami Don-Jean Léandri, directeur technique du prochain concours mondial des sommeliers qui se tiendra deux ans plus tard à Montréal. Et je me retrouve assis à la gauche du prince de la cristallerie autrichienne à qui je vais pouvoir justement parler de cet événement d'envergure. Puisque celui-ci se fera sous ma responsabilité et celle de l'association que je préside, mon objectif est d'obtenir la participation de sa maison.

Tout se passe dans les rires et la bonne humeur, pour ne pas dire dans une ambiance jubilante, presque survoltée, grâce à une mise en scène éclatée, à une musique rythmée et à des hurluberlus de serveurs qui nous jouent des tours sans relâche, avec beaucoup d'humour et sans aucune vulgarité. J'essaie de garder un minimum de sérieux afin de bien me faire comprendre de Riedel, d'autant plus que notre table est évidemment la cible des coups les plus pendables.

C'est justement pendant mon absence, afin d'assouvir un besoin naturel, que les serveurs balaient tout. En moins de temps qu'il n'en faut pour mettre son nez dans un verre, ils font table rase, emportant dans la nappe les couverts et tout ce qui s'y trouve. À mon retour, je suis éberlué de constater que tout a disparu, sauf mon appareil photo que Don-Jean a réussi à prendre au vol. Mais la petite boîte de pilules que je dois à tout prix avaler ce soir-là s'est envolée. Après avoir été mis au courant, et devinant mon désarroi, Georg Riedel se lève, pas très content, et fait fouiller toutes les poubelles des cuisines sur un ton qui n'entend plus à rire. *In fine,* on ne retrouve pas l'objet de mon inquiétude, et malgré mes propos qui visent à le tranquilliser, le président de la maison Riedel m'assure, consterné, de sa totale collaboration, précisant que je peux compter sur tous les verres dont nous aurons besoin en l'an 2000.

L'année suivante, je suis invité à participer à un atelier au cours duquel nous devons classer des verres afin de mettre au point à l'arrivée LE verre à vin de glace de marque Riedel. Habituellement, on nous demande lors d'une dégustation de nous prononcer sur la pointure des produits afin de les situer, de les classer ou… de les déclasser. Pour ce faire, le verre, aussi bon, aussi beau et performant soit-il, sert d'outil, d'accessoire au mieux ou de faire-valoir quand c'est possible. Cette fois-ci, l'expérience, exceptionnelle en soi, se situe à l'opposé, et le périlleux exercice se fait sous la direction du sieur Riedel en personne. Le vin de glace utilisé pour arriver à nos fins est fourni par Inniskillin et son sympathique fondateur, Donald Ziraldo.

Une des maisons phares de Niagara

>> La maison Inniskillin, créée en 1975 et située dans le vignoble de Niagara, en Ontario, a largement contribué à faire connaître dans le monde cette région réputée pour son fameux vin de glace. Donald Ziraldo y est certes pour quelque chose. Pour mener à bien notre atelier, les cuvées utilisées étaient le Pearl Label Vidal, le Silver Label Riesling, le Gold Label Oak Aged Vidal et l'original cabernet franc, tous d'Inniskillin, bien entendu.

Douze personnes venues de tous les coins de l'Amérique sont réunies pour la circonstance à Toronto autour du maître cristallier, de Donald, le roi du vin de glace, et de son œnologue, Karl Kaiser. N'y a-t-il pas d'ailleurs une corrélation entre la brillance et les reflets d'un *icewine* et l'écrin de cristal chargé de le mettre en lumière ? Riedel, en face duquel je suis assis, nous précise avant de commencer : « Comme un chef d'orchestre qui peut demander plus de percussions ou moins de violons, nous devons éviter de faire du Beethoven avec la musique de Richard Strauss. Nous devons être attentifs jusqu'à ce que nous trouvions la forme idéale qui fera ressortir la personnalité du vin, son vrai caractère et sa beauté. »

De génération en génération

> Depuis cette rencontre, j'ai revu à diverses reprises Georg Riedel, toujours actif et passionné. Sa succession et la pérennité de son entreprise sont assurées. Sa fille, Laetizia Riedel-Röthlisberger, est aujourd'hui conseiller juridique de la société familiale et son fils, Maximilian, né en 1977, est le PDG de Riedel Crystal of America.

Autour des 12 « riedel » de grandeurs et de formes différentes, nous écartons d'un commun accord les trois premiers verres. C'est ainsi, en procédant par élimination et par vote à main levée, que, près de 3 heures et 32 échantillons plus tard, nous nous entendons sur les 3 modèles qui serviront à la fabrication des prototypes et, ultérieurement, à celle de l'unique verre à vin de glace. Après avoir justifié nos choix, Georg Riedel constate que le vote donne une légère préférence au verre à sauvignon, comparé à celui réservé au sauternes, mais que le verre à porto a en outre ses partisans. De l'avis de Karl Kaiser, les deux premiers verres offrent un volume conséquent pour apprécier tant les arômes fruités et complexes de fruit confit, de miel et de cire, que l'harmonie délicate entre le sucre et l'acidité, propres au précieux nectar canadien.

Enfin, Riedel nous annonce que nous allons recevoir ultérieurement les prototypes pour déguster de nouveau et donner nos commentaires. La forme ultime sera déterminée à la suite de cette nouvelle analyse. Le processus final, incluant la production et la commercialisation, prendra neuf mois… comme par hasard, mais c'est le temps qu'il faut pour arriver au plus beau. Et puis, ça tombe bien, puisque l'échéance coïncide avec notre concours à Montréal et le 25e anniversaire d'Inniskillin. Autant de raisons qui nous donnent l'occasion de fêter avec la précieuse et opulente liqueur de Niagara.

Certains œnophiles, qui connaissent la démarche de Riedel, diront que l'idée qui consiste à créer un verre en fonction de chaque vin est juste bonne pour le commerce ; pourtant, il s'agit là d'une vieille pratique en France et en Italie, notamment, où nombre d'appellations ont leur verre bien à elles depuis longtemps. D'aucuns rétorqueront qu'un cru prestigieux n'a pas besoin d'un gobelet particulier pour mettre ses vertus en relief. Évidemment, je ne suis pas d'accord avec cette affirmation. Imaginez un instant servir

Le verre, l'outil indispensable du sommelier

≫ J'aime beaucoup les verres Riedel de l'accessible série Ouverture ainsi que les «Respirants» de Eisch. Mais j'ai opté également pour les Authentis de Spiegelau. Pour les effervescents, je n'ai rien trouvé de mieux que la flûte Vinalies n° 1 de la Verrerie de la Marne (Lehmann Glass).

un éminent bordeaux dans un verre à moutarde ou à dry martini… Ce serait la même hérésie que de ne pas offrir à un tableau de maître la lumière qui lui revient.

Toutefois, si j'utilise régulièrement les verres de Riedel, si j'ai développé un vif penchant pour le cristal, carafes et verres confondus, et si, de temps à autre, je souffre en silence lorsque je suis reçu à dîner chez des gens, j'estime que l'on pousse un peu loin le bouchon en faisant croire aux amateurs qu'il faut un verre par cépage, par dénomination et pour chaque eau-de-vie. L'approche est bien excessive à mes yeux, surtout quand on connaît le prix de ces magnifiques objets, et il est fort légitime d'être perplexe devant tant de luxe dont la fragilité naturelle le rend par moments si éphémère. Mais n'est-ce pas là le génie des Riedel de vendre avec autant de conviction des articles cassables qui, de toute évidence, devront être remplacés un jour ?

Dans un même registre, si je n'ai rien contre les initiatives qui encouragent la découverte œnologique et, en conséquence, une consommation réfléchie, surtout lorsque c'est fait intelligemment, je pense que, depuis un certain temps, on va dans toutes les directions et qu'on ne sait plus trop quoi inventer. J'ai surtout la conviction que des individus, opportunistes, dirait-on, profitent de cet engouement pour imaginer

n'importe quoi et tenter de faire des affaires en misant sur la méconnaissance du consommateur dont on sous-estime l'intelligence. On peut le
constater avec tous ces bidules inutiles qui prolifèrent au rayon des
accessoires des boutiques spécialisées. Entre l'appareil qui sert prétendument à évaluer le potentiel de longévité d'un cru en le faisant vieillir
d'un an à la seconde, à celui qui dissipe les tanins en moins de deux, en
passant par les rafraîchisseurs miracles, l'hérétique fouet à champagne
et les minuscules et ridicules verres à porto, il faut être vigilant et faire
preuve d'imagination sélective.

Du côté de l'ouverture des bouteilles, on tombe carrément dans
la bêtise et on profite de la naïveté des œnophiles. Après les 200 types
d'ouvre-bouteilles, tous aussi géniaux les uns que les autres, voilà que
l'on vient de sortir un tire-bouchon électrique en inox à batteries
rechargeables. À 120 beaux dollars, cette petite merveille a été conçue,
dit la publicité, pour déboucher les grands crus ou des cuvées plus
roturières sans effort et en quatre ou cinq secondes seulement. C'est
plutôt amusant, surtout quand on voit arriver sur le marché autant
de flacons fermés par des bouchons à vis métalliques. À quand le
limonadier à pédales ou à air comprimé pour faire valser les capsules
récalcitrantes ?

Pour œnophile averti !

Cela dit, il existe des outils, sinon indispensables, en tout cas très
pratiques pour les œnophiles avertis : le découpe-capsules qui assure
un découpage quasi infaillible ; l'ouvre-champagne, efficace et facile
d'utilisation ; le sans-goutte, qui « coupe » les gouttes lors du service ;
le seau transparent, pour faire ressortir l'étiquette et mieux
contrôler le niveau restant ; le bouchon hermétique, pour garder un
certain temps l'effervescence des mousseux ; l'entonnoir-aérateur,
pour une excellente oxygénation des rouges jeunes ; les carafes,
idéales pour décanter les vieux rouges et aérer les plus jeunes ;
l'égouttoir à carafe, bien utile pour éviter la casse.

Il en va des verres et des carafes comme de mes principes de vie: l'important est de trouver le juste équilibre entre une démarche relativement hédoniste, ma conscience professionnelle, qui invite à la minutie et au respect du produit, et une conscience morale, émotionnelle et sociale, qui nous rappelle que tout cela est bien dérisoire à côté du malheur d'autrui...

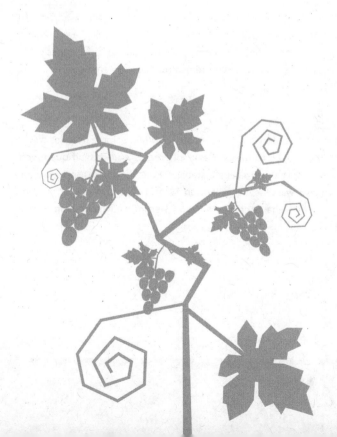

Pleins feux
sur les principales collections de verres Riedel

Sommelier

C'est à Orvieto, en Italie, que Claus Riedel a présenté la première série de verres qui consistait en 10 modèles. Depuis, le monde a radicalement changé, et plusieurs régions viticoles n'étaient pas connues il y a encore 25 ans. La gamme *Sommelier*, dont chaque verre est fabriqué individuellement, a été élaborée par son fils Georg. Le bol est soufflé dans un moule, le pied et la base sont taillés à la main. Les verres *Sommelier* sont exécutés en cristal de 24 % de plomb. Très beau, très cher !

Vitis

La ligne de verres *Vitis* est à la pointe de la technologie mécanique adaptée au cristal. Elle se décline en sept formats : cabernet, pinot noir, champagne, riesling, martini, syrah et montrachet. Parfaitement adaptés aux spécificités des différents cépages avec un pied particulièrement élancé, ces verres allient, dit-on, élégance, grâce et fonctionnalité.

Tyrol

Tyrol est le verre conçu pour les repas au quotidien comme pour les dîners plus chics. Le pied, en forme de demi-sphère, offre un magnifique miroir au liquide et garantit une excellente stabilité. Petit, il est d'un usage pratique et passe au lave-vaisselle. La collection *Tyrol* comporte 10 gabarits, dont cabernet, viognier/chardonnay, pinot noir, riesling/sauvignon blanc, syrah et montrachet.

Vinum

Introduite en 1986, *Vinum* fut la première série de verres mécaniques de l'histoire, basée exclusivement sur les caractéristiques du vin, ou de l'eau-de-vie comme la grappa. Ces verres sont d'un assez bon rapport qualité-prix et sont facilement accessibles sur le marché. C'est dans la série *Vinum Extrême* que l'on trouve le modèle *Icewine*.

Ouverture

Introduite en 1989, la série *Ouverture* est sans plomb. On ne fait aucune référence au cépage ou à une région de production. Six formats ont été créés pour le plaisir. Idéal pour le quotidien, le verre *Ouverture,* un de mes préférés, est impeccable et d'un prix raisonnable.

O-Riedel

Maximilian Riedel présente ici sa première collection. Le connaisseur découvrira avec surprise que cette nouvelle gamme n'a pas de pied. En bref, *O-Riedel* est le verre idéal pour tous les jours et pour des occasions décontractées. C'est jovial, ça se tient bien dans la main... c'est à la mode et pas trop cher. La gamme se décline en plusieurs formes : cabernet/merlot, pinot noir/nebbiolo, syrah/shiraz, chardonnay, viognier/chardonnay, riesling/sauvignon blanc. Idéal pour le pique-nique, il va facilement au lave-vaisselle et au minibar. Avec le *O-Riedel*, les verres à jambe cassés font partie du passé.

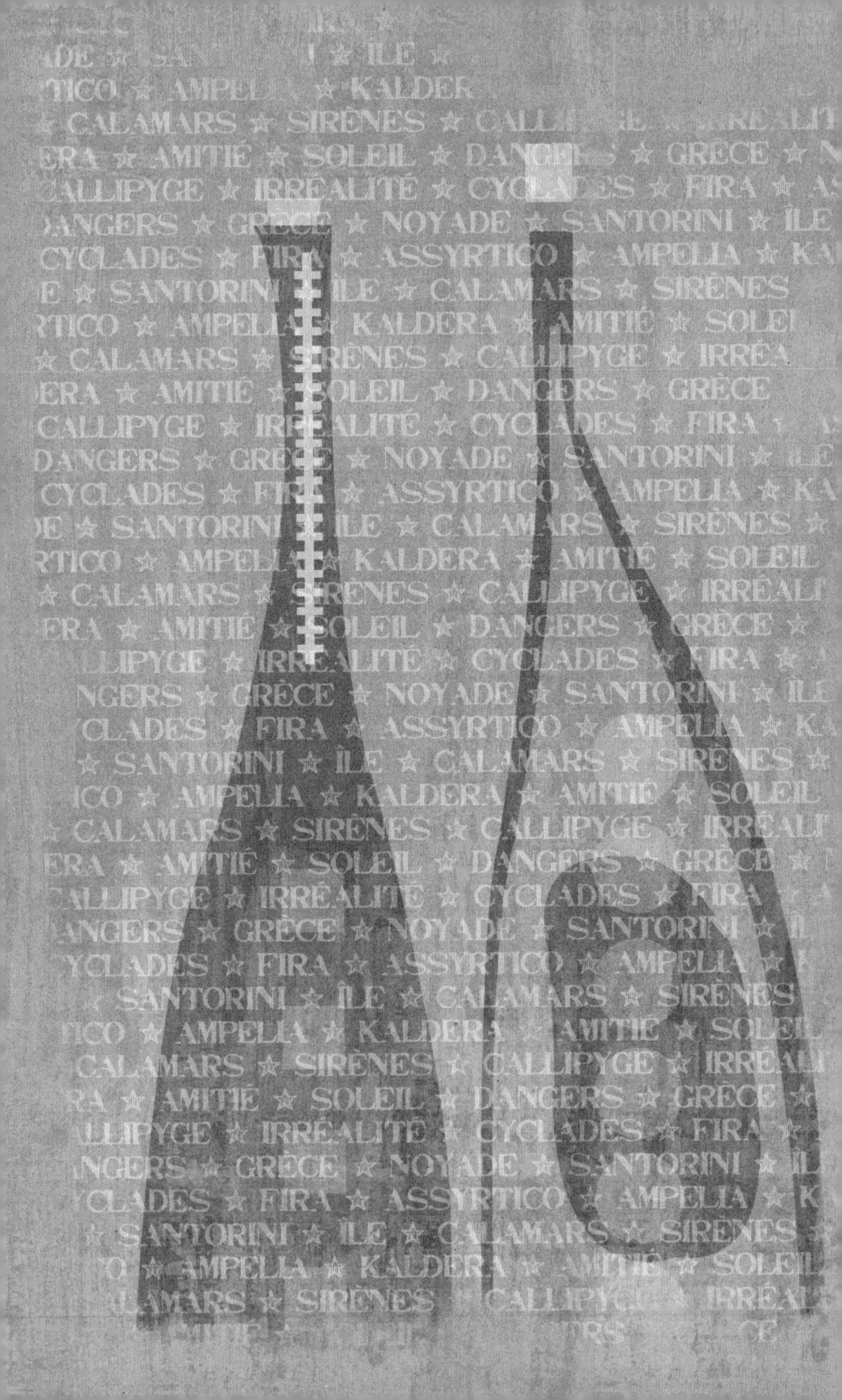
CALAMARS ☆ SIRÈNES
AMITIÉ ☆ SOLEIL ☆ DANGERS ☆ GRÈCE
CALLIPYGE ☆ IRRÉALITÉ ☆ CYCLADES ☆ FIRA
DANGERS ☆ GRÈCE ☆ NOYADE ☆ SANTORINI ☆ ÎLE
CYCLADES ☆ FIRA ☆ ASSYRTICO ☆ AMPELIA
SANTORINI ☆ ÎLE ☆ CALAMARS ☆ SIRÈNES
AMPELIA ☆ KALDERA ☆ AMITIÉ
CALAMARS ☆ SIRÈNES ☆ CALLIPYGE
AMITIÉ ☆ SOLEIL ☆ DANGERS ☆ GRÈCE
CALLIPYGE ☆ IRRÉALITÉ ☆ CYCLADES ☆ FIRA
DANGERS ☆ GRÈCE ☆ NOYADE ☆ SANTORINI
CYCLADES ☆ FIRA ☆ ASSYRTICO ☆ AMPELIA
SANTORINI ☆ ÎLE ☆ CALAMARS ☆ SIRÈNES
AMPELIA ☆ KALDERA ☆ AMITIÉ ☆ SOLEIL
CALAMARS ☆ SIRÈNES ☆ CALLIPYGE
AMITIÉ ☆ SOLEIL ☆ DANGERS ☆ GRÈCE
IRRÉALITÉ ☆ CYCLADES ☆ FIRA
GRÈCE ☆ NOYADE ☆ SANTORINI
FIRA ☆ ASSYRTICO ☆ AMPELIA
SANTORINI ☆ ÎLE ☆ CALAMARS ☆ SIRÈNES
AMPELIA ☆ KALDERA ☆ AMITIÉ ☆ SOLEIL
CALAMARS ☆ SIRÈNES ☆ CALLIPYGE
AMITIÉ ☆ SOLEIL ☆ DANGERS ☆ GRÈCE
CALLIPYGE ☆ IRRÉALITÉ ☆ CYCLADES ☆ FIRA
GRÈCE ☆ NOYADE ☆ SANTORINI
FIRA ☆ ASSYRTICO ☆ AMPELIA
SANTORINI ☆ ÎLE ☆ CALAMARS ☆ SIRÈNES
AMPELIA ☆ KALDERA ☆ AMITIÉ ☆ SOLEIL
CALAMARS ☆ SIRÈNES ☆ CALLIPYGE
AMITIÉ ☆ SOLEIL ☆ DANGERS ☆ GRÈCE
IRRÉALITÉ ☆ CYCLADES ☆ FIRA
GRÈCE ☆ NOYADE ☆ SANTORINI
FIRA ☆ ASSYRTICO ☆ AMPELIA
SANTORINI ☆ ÎLE ☆ CALAMARS ☆ SIRÈNES
AMPELIA ☆ KALDERA ☆ SOLEIL
SIRÈNES

L'île de tous les dangers

« **H**elp ! Help ! Au secours ! Aidez-moi, *Help ! Help !* » Je tente de nager et de garder mon calme. Rien n'y fait. J'ai l'impression d'être happé par le bas. J'ai sauté du bateau voilà à peine deux minutes et je n'avance plus. Je tente désespérément de nager dans ces eaux d'un bleu turquoise presque irréel, et mon effroi est authentique. J'ai la terrible sensation que des forces vives sous la mer sont en train de m'arracher, s'agrippant à mes pieds. Tout seul, je risque fort de me noyer…

Volcan à l'horizon

À partir de Fira, il est possible de se rendre sur l'île de Néa Kaméni, située au centre de l'archipel grec. Elle constitue la partie active du volcan et il est insolite de longer les cratères sur des sentiers couverts de lave, avec des perspectives dessinant de jolies courbes malgré l'aridité des lieux. La dernière éruption date de 1950 et les seules indications de la roche en fusion, à une profondeur de plusieurs kilomètres au-dessous de l'île, sont les sources chaudes qui émergent ici et là le long des côtes, et les gaz qui s'échappent des fumerolles. Quand se remettra-t-il en activité ? Nul ne le sait… Attention, danger !

Comme dans une bande dessinée, mes onomatopées de détresse portent leurs fruits : deux grandes Néerlandaises aux formes callipyges – je vérifierai par la suite – s'approchent, me cramponnent solidement et me traînent vers un petit rocher.

Pourtant, la journée avait bien commencé. Nous étions partis en excursion sur une île volcanique de la caldera et, après une bonne marche et n'avoir bu que de l'eau minérale, nous avions été invités au retour à une trempette inoubliable dans des eaux chaudes et sulfureuses. Inoubliable, elle le sera, seulement pas pour les mêmes raisons !

J'ai toujours aimé me baigner même si je n'ai jamais été un champion de natation, et j'avoue que je privilégie un petit saut sans conséquence à un plongeon audacieux. Cette fois-ci, le merveilleux cadre où nous étions pour la première fois avait semblé me donner des ailes. Peut-être aussi que de jolies créatures, belles comme des sirènes, m'avaient incité inconsciemment à les suivre. C'est d'ailleurs cette deuxième hypothèse que mon ami Don-Jean Léandri, resté sagement à bord, mettra de l'avant pour expliquer ma soudaine bravoure.

Un immense chaudron

>> Le mot caldera ou *caldeira* (en portugais, ce dernier signifiant «chaudron») fait référence à un cratère volcanique formé par l'effondrement de la partie supérieure à la suite d'une terrible éruption vers 1630 av. J.-C. (époque approximative, car les sources d'information divergent considérablement). La caldera de Santorini est donc la partie submergée avec, en son centre, les îlots de Néa Kaméni et de Paléa Kaméni.

Je me retrouve donc sain et sauf sur mon petit récif, mais j'ai tellement cru que j'allais y rester que je ne veux plus retourner au bateau, complètement tourneboulé et tétanisé par cette eau perfide qui a voulu m'emporter. À côté de mon rocher s'en trouve un autre, sur lequel est posée une minuscule chapelle, comme les Grecs en ont le secret. Je me vois déjà, naufragé solitaire, abandonné par les miens et converti *ipso facto* à la religion orthodoxe, couler le restant de mes jours – après avoir failli me noyer –, mangeant du calamar et buvant la retsina que des touristes bienveillants m'apporteraient.

J'ai tout le temps d'y penser puisqu'un dialogue de sourds s'est installé entre moi et le capitaine, têtu et grincheux, qui ne veut pas s'approcher, prétextant des risques majeurs. Heureusement, après des allers-retours et des négociations restées au point mort, mes deux comparses, Michèle Chantôme et Jean-Yves Bernard, à l'aise comme des poissons dans l'eau, réussissent à me convaincre de revenir en me proposant de m'agripper à une bouée de sauvetage qu'ils tirent en nageant vigoureusement. Je suis sauvé!

Hasard ou coïncidence?

Je suis loin d'être seul à avoir failli me noyer là! De sources sûres, j'ai entendu qu'une histoire semblable était arrivée au même endroit à des personnes venues de tous les horizons. Et le phénomène se répète. Est-ce dû à la nature de l'eau, à un choc thermique? Il y a probablement une explication, mais... Attention, danger!

Une fois sur le pont, j'embrasse mes deux plantureuses Samaritaines. « *Efaresto, efaresto poly* », m'entendis-je dire, maîtrisant tout à coup la langue des Hellènes.

C'est ainsi que nous rentrons à Fira, sur la partie principale de Théra. Théra, Thíra, Santorin, Santorini: quatre noms, le dernier étant mon préféré, pour nommer cette contrée d'une splendeur éblouissante, une île qui a touché ma vie d'homme du vin. Contrairement à la plupart des estivants qui découvrent ce joyau des Cyclades méridionales le temps d'un mouillage qui durera tout au plus 24 heures, je me suis approprié, à plusieurs reprises et en bonne compagnie, cet endroit teinté de poésie et de mystère, pour autant que l'on puisse faire abstraction de l'aspect touristique, souligné, comme dans bien des îles grecques, à gros coups de crayon. Il en va ainsi des hommes et des lieux: comment peut-on les comprendre, comment peut-on s'en imprégner si l'on ne prend pas le temps de les écouter, le temps de regarder et de ressentir? Le premier séjour a duré neuf jours. Au cours de chaque visite, en dehors des périodes les plus achalandées, je tombe sous le charme, séduit par tant de beauté. Ce n'est pas par hasard que les anciens la nommaient *Kallistè*, qui signifie « la très belle ».

Santorini désigne, selon le contexte, l'archipel et l'île principale qui ressemble à un croissant. En fait, les cinq îles composent un ensemble harmonieux, chacune d'entre elles faisant jadis partie d'une seule île de forme ronde, partiellement détruite au cours de la fameuse éruption de l'époque minoenne. De nos jours, l'action se passe essentiellement à Fira, où l'offre d'hébergement et de restauration est la plus importante. Les croisiéristes la connaissent bien puisqu'en accostant ils ont le choix de s'y rendre en téléphérique ou, mieux encore, à dos d'âne en grimpant les centaines de marches qui vont de la mer au village. Éclats de rire garantis!

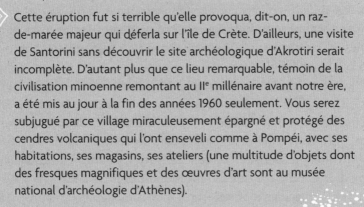

Pour les férus d'histoire ancienne

> Cette éruption fut si terrible qu'elle provoqua, dit-on, un raz-de-marée majeur qui déferla sur l'île de Crète. D'ailleurs, une visite de Santorini sans découvrir le site archéologique d'Akrotiri serait incomplète. D'autant plus que ce lieu remarquable, témoin de la civilisation minoenne remontant au IIe millénaire avant notre ère, a été mis au jour à la fin des années 1960 seulement. Vous serez subjugué par ce village miraculeusement épargné et protégé des cendres volcaniques qui l'ont enseveli comme à Pompéi, avec ses habitations, ses magasins, ses ateliers (une multitude d'objets dont des fresques magnifiques et des œuvres d'art sont au musée national d'archéologie d'Athènes).

Fira est un bijou de village serti de mille bijouteries. Déambuler dans ses ruelles piétonnes reste à vrai dire un exercice agréable, même s'il faut faire le tri dans le déballage des boutiques où l'on trouve le meilleur et le pire, les beaux objets, peintures et autres poteries, comme les souvenirs les plus convenus. Pourtant, si cette réalité n'est pas propre à Santorini, elle est devenue, hélas, courante là où les vacanciers ont accès, ce qui revient à dire partout ou presque sur la planète. Les chats

Plein les mirettes

>> De Fira, on peut rayonner aisément sur l'ensemble de l'île principale, que ce soit en voiture, en vélo ou en scooter, le moyen de transport le plus efficace. En plus des musées (notamment à Fira et à Messaria), il faut aller à Imerovigli et à Oia. Les amateurs de plage iront sur la côte orientale à Monolithos, à Kamari, à Perissa, à Perivolos et à Red Beach, où, dans une quiétude palpable, le temps semble s'être arrêté. Tout le monde est beau (ou presque)... Attention, danger !

sont légion comme sur bien des îles de la Méditerranée, et de nombreuses villas possèdent leur terrasse fleurie où il fait bon se prélasser. Lorsqu'on prend la route, le plus souvent en scooter, ce ne sont pas les points de vue qui manquent pour admirer ces maisons d'un blanc immaculé, placées comme de petits cubes en haut des falaises ou de temps en temps, comme à Oia, à flanc d'escarpement. Les coupoles des églises sont blanches ou d'un bleu azur qui s'estompe entre les bleus du ciel et de la mer.

•　•　••

La raison principale de ma première incursion santorinienne : une réunion internationale de sommeliers. C'était en avril 1999, et nos amis grecs avaient eu la bonne idée de l'organiser dans ce lieu enchanteur. Nous étions partis le premier jour sur la route de Messaria jusqu'à Pyrgos. Je me revois encore avec l'ami Paul Brunet, autrefois professeur à Strasbourg, avec qui j'ai partagé pendant longtemps la passion de l'enseignement et de l'écriture du vin. Comme des gamins, carnets à la main, nous prenions des notes et des photos de ce curieux vignoble au microclimat particulier où la vigne est basse, taillée en forme de corbeille à même le sol. Il s'agit de l'*ampelia,* une façon culturale propre aux insulaires, qui permet aux grappes de mûrir à l'intérieur de cette

145

couronne de feuilles à l'abri des coups de sable projetés par les *meltèmes*, les vents du nord durant l'été. Ceux-ci risqueraient de blesser les baies à fine pellicule mais, en contrepartie, ils diminuent l'humidité, les protégeant ainsi de la pourriture.

Entre blancs secs et blancs doux

>> *Ampelos*, qui signifie «vigne» en grec, est à l'origine des mots *ampelia, ampélographie* et *ampélologie* (l'étude des cépages et de la vigne), *ampelopsis* (la vigne vierge) et *Ampuis*, la petite ville de France où se trouve le vignoble de Côte-Rôtie. Celui de Santorini, qui s'étend sur une terre de pierre ponce et de cendre volcanique, et sur un sous-sol constitué de couches successives de scories, de tuf et de lave, est vraiment singulier. Les ceps sont plantés francs de pied pour la bonne raison que le phylloxéra ne sévit pas sur l'île. Les rendements sont bas et le cépage principal est l'assyrtiko, sans oublier l'aïdani, et l'athiri en blanc et en noir.

On produit à la fois un blanc sec et corsé qui a gardé une bonne dose d'acidité, et un vin doux issu de raisins passerillés sur nattes, le *vinsanto*. Boutari, Antoniou, Sigalas, Argiros, Gaia, Hatzidakis et Santo sont les caves les plus réputées.

Mais un péril menace, celui d'un développement désordonné des infrastructures de l'industrie touristique, au détriment d'un écosystème viticole qui pourrait disparaître à moyen terme. Cela se fait de façon insidieuse et le voyageur de passage ne s'en soucie guère, mais... Attention, danger!

Avec cette taille en gobelet, les rameaux semblent surgir directement du sol, et nous étions fascinés par le fait que les anciens, qui perpétuent ces techniques de travail, n'ont en aucune façon sacrifié au respect de cette nature qui a, où que l'on soit et inéluctablement, le dernier mot. À partir de la mi-juin, dans cet endroit du monde balayé par les vents, les brumes montent de la mer et se répandent la nuit en retombant en fines gouttelettes sur la plante assoiffée, brûlée par le soleil de la journée précédente, et sur la terre de lave, poreuse à souhait.

Le dernier jour de notre assemblée, le bon vieux réflexe du sommelier n'a pas tardé à ressurgir lorsque je me suis fait offrir, en tant que responsable de ma délégation, une bouteille de champagne rosé, cadeau de Moët et Chandon. Il n'était pas question de la rapporter à la maison mais bien d'en profiter avec mes amis. Ce que j'ai fait le jour suivant, non sans omettre de planifier une petite mise en scène afin de faire de cet instant un moment particulièrement agréable.

J'avais choisi pour décor le village d'Oia où nous avions assisté deux jours avant à un remarquable coucher de soleil, qui se répète d'ailleurs chaque soir dans la mesure où le beau temps est au rendez-vous, ce qui est habituellement le cas. L'endroit est si populaire que certains pourraient le croire ringard. Tans pis pour les pisse-vinaigre, c'est ici que j'avais décidé de partager mon flacon saute-bouchon. Nous avons enfourché nos montures à moteur, puis j'ai prétexté un oubli pour retourner à l'hôtel. J'ai récupéré ma bouteille préalablement refroidie, emprunté cinq verres tulipe au barman et caché le tout sous le siège de mon deux-roues. Michèle, Don-Jean, Hervé et Jean-Yves, mes amis, étaient là depuis 20 minutes lorsque je suis arrivé. Alors que le soleil amorçait sa descente, j'ai fait ma mise en place devant mes compagnons étonnés. Le bouchon a sauté et le champagne s'est mis à couler le long du verre, paré d'une robe rose qui se fondait, harmonie de couleur oblige, dans les reflets cuivrés du ciel. Les bulles qui remontaient scintillaient comme des étoiles, et nos yeux en ont fait tout autant. Excusez le cliché!

Un décor de rêve

>> Dans un panorama spectaculaire sur la caldera, Oia est une des perles de Santorini, située à l'extrême nord de l'île. La route qui y mène est simplement vertigineuse et il faut se méfier des vents, selon les saisons. Après avoir flâné dans les ruelles dallées de marbre qui témoignent d'une époque prospère quand des centaines de navires venaient y accoster, on découvre ce moulin à vent célèbre dans le monde. Avec ses ailes ornées de petites voiles triangulaires, il fait partie d'une véritable carte postale qui sert depuis longtemps de support publicitaire sur fond d'exotisme.

Flûte à la main, nous avons trinqué à l'amitié, et nous nous sentions comblés. Le silence s'est installé alors que le vin glissait sur la langue de tout son fruit. Dans la foulée, nous avons décidé, d'un commun accord et en totale symbiose, de créer le club de la Kaldera, pour rendre hommage à cette île qui nous faisait vibrer et nous amenait à réfléchir sur la futilité des choses et les véritables valeurs que la vie nous enseigne.

Au risque de me répéter, dans ce monde du vin qui n'est pas épargné par le snobisme, la mode et la poudre aux yeux, j'ai l'intime conviction que le plaisir de boire un vin modeste en compagnie de personnes vraies et agréables est infiniment plus fort que celui de déguster avec le premier imbécile venu qui sait tout, pour peu qu'il ait trempé ses lèvres dans cinq ou six crus de renom. Je dois reconnaître que cela ne m'arrive plus souvent puisque je me refuse à tout compromis de ce côté-là. Qui plus est, au cours de cette escapade «kaldérienne», nous avons eu tant de bonheur à partager le «petit» vin de Santorin qui a agrémenté avec panache notre quotidien !

●●•••

Pour fuir le tumulte de la vie athénienne, se rendre à Santorini est une bénédiction, car le calme et la sérénité sont garantis, pour autant qu'on soit bien dans sa peau. Cela dit, il se passe immanquablement quelque chose sur cette terre de contrastes, comme si l'activité volcanique au centre de la caldera influençait les choses et les comportements de l'homme.

Outre le fait d'avoir failli me noyer, des gens se sont infecté les gencives en mangeant du poisson, Hervé a dû s'y prendre à trois fois (en trois jours) avant de pouvoir quitter l'île et je me suis vu refuser l'accès à bord de l'avion lors d'un voyage de retour, comme si des forces invisibles se liguaient contre nous pour mieux nous garder. Qu'importe, ici, on apprend vite à se faire philosophe et à prendre le bon côté de la vie, en changeant en fleur de sel les grains de sable qu'elle nous impose. La traversée vers Athènes a été des plus agréables...

En fait, lorsqu'on s'installe pour la première fois devant la caldera, et ce n'est pas Michèle qui me contredira, un étrange et profond sentiment d'irréalité s'empare de ceux qui sont prêts à méditer et à communier avec cette nature aussi belle que rude, aussi douce que violente, aussi indépendante que possessive. Santorini est peut-être l'île de tous les dangers, mais c'est celui de l'accoutumance qui en est certainement le plus grand.

Pleins feux
sur la Grèce viticole

Situation géographique

Partageant depuis des lunes son territoire avec des cultures diverses, dont celles du blé et de l'olivier, le vignoble hellénique n'était pas composé de vastes domaines à vocation exclusivement viticole. À cet égard, du nord au sud, de l'est à l'ouest, et sur un grand nombre d'îles, l'environnement d'aujourd'hui ressemble à celui d'autrefois.

Un peu d'histoire

De tout temps, le vin grec fut objet de commerce. Cela semble difficile à croire, mais c'est du XIIIe au XIe siècle av. J.-C. que le développement du vignoble fut le plus important. La culture du raisin se faisait à peu près comme de nos jours. Les écrits d'Hésiode, un poète du VIIIe siècle, font mention de certaines techniques se rattachant à la taille du printemps, à l'arrachage des mauvaises herbes et aux vendangeurs qui devaient déposer les raisins dans des paniers avant d'aller les fouler près des pressoirs. Comme quoi on n'a rien inventé... Hésiode dit ensuite que le jus de la treille était alors recueilli dans de grosses jarres dont l'intérieur était enduit de plâtre ou de poix. Elles étaient scellées par un bouchon recouvert d'huile afin d'éviter le contact avec l'air. C'est à l'intérieur que la résine était utilisée comme agent de conservation. On comprendra que l'on tient là «la recette» de la fameuse retsina.

Quant aux cépages, Caton l'Ancien, au IIe siècle, n'en cite qu'une quinzaine, alors que le poète latin Virgile déclarait un peu plus tard «qu'il était plus facile de compter les grains de sable du désert de Lybie [...] que d'énumérer toutes les variétés de vignes». Enfin, il serait presque logique de donner à la Grèce la paternité de l'appellation d'origine puisque l'usage de la désignation géographique des vins remonte à l'Antiquité. Chio, Rhodes ou Thasos étaient déjà renommés.

Pendant la domination ottomane, les vignes faillirent disparaître pour des raisons évidentes. Malgré tout, l'Histoire permit à la Grèce enfin libérée de retrouver un vignoble mal en point, certes, mais tout de même exploitable. Il faudra toutefois attendre les années 1960 et l'adhésion du pays au Marché commun pour assister à un tournant, tant dans l'élaboration du vin que dans sa consommation. Pour m'être rendu dans ce pays à maintes reprises, je dirais que les réformes majeures sont intervenues dans les 15 dernières années. Changement de mentalité, arrivée d'œnologues grecs formés chez les meilleurs spécialistes français ou italiens, concurrence mondiale sont autant de facteurs qui nous permettent de penser que le bon vin grec n'est plus introuvable actuellement.

Principaux cépages

Si on cultive de nos jours les variétés dites internationales (cabernets, chardonnay, sauvignon, etc.), ce sont les cépages locaux qui donnent aux vins de ce pays leur forte personnalité.

Blancs

- **Assyrtico.** Principalement cultivé à Santorini.
- **Athiri.** Pousse à Rhodes et à Santorini. Il est souvent utilisé en assemblage dans diverses régions.
- **Malvasia.** Excellente variété originaire de Monemvasia dans le Péloponnèse.
- **Moschofilero.** Raisin à peau rose qui donne à Mantinia des blancs aromatiques et subtils.
- **Muscat.** Le cépage des vins doux naturels et des vins de liqueur, à Patras et à Samos.
- **Robola.** Excellente variété cultivée à Céphalonie, qui donne des blancs aux notes légèrement citronnées.
- **Roditis.** Cépage à peau rose cultivé dans le Péloponnèse et utilisé dans la retsina pour son apport en acidité.
- **Savatiano.** Un des cépages les plus répandus en Grèce. Cultivé en Attique car il est résistant à la sécheresse.
- **Vilana.** Variété unique à Peza, sur l'île de Crète. Donne des vins secs et légers.

Rouges

- **Agiorgitiko.** Littéralement «plant de Saint-Georges». Cultivé principalement à Nemea dans le Péloponnèse.
- **Kotsifali.** Cépage qui entre dans l'assemblage des rouges à Archanes et à Peza, sur l'île de Crète.

- **Liatiko.** Permet d'élaborer des rouges puissants et des vins de liqueur à Daphnes et à Sitia, sur l'île de Crète.
- **Limnio.** Variété originaire de Lemnos qui s'est bien adaptée dans les côtes de Meliton ou à Drama.
- **Mandilaria.** Cépage très présent en Crète, assez coloré et de structure moyenne.
- **Mavrodaphné.** Dominant à Patras, ce cépage est cultivé en outre à Céphalonie. Il se prête à l'élaboration de vins secs et doux.
- **Negoska.** Variété particulière à Goumenissa. Cépage riche en alcool, pauvre en tanins et en acidité.
- **Xinomavro.** Originaire du nord de la Grèce, il réussit particulièrement dans des climats plus frais comme à Naoussa, à Goumenissa et sur les pentes du mont Olympe, en Thessalie.

Principales régions

Le Péloponnèse

Isolée du continent par le canal de Corinthe, la région occupe une place prépondérante dans l'économie viticole grecque. La vigne y est omniprésente et la production de raisins secs, tels que sultana et corinthe, est conséquente. Les principales appellations sont mantinia, nemea, patras, mavrodaphné de Patras et muscat de Patras.

La Macédoine et la Thrace

Ces régions sont parmi les plus renommées pour l'élaboration de vins rouges distinctifs. Envahi à son tour par le phylloxéra, le vignoble macédonien, greffé et reconstitué, est digne d'une reconnaissance enviable dans la production nationale. Le climat, qui s'oppose au reste du pays par une pluviométrie élevée, est protégé des montagnes, et la vigne longe les côtes de la presqu'île de Chalcidique, où l'on élabore les cuvées du célèbre mont Athos. Je recommande fortement la visite du musée de Thessalonique et ses trésors de Vergine; fabuleux! Les principales appellations sont amynteon, côtes de Meliton, goumenissa et naoussa, la plus connue et la plus exportée.

La Thessalie

Située au sud de la Macédoine, cette région est composée de quatre zones viticoles. Les principales appellations sont anchialos (en blanc) et rapsani (en rouge).

Les îles de la mer Égée

Courues par les touristes depuis des décennies, plusieurs de ces îles au charme certain se consacrent au raisin depuis des lustres. Les principales appellations sont lemnos et samos. Berceau du célèbre cépage muscat blanc, où on le cultive sur des terrasses à haute altitude, Samos produit le fameux nectar, doux et finement aromatique, si riche, si onctueux.

Les Cyclades

La vigne pousse dans presque toutes les îles des Cyclades, dans un décor enchanteur. Les principales appellations sont paros et santorini.

La Grèce centrale

Vaste région où l'on cultive principalement le savatiano pour le marché intérieur et l'élaboration de la retsina.

Autres régions

Citons enfin les régions du Dodecanèse (Rhodes), d'Épire, des Îles ioniennes, de même que la Crète, qu'il ne faut pas négliger, ne serait-ce que pour ses paysages et ses sites de villégiature.

ROSE ☆ CAMARGUE ☆ CRIN-BLANC ☆ CHEVAL ☆ AIGUES-MORTES ☆ BONHEUR ☆ GALOP ☆ GITANS ☆ SALINES ☆ MORTES ☆ VAUVERT ☆ LISTEL ☆ GRIS ☆ FLAMANT ROSE ☆ GITANS ☆ SALINES ☆ MAS ☆ GARDIANS ☆ ROSÉ ☆ GRIS ☆ FLAMANT ROSE ☆ CAMARGUE ☆ CRIN-BLANC ☆ GARDIANS ☆ ROSÉ ☆ CHEVAL ☆ AIGUES-MORTES ☆ CAMARGUE ☆ CRIN-BLANC ☆ BONHEUR ☆ GALOP ☆ AIGUES-MORTES ☆ VAUVERT ☆ LISTEL ☆ GRIS ☆ GALOP ☆ GITANS ☆ SALINES ☆ MAS ☆ GARDIANS ☆ LISTEL ☆ GRIS ☆ FLAMANT ROSE ☆ CAMARGUE ☆ MAS ☆ GARDIANS ☆ ROSÉ ☆ CHEVAL ☆ AIGUES ☆ ROSE ☆ CAMARGUE ☆ CRIN-BLANC ☆ BONHEUR ☆ CHEVAL ☆ AIGUES-MORTES ☆ VAUVERT ☆ LISTEL ☆ BLANC ☆ BONHEUR ☆ GALOP ☆ GITANS ☆ SALINES ☆ MORTES ☆ VAUVERT ☆ LISTEL ☆ GRIS ☆ FLAMANT ☆ GITANS ☆ SALINES ☆ MAS ☆ GARDIANS ☆ ROSÉ ☆ GRIS ☆ FLAMANT ROSE ☆ CAMARGUE ☆ CRIN-B ☆ GARDIANS ☆ ROSE ☆ CHEVAL ☆ AIGUES-MORTE ☆ ARGUE ☆ CRIN-BLANC ☆ BONHEUR ☆ GALOP ☆ G ☆ AIGUES-MORTES ☆ VAUVERT ☆ LISTEL ☆ GRIS ☆ GALOP ☆ GITANS ☆ SALINES ☆ MAS ☆ GARDI ☆ LISTEL ☆ GRIS ☆ FLAMANT ROSE ☆ CAMARGU ☆ MAS ☆ GARDIANS ☆ ROSÉ ☆ CHEVAL ☆ AIGI ☆ ROSE ☆ CAMARGUE ☆ CRIN-BLANC ☆ BONHEUR ☆ CHEVAL ☆ AIGUES-MORTES ☆ VAUVERT ☆ L BLANC ☆ BONHEUR ☆ GALOP ☆ GITANS ☆ SALINE ☆ RTES ☆ VAUVERT ☆ LISTEL ☆ GRIS ☆ FLAMANT ☆ GITANS ☆ SALINES ☆ MAS ☆ GARDIANS ☆ ROSÉ ☆ GRIS ☆ FLAMANT ROSE ☆ CAMARGUE ☆ CRIN-B ☆ GARDIANS ☆ ROSÉ ☆ CHEVAL ☆ AIGUES-MORT ☆ ARGUE ☆ CRIN-BLANC ☆ BONHEUR ☆ GALOP ☆ AIGUES-MORTES ☆ VAUVERT ☆ LISTEL ☆ GRI ☆ GALOP ☆ GITANS ☆ SALINES ☆ MAS ☆ GARDI ☆ LISTEL ☆ GRIS ☆ FLAMANT ROSE ☆ CAMARGU ☆ MAS ☆ GARDIANS ☆ ROSE ☆ CHEVAL ☆ AIGI ☆ OSE ☆ CAMARGUE ☆ CRIN-BLANC ☆ BONHEUR ☆ CHEVAL ☆ AIGUES-M

Une journée
en Camargue

« **V**ous verrez, ce sera une journée bien remplie, et nous avons mis tout en œuvre pour que vous repartiez satisfaits ! » Nous ne repartirons pas satisfaits, mais tout bonnement sous le charme et pleinement heureux des Domaines Listel, où j'avais arrangé un rendez-vous. C'était à l'occasion d'un tournage, début septembre 1999, dans le cadre d'une série télévisée consacrée aux vins, et je mettais les pieds en Camargue pour la deuxième fois. J'avais dit à mes collègues, dont mon bon ami Francis Reddy, animateur et comédien : « Vous allez voir ! C'est beau, la mer, les flamants roses, les chevaux, les gitans… » Pourtant, j'allais comprendre, à l'issue de cette deuxième visite, que je n'avais pas vu grand-chose la première fois. Cette fois-ci, ce sera la totale !

De vins et de fromages…

⟩ J'ai pris beaucoup de plaisir à travailler pendant plus de six ans, chaque semaine, à l'émission *Vins et Fromages*, restée sur les ondes de la télé canadienne pendant 12 ans, un bail dans notre joli monde télévisuel. Le projet de Serge Arsenault, suivi de son fils Sébastien, était né de leur passion pour les plaisirs de la table, et c'est en compagnie de Jules Roiseux et de Gaston L'Heureux que j'ai vécu ma première année avant de collaborer étroitement avec Francis Reddy.

Nous venions de quitter Nîmes, dans le sud de la France, pour nous rendre au Grau-du-Roi, joli port de pêche et siège d'un institut ampélographique (centre consacré à la vigne) réputé, quand, en passant à côté de Vauvert, une ville de la Petite Camargue, je me suis demandé: «La Camargue est-elle située au diable vauvert?»

À 8 heures, nous arrivions au domaine dont la belle aventure est indissociable de la longue histoire des vignobles des Sables du Golfe du Lion et intimement liée à celle du Pays d'Oc, du sel et de la Camargue.

Au diable vauvert...

L'origine de cette expression, qui signifie que le lieu dont il est question est loin et perdu, reste diaboliquement mystérieuse, tous les Vauvert de France, vous pensez bien, la revendiquant vigoureusement. Quoi qu'il en soit, et toute chose étant relative, la Camargue n'est jamais loin, car lorsqu'on a eu le bonheur de la découvrir, toutes les raisons sont bonnes pour y retourner.

Michel Ligonès et Martial Pelatan, respectivement œnologue et directeur technique des domaines, nous ont accueillis de cet accent auquel nous allions devoir nous habituer si nous voulions produire un bon reportage. Un accent formidable accentué peut-être par ce milieu particulier.

On ne peut vivre en effet sur une terre si incertaine et fragile, que le vent, le sable et la mer modèlent impétueusement, sans développer des racines profondes et un attachement qui se reflète dans le ton de la voix, aussi déterminé que chantant. J'imagine qu'on ne peut s'adapter aux forces de la nature qui maîtrisent ce décor marin constitué de dunes, de marais, de terre et de sel, sans se forger une forte personnalité gratifiée d'un langage dru et coloré.

Puis nous avons rencontré Tania et Irène, qui observaient nos allées et venues. Elles seront nos guides, éclairées, enjouées et charmantes, pour toute la journée. Je crois qu'à ce moment Francis a lu dans mes yeux et partagé avec moi un bref instant cette pensée: «Qu'avons-nous fait au bon Dieu pour mériter ça?»

• • • • •

Première entrevue avec Martial pour une mise en contexte historique : « Il faut remonter au Moyen Âge pour voir se développer ce qu'on appellera les "abbayes du sel" : Psalmody, près d'Aigues-Mortes, Conques, dans le département de l'Aveyron, et Maguelone, tout près de Montpellier, où les moines ont certainement été les premiers à produire un vin des Sables pour la messe.

Le sel de la vie

>> La phase « monastique » de l'histoire salinière s'achève au XIIIe siècle lorsque Louis IX crée le port d'Aigues-Mortes dans le secteur cédé par la puissante abbaye bénédictine de Psalmody. Pendant la phase « politique » du sel, les pouvoirs publics sont les seuls producteurs. C'est à partir du XIVe siècle que l'histoire salinière entre dans sa phase « économique » et rejoint celle du « Vin des Sables », mentionné pour la première fois dans un décret de 1406, sous le règne de Charles VI.

Beaucoup plus tard, au milieu des années 1860, le phylloxéra (puceron parasite) entraînera la disparition d'une partie considérable du vignoble français et européen. Celui des Sables sera épargné puisque le pou dévastateur, n'arrivant pas à creuser ses galeries dans le sable, ne pourra y proliférer. On y plante encore des cépages francs de pied (non greffés).

« La Compagnie des Salins du Midi naît en 1854, poursuit Martial, et prend la suite des "monastères du sel", en exploitant le salin d'Aigues-Mortes. Disposant d'une bonne partie des cordons de sables littoraux au niveau trop élevé pour y aménager d'autres salines, elle entame en 1875 l'installation d'une aire viticole dans les alentours, et entre Sète et Agde, dans le proche département de l'Hérault. En 1940, le vignoble est victime des contraintes de la guerre, ce qui n'arrange rien. Après un remembrement des 1200 hectares de sable (de 1945 à 1955), ce sera la plantation d'excellents cépages : le muscat d'Alexandrie en 1956, la syrah en 1958, le sauvignon blanc en 1964, et ainsi de suite avec le cabernet sauvignon, le chardonnay, le

Un travail colossal

⟫ Pendant la Seconde Guerre mondiale, l'armée allemande a dissimulé une quantité énorme de mines dans les sables du littoral pour entraver un éventuel débarquement. Le terroir de Listel en a reçu pas moins de 35 000 à lui seul. À la Libération, il a fallu tout reconstruire : déminage, terrassement, constitution de longues parcelles et création de plusieurs dizaines de kilomètres de canaux pour les assainir.

merlot, le chenin blanc et le cabernet franc. Enfin, en décembre 1994, les chemins du sel et du vin se séparent : les Domaines Listel entrent dans le Groupe Val d'Orbieu.»

Pendant la deuxième entrevue, Martial précise comment ils s'y prennent pour préserver le littoral : «Par le choix des méthodes de conduite de la vigne, nous entretenons une centaine de kilomètres de canaux d'eau douce, les roubines. Nous ceinturons l'ensemble des plantations pour les protéger ainsi des "remontées de salant". La plupart de ces fossés sont doublés par une digue de protection des eaux salées, indispensable pour le maintien des ceps comme pour la protection de la faune et de la flore. Le choix des pratiques culturales préserve ainsi l'équilibre écologique. Après la vendange, par exemple, pour éviter la formation de dunes par le mistral, vent froid et redoutable, nous procédons à l'ensemencement de céréales.»

Un système naturel de protection

⟫ Quand les céréales, comme le seigle, ont levé, des troupeaux de moutons pâturent pendant tout l'hiver, fournissant au sol une fumure naturelle. Au printemps, les céréales qui ont été fauchées, broyées et enfouies dans le sable constituent un formidable «engrais vert».
Ces pratiques permettent d'exclure toute utilisation d'herbicide.
Le tour est joué : fin mai, le sol est propre et la végétation de la vigne assure sa protection.

Nous passons ensuite à la deuxième étape de la visite, et non la moindre : le tournage en hélicoptère. Nous sommes impressionnés par cette nature fabuleuse où les Domaines Listel couvrent (à l'époque) une surface totale de 2435 hectares, dont plus de la moitié en espaces naturels bordent 1100 hectares de vignes. Nous survolons ainsi la Petite Camargue, qui forme avec le Plan du Bourg et l'île de Camargue la Camargue proprement dite, qui est à nous pour une petite heure.

Le pilote, qui en a pourtant vu d'autres, semble ébloui à son tour. Le temps est splendide, le ciel est lumineux. Tout à coup, au-dessus des salines, nous croisons un escadron de flamants roses venus expressément, ça ne fait aucun doute, nous souhaiter la bienvenue en plein ciel. Ils sont plus

Un oiseau majestueux

》 *Phenicopterus ruber roseus* est un oiseau superbe qui se reconnaît aisément à son corps plutôt massif de couleur blanche aux tons roses, à son cou flexible long de 40 à 50 cm, à ses pattes d'un rose vif, grêles et démesurées, et à ses pieds palmés laissant sur le sable humide des empreintes caractéristiques. Outre sa teinte rose, qu'il acquiert vers quatre ou cinq ans grâce à l'ingestion d'une espèce de crevette, cet oiseau porte sur ses ailes des nuances contrastées, allant du rouge carmin au noir, aux extrémités. On peut le voir ailleurs, mais c'est ici qu'il a trouvé sa terre, si je puis dire, car il est grégaire et son habitat de prédilection est composé d'eaux salées et saumâtres de faible profondeur.

d'une centaine, et le pilote, dans une forme remarquable, s'amuse spontanément avec eux. Ébahis par tant de beauté et de sérénité, Francis et moi-même, les deux bavards, nous taisons, émerveillés et émus. Pourvus de cette capacité à garder intacts nos yeux d'enfants, nous savons que c'est peut-être aussi la dernière fois que nous survolons la Camargue en compagnie de ces élégants échassiers, l'un des animaux emblématiques de l'endroit. Nous nous rendons ensuite au-dessus d'Aigues-Mortes, tirée du néant dans ce pays sans pierre, échouée sur les marécages et blottie comme un bijou dans ce quadrilatère de murailles imposant et simple à la fois.

La curieuse cité d'Aigues-Mortes

≫ C'est à Louis IX (ou saint Louis) que l'on doit l'existence de la ville dont le nom signifie «eaux mortes». Désireux de posséder une sortie sur la Méditerranée pour les besoins des croisades et favoriser les échanges maritimes, le roi de France a entrepris les travaux dès 1241. Quant aux remparts dorés d'un périmètre de 1640 mètres, construits en pierre calcaire provenant des environs de Beaucaire et des Baux-de-Provence, ils ont été commencés en 1268, sous le règne de Philippe le Hardi, et achevés au début du XIVe siècle, sous la gouverne de son fils, Philippe le Bel.

En survolant ce royaume de sel et de sable, de mas provençaux et de cabanes de gardians, on comprend mieux la responsabilité des Domaines Listel dans la sauvegarde des espaces naturels camarguais. Nous survolons les domaines de Jarras, du Bosquet, Le Mas du Daladel, le Mas de Soult, la Petite Sylve et le Pin du Fer, autant de lieux qui participent à la vie de cette mosaïque au paysage diversifié. Cet écosystème sauvage, tout à la fois riche et pauvre, accessible et caché, abrite un patrimoine naturel où se côtoient dans l'harmonie chevaux et taureaux ainsi que toute une multitude d'espèces, des aigrettes aux colverts, en passant par les panures à moustache, les macreuses, les foulques, les perdreaux et les butors étoilés.

De retour sur le plancher des vaches… et des taureaux, nous nous dirigeons au Domaine de Jarras pour un repas à la cave. Nos hôtes ont pensé à tout puisqu'ils ont fait préparer un buffet par un des meilleurs fromagers du coin. Avec le nom de notre série télé, cette initiative est tout à fait justifiée. Au menu : une excellente tapenade avec le Listel gris de gris, un rosé d'une jolie couleur saumonée qui est le porte-étendard de la

Petit lexique

≫ Connu des cruciverbistes, le *mas* est le nom donné à la ferme (bâtiments et terres) en Provence occidentale. En Camargue, le *gardian* est le gardien à cheval d'un troupeau de taureaux ou de chevaux.

Un produit populaire

> Composé de carignan, de grenache et de cinsault, le Listel gris de gris est obtenu par l'extraction rapide des moûts de première goutte et l'égouttage des raisins foulés, afin d'obtenir la fine fleur des jus, pâles en couleur et faibles en extraits. Il s'agit d'une technique idéale pour développer la notion de fruit.

maison. Suivront des blinis de saumon fumé avec le boulu, un sauvignon tout juste tiré de la barrique. Pour peu, on en redemanderait, mais gare au désordre intestinal! Avec la brandade de morue, Michel nous a réservé un coteaux du Languedoc blanc, sec et vigoureux, et avec la viande de taureau, un Château La Gordonne, un côtes de Provence rouge qu'ils élaborent avec mourvèdre, syrah et cabernet sauvignon.

Puis, c'est le défilé des fromages de chèvre, que blancs et rouges, en alternance, parviendront à escorter. En premier chef, le pélardon, que Frédéric Mistral, écrivain et poète provençal, définit dans son dictionnaire provençal-français comme «un petit fromage rond d'un goût sec et piquant, propre aux Cévennes». Quant au picodon, il s'agit d'un joli palet de 5 à 7 centimètres de diamètre, qui puise son goût si délicatement parfumé dans le climat aride et chaud de l'Ardèche et de la Drôme, ainsi que du canton de Barjac pour le Gard, et de l'enclave de Valréas pour le Vaucluse, et la rigueur des paysages escarpés où les chèvres donnent le meilleur d'elles-mêmes et de leur lait... Comme quoi, la poésie et la science, ou peut-être devrais-je dire la gourmandise et l'analyse, peuvent se côtoyer dans une allégorie sensuelle et consensuelle.

Après ce «déjeuner de travail» qui est filmé, nous avons rendez-vous pour un topo avec Pierre, le responsable des troupeaux, un peu le gardian officiel des domaines. Francis a du mal à le comprendre tant son accent, plus prononcé que celui de Raimu dans *La femme du boulanger,* est difficile à saisir. Nous réussissons toutefois, après une profusion de rires, à décoder la fameuse légende de *Crin-Blanc* dont les aventures sont racontées dans un livre et un film.

Nous allons nourrir les taureaux, nous approchant d'eux avec une once d'angoisse et la bénédiction de notre *cow-boy.* Frères complémentaires du

161

Un fromage de connaisseur

>> D'après les experts en production caprine, la pâte d'un pélardon doit
fondre sous le palais. Elle ne doit être ni pâteuse ni demander trop
d'efforts de mastication, car elle est crémeuse sans être trop grasse.
La sensation salée relève les saveurs, et un goût de noisette apparaît
nettement sur les fromages onctueux. Avec le temps, le pélardon
se façonne et les flaveurs se renforcent. Après trois semaines, on dit
qu'il est sec ou affiné. La croûte de couleur beige est sèche et
se pare de belles taches blanches ou bleuâtres.

cheval dans l'univers camarguais, le taureau Camargue, le taureau de combat
et ceux qui sont nés du croisement des deux font l'objet d'un élevage dans des
conditions extensives traditionnelles, propres à la dénomination *Camargue*.
L'objectif initial demeure le spectacle taurin, et la promotion de la viande
bovine qui profite d'une appellation d'origine contrôlée, suivant un cahier des
charges semblable à celui d'un premier cru bourguignon.

Si, dans ce climat méditerranéen, la pluviométrie est concentrée habituellement en automne, le soleil brille et toutes les conditions sont réunies
pour une randonnée équestre mémorable. Rendez-vous à la manade où
nous attend le grand patron de Listel, fièrement installé sur sa monture.

La destinée de *Crin-Blanc*

>> C'est l'histoire d'une amitié entre
un cheval, chef d'un troupeau
sauvage que des hommes
décident de capturer, et Folco, un
petit garçon, tout aussi sauvage.
Le livre de René Guillot est tiré
du film d'Albert Lamorisse *Crin-
Blanc*, qui a obtenu de nombreux
prix cinématographiques.

Francis, très à l'aise, enfour-
che l'animal avec grâce et
assurance. C'est sûr, il a pratiqué, lui, dans ses films à
saveur historique! Pour moi,
disons qu'il en va tout autrement. Même si je me suis
légèrement amélioré depuis
la première fois, il y a environ
30 ans, je suis aussi à l'aise sur
un cheval qu'un plombier de
six pieds en tutu rose sur la
scène du Bolchoï. On a beau

me dire que le Camargue est un cheval sobre, agile, courageux et endurant, qu'il est capable de supporter d'éreintantes étapes, qu'il est doué d'un instinct infaillible, nanti d'un pied large et sûr, parfaitement adapté à ce milieu aquatique, et qu'il est avant tout destiné à la selle pour l'équitation de loisir et le tourisme équestre, je ne suis pas dupe. Ça va saigner ! « Vous avez vraiment besoin de moi ? » Et Francis, dans son immense charité, d'en rajouter : « Tu dois être sur tous les plans. C'est bon pour l'émission ! » L'hypocrite !

Bon, je me cramponne, au sens propre comme au figuré, faisant mine de siffloter, l'air dégagé, pour mieux m'engager. Au pas, au pas, au trot,

La noblesse du Camargue

>> Le cheval Camargue fait partie des plus anciennes races, d'origine tellement lointaine qu'elle en demeure mystérieuse : arabe, asiatique ou celte ? Descendant du cheval de Prewjalsky, le Camargue présenterait plutôt de nettes similitudes avec le cheval de Solutré, célèbre site archéologique du Mâconnais. Déjà connu des Phéniciens, il a fait l'objet d'un élevage encouragé par Jules César. On le retrouvera comme monture des camisards protestants des Cévennes, et Napoléon le recrutera, paraît-il, pour équiper son armée.

au trot, on dirait le début d'une comptine. Je résiste et je m'accroche encore, même si Francis et les autres rient de me voir sauter sur ma selle. Soudain, à l'invitation du directeur, on passe à la vitesse supérieure ; c'est formidable ! Si les uns crient de plaisir, j'en connais un autre qui crie très fort, et pas pour les mêmes raisons. Néanmoins, je dois faire corps avec mon cheval, car celui-ci, au galop, semble bien me maîtriser… Je dirais même que tout va bien ! Bonne nouvelle : nous traversons un étang. Et pourquoi pas ? L'eau qui m'éclabousse, dans un pur effet western, dilue ma sueur, ruisselante. À voir notre chef de bande décidé à ce point lorsqu'il tient les rênes, je comprends pourquoi son entreprise est bien dirigée.

À la fin de cette fantastique chevauchée, nos hôtes nous proposent d'aller nous rafraîchir, et ce, dans tous les sens du terme. Après une

Entre taureaux et chevaux

>> Le propriétaire d'une *manade* (de chevaux ou de taureaux) est le *manadier*. La réglementation définit la manade comme suit : « Il s'agit d'un élevage en liberté de chevaux Camargue, comprenant au minimum quatre juments reproductrices, stationnées toute l'année dans le berceau de la race, sur un territoire ne comportant pas plus de deux unités de gros bétail par hectare, avec un minimum de 20 hectares d'un seul tenant en propriété ou en location. »

douche apaisante et efficace, nous découvrons donc les vertus du Pétillant de Listel, boisson qui trouve son origine dans la tradition vigneronne du « bourru », ce jus de raisin à peine fermenté et légèrement effervescent qui désaltérait si bien les vendangeurs. Serviette à la main, nous nous laissons surprendre par la finesse des arômes primaires et la vivacité d'un rafraîchissement qui n'est plus du jus de raisin et ne sera jamais du vin. Et c'est tellement bon que mon compagnon de tournage veut démarrer sur-le-champ une importation à l'échelle internationale...

De la Champagne à la Camargue

>> En 2005, à la surprise générale, le Belge Paul-François Vranken, patron du groupe Vranken-Pommery, en Champagne, se posera en sauveur en rachetant les Domaines Listel, préservant du même coup cet environnement privilégié de la spéculation immobilière. Il investira une petite fortune pour faire de cette propriété, de plus de 4000 hectares aujourd'hui (la moitié est réservée à l'industrie vinicole), une des plus importantes de l'Europe.

C'est maintenant le temps de se relaxer aux Saintes-Maries-de-la-Mer, une station balnéaire réputée qui ne manque pas d'attraits. La petite ville est située à l'extrême ouest du delta, sur une mince étendue de terre sablonneuse et toujours à la merci des flots impétueux de la Grande Bleue. Tania et Irène, qui savent que la musique endiablée de Manitas de Plata et des Gypsy Kings ne peut que nous réjouir, possèdent de bonnes adresses. Et c'est au restaurant Les Arnelles, avec les guitares et les chansons de Vincente et de Yannito, que cette merveilleuse journée s'achève.

En plus de notre travail, nous avons sans l'ombre d'un doute appris plus en quelques heures qu'en un mois à l'école, avec en prime et au-delà du soleil, des rires et de la danse, de la musique et du vin, des moments d'amitié et d'intenses émotions.

La ferveur des gitans

》 L'église fortifiée de la ville abrite les reliques des saintes Marie : Marie Salomé, mère des apôtres Jacques et Jean, et Marie Jacobé, sœur de la Vierge, venues évangéliser la région à la mort du Christ. La statue de leur servante égyptienne, Sara, patronne des gitans, est également conservée dans la crypte, couverte d'un amoncellement de robes et de manteaux. Le culte rendu à sainte Sara et aux deux Marie, respectivement les 24 et 25 mai, donne lieu à des cérémonies hautes en couleur. Les statues sont portées jusqu'à la plage, et le prêtre, dans une barque, bénit la mer et les fidèles portant la croix et les reliques. Près de 8000 gitans viennent installer leurs caravanes dans la ville et faire leurs dévotions à Sara.

Pour conclure cette histoire, j'adresse ce petit message à tous les sectaires de la dive bouteille, les fanatiques des crus les plus rares, les dogmatiques du jus de la treille, les ayatollahs de la concentration et les œno-spéculateurs de tout poil : c'est avec un des « pinards » les plus modestes de la terre que j'ai vécu une des plus belles journées de ma vie d'homme du vin.

Pleins feux
sur la Camargue

La Grande Camargue (750 km^2) s'étend à l'embouchure du Rhône, sur l'aire géologique du delta. Distincte de la Petite Camargue, ou Camargue gardoise, située à l'ouest du Petit Rhône, elle est souvent considérée comme une «île», enserrée entre la Méditerranée et les deux bras du Rhône. De cette situation résultent toutes les caractéristiques écologiques de cette étonnante région du patrimoine mondial. Son vaste territoire provient des sédimentations successives apportées par les flux et les reflux du fleuve et de la mer. Toute la zone, riche d'une flore bien particulière, représente une véritable réserve ornithologique (sternes, avocettes, mouettes et goélands, gravelots à collier interrompu, etc.).

Les Camarguais ont d'abord pratiqué la viticulture irriguée, puis, après la Seconde Guerre mondiale, la culture intensive du riz. Ces deux orientations agricoles les ont poussés à augmenter le réseau de canaux d'irrigation, ce qui a permis la désalinisation de certaines terres et nécessité de nombreux investissements hydrauliques. Ces réseaux artificiels, améliorés au siècle dernier, permettent en outre de canaliser et de gérer les eaux en fonction des variations climatiques et des cycles agricoles.

Étangs et marais

Ces plans d'eau couvrent une vaste proportion du delta. En partie asséchés en été, les marais, de faible profondeur (de 20 à 80 cm), sont soumis aux aléas des variations saisonnières, caractéristiques du climat méditerranéen. Ils constituent cependant, avec les étangs, les aires privilégiées des oiseaux, migrateurs ou sédentaires.

Les sansouires

Ces terres basses et salées, dont la croûte craquelle en été, sont recouvertes de salicornes, plante herbacée qui croît dans les terrains salés. Inondées l'hiver, elles procurent au printemps des milieux humides favorables aux oiseaux. Par l'incinération de différentes variétés de soude poussant sur ces terres, on obtenait des cristaux utilisés autrefois dans la savonnerie et la fabrication du verre.

Les espaces boisés

Ces espaces représentent une infime partie de ce territoire, mais leur rôle dans l'équilibre global est capital. Tantôt le long du Rhône, tantôt sur d'anciennes dunes au sud du Vaccarès, la forêt est le lieu de vie de nombreux mammifères (rongeurs, renards, sangliers) et d'insectes servant de nourriture aux oiseaux nicheurs.

Les marais salants

Ces eaux salées, entourées par des cordons dunaires et façonnées par les variations climatiques, sont aujourd'hui artificialisées au Salin-de-Giraud pour la production du sel. La saliculture est devenue l'une des activités principales de la Camargue depuis l'essor de l'industrie chimique (le chlore et la soude extraits du sel entrent dans la composition de nombreux produits chimiques et pharmaceutiques). Les bassins de préconcentration et d'évaporation de Salin-de-Giraud s'étendent sur des milliers d'hectares ; des centaines de milliers de tonnes de sel par an sortent de cette saline, avec un cycle d'extraction en quatre phases : mise en eau des bassins, circulation des eaux visant la concentration, dépôt du sel et assèchement, et enfin récolte.

La fleur de sel, un produit d'histoire et de tradition

Même si le sel de Guérande fait partie de mon enfance, je ne peux passer sous silence l'existence de la fleur de sel camarguaise. À l'époque de la gabelle, celle-ci était déjà le privilège des propriétaires de salins. Seuls ces derniers et les maîtres sauniers, exemptés de taxe sur le sel, s'octroyaient l'usage de cette fleur de Camargue, à la granularité et à la saveur si particulières.

BIÈRE ☆ OTTAWA ☆ TRUDEAU ☆ SOMMELIERS
ELLIOTT ☆ TRAIN ☆ CANADA ☆ ENCOMBRANT
TRUDEAU ☆ SOMMELIERS ☆ 20 000 ☆ BRASS
CANADA ☆ ENCOMBRANT ☆ MINISTRE ☆
SOMMELIERS ☆ 20 000 ☆ BRASSENS ☆ CORBILLARD
MINISTRE ☆ MONDIAL ☆ MORGUE ☆
BRASSENS ☆ CORBILLARD ☆ PARANGON ☆
MONDIAL ☆ MORGUE ☆ BIÈRE ☆ OTTAWA ☆
PARANGON ☆ ELLIOTT ☆ TRAIN ☆

Un premier ministre bien encombrant

« **M**ême mort, il continue à nous compliquer la vie, l'enfant de c…! » C'est avec ces mots pleins de tendresse que mon bras droit m'a réveillé. Pestant au bout du fil, Jean-Yves venait de m'apprendre que les autorités gouvernementales avaient décidé de placer la dépouille de feu Pierre Elliott Trudeau (ou PET, comme on l'appelait familièrement) dans le train qui devait conduire initialement un groupe de 200 personnes, dont j'étais responsable, entre Ottawa, Montréal et Québec.

Un homme qui a marqué son époque

>> L'influent Pierre Elliott Trudeau (18 octobre 1919 – 28 septembre 2000) a joué un rôle déterminant sur la politique canadienne. Il a exercé les fonctions de premier ministre du pays à deux reprises: du 20 avril 1968 au 3 juin 1979, puis du 3 mars 1980 au 30 juin 1984.

Ses funérailles nationales ont eu lieu à la basilique Notre-Dame de Montréal le 3 octobre, après un ultime voyage, le jour précédent, dans un train entre Ottawa et Montréal. Lui qui aimait les vins fins, il n'avait probablement jamais eu autant d'éminents sommeliers, si près de lui, à son service... et parmi lesquels s'en cachaient à tout le moins quatre ou cinq qui allaient devenir, le samedi suivant, les nouveaux parangons de notre profession.

Je savais que le charismatique ancien premier ministre était décédé quatre jours plus tôt, mais je restais incrédule devant cette affirmation à propos d'une situation qui semblait provoquer chez mon ami tant la colère que l'indignation et la frustration. Habitué à son humour plutôt joyeux et à sa capacité à créer des coups pendables, je me disais qu'il testait simplement ma patience. De plus, comme je le soupçonnais de n'avoir en aucun cas eu en odeur de sainteté ce PET et ses politiques, je supposais qu'il en rajoutait et se servait des événements pour me mettre en état de grâce, à l'aube d'une journée qui s'annonçait particulièrement ingrate.

Il faut que j'explique le contexte : en l'an 2000, j'ai pris une année sabbatique pour organiser et présider le concours du meilleur sommelier du monde. Cela signifie que nous devions accueillir les délégations de 35 pays pour un séjour de 10 jours qui les conduirait de Toronto à Montréal, en passant par Niagara, Ottawa, Québec et Charlevoix. Bel exercice de logistique que nous avons peaufiné avec ma formidable équipe de bénévoles, un comité organisateur à pied d'œuvre pendant plusieurs mois et la collaboration essentielle de Jean Groulx, notre coordonnateur.

Je voulais bien croire que Trudeau était connu pour son côté flamboyant un brin provocateur et sa morgue suffisante, mais je restais mi-figue, mi-raisin devant tant d'incongruité. Je me suis précipité sur le journal glissé sous la porte de ma chambre pour me rendre à l'évidence : le retour à Montréal pour les obsèques nationales de l'homme d'État, installé confortablement dans son cercueil, se ferait en train. Vu les circonstances, que le convoi funéraire sur rails fût mis en place la veille ou le lendemain, cela relevait de la normalité. Pourtant, le sort en avait décidé autrement. J'avais beau lire et relire l'article qui venait d'être publié, je devais me résoudre à faire voyager tous mes sommeliers, les candidats et leurs accompagnateurs, dans un autre train qui suivrait de quelques minutes celui de notre sommité nationale se rendant en grande pompe à sa dernière demeure. Moi qui, comme la plupart de mes concitoyens, utilise rarement ce moyen de transport au Canada, on profitait de mon voyage avec la société Via Rail ce jour-là pour me faire le coup du corbillard.

Je pense à Georges Brassens qui a su railler en chansons l'ultime voyage qui nous est réservé, tant dans sa *Ballade des cimetières* que dans

Le fossoyeur, ses inoubliables *Funérailles d'antan* et sa sublime *Supplique pour être enterré à la plage de Sète*. Toutefois, on peut présumer que l'ancien premier ministre aurait préféré *Mourir pour des idées*...

À la gare, nous avons dû résoudre un sérieux casse-tête, celui de faire transporter notre kyrielle de valises, pour la bonne raison que notre espace avait été amputé au profit du glorieux voyageur silencieux et de sa suite. Ce problème réglé, et je passe sur les détails, notre train s'est mis en branle, s'arrêtant aux mêmes gares où l'on avait permis aux autorités locales et aux citoyens qui s'étaient déplacés de venir rendre un dernier hommage au célèbre défunt. À chaque arrêt, nos invités, assis aux premières loges, se sont régalés de tant de faste et de drapeaux en berne, mitraillant ici et là de leurs appareils photo et fixant au caméscope les huiles politiques et les Canadiens au cœur gros encore figés sur le quai. Ce voyage se faisant en partenariat avec le Comité interprofessionnel des vins d'Alsace, nous avons tout de même eu la délicatesse d'attendre Montréal pour faire couler à flots jusqu'à la gare de Québec, la capitale provinciale, riesling, pinot gris et sylvaner.

> ## Les Canadiens et le train
>
> Paradoxalement, les Canadiens prennent rarement le train dans un pays qui a été fondé d'un océan à l'autre avec sa voie ferrée. À cause des très longues distances, l'avion a pris le dessus, mais on ne désespère pas concernant la venue, un jour pas trop lointain, de trains à grande vitesse dans des corridors névralgiques. N'oublions pas cependant que c'est à un aéroport que Trudeau a laissé son nom...

●●·•·

Dix ans plus tard, des amis de ces pays qui étaient présents en l'an 2000 me disent encore que ce fut jusqu'à présent leur plus beau concours, insistant sur le fait que nous avions pensé aux moindres détails pour les satisfaire, comme cette inoubliable excursion ferroviaire en compagnie d'un certain premier ministre...

☆ PADRE ☆ MARSALA ☆ PERDUS ☆ PE
☆ CALOGERO ☆ PALERMO ☆ BARTOLI ☆
US ☆ NERO D'AVOLA ☆ SICILIA ☆ BÉNÉDICTION ☆
RTOLI ☆ FALCONE ☆ FRANCIS REDDY ☆ ITALIA ☆
ICILIA ☆ BÉNÉDICTION ☆ REGALEALI ☆ PECORINO
ANCIS REDDY ☆ ITALIA ☆ PADRE ☆ MARSALA ☆ PE
REGALEALI ☆ PECORINO ☆ CALOGERO ☆ PALERMO
ADRE ☆ MARSALA ☆ PERDUS ☆ NERO D'AVOLA ☆
OGERO ☆ PALERMO ☆ BARTOLI ☆ FALCONE ☆ FR
S ☆ NERO D'AVOLA ☆ SICILIA ☆ BÉNÉDICTION ☆
OLI ☆ FALCONE ☆ FRANCIS REDDY ☆ ITALIA ☆
BÉNÉDICTION ☆ REGALEALI ☆ PECORINO ☆ CAL
Y ☆ ITALIA ☆ PADRE ☆ MARSALA ☆ PERDUS ☆ NE
PECORINO ☆ CALOGERO ☆ PALERMO ☆ BARTOLI ☆
ALA ☆ PERDUS ☆ NERO D'AVOLA ☆ SICILIA ☆ BÉN
ERMO ☆ BARTOLI ☆ FALCONE ☆ FRANCIS REDDY
A ☆ SICILIA ☆ BÉNÉDICTION ☆ REGALEALI ☆ PEC
NE ☆ FRANCIS REDDY ☆ ITALIA ☆ PADRE ☆ MARS
☆ REGALEALI ☆ PECORINO ☆ CALOGERO ☆ PAL
☆ PADRE ☆ MARSALA ☆ PERDUS ☆ NERO D'AV
☆ CALOGERO ☆ PALERMO ☆ BARTOLI ☆ FALCON
PERDUS ☆ NERO D'AVOLA ☆ SICILIA ☆ BÉNÉDIC
☆ BARTOLI ☆ FALCONE ☆ FRANCIS REDDY ☆ ITAL
☆ SICILIA ☆ BÉNÉDICTION ☆ REGALEALI ☆ PECOR
RANCIS REDDY ☆ ITALIA ☆ PADRE ☆ MARSALA ☆
EGALEALI ☆ PECORINO ☆ CALOGERO ☆ PALERM
DRE ☆ MARSALA ☆ PERDUS ☆ NERO D'AVOLA ☆
GERO ☆ PALERMO ☆ BARTOLI ☆ FALCONE ☆ FR
☆ NERO D'AVOLA ☆ SICILIA ☆ BÉNÉDICTION ☆
OLI ☆ FALCONE ☆ FRANCIS REDDY ☆ ITALIA ☆ P
BÉNÉDICTION ☆ REGALEALI ☆ PECORINO ☆ CALO
☆ ITALIA ☆ PADRE ☆ MARSALA ☆ PERDUS ☆ NI
CORINO ☆ CALOGERO ☆ PALERMO ☆ BARTOLI ☆
A ☆ PERDUS ☆ NERO D'AVOLA ☆ SICILIA ☆ BÉ
RMO ☆ BARTOLI ☆ FALCONE ☆ FRANCIS REDDY
SICILIA ☆ BÉNÉDICTION ☆ REGALEALI ☆ PEC
☆ FRANCIS REDDY ☆ ITALIA ☆ PADRE ☆ MARS
REGALEALI ☆ PECO ☆ CAL ☆ P

La Sicile
et son curé

« **J**acques? Es-tu sûr que c'est la bonne route? » J'adresse à Francis Reddy un «Oui, tout va bien! » assuré et rassurant, bien installé sur le siège avant de la camionnette qui nous transporte dans le fin fond de la Sicile, dans le cadre d'un tournage télé sur le vin. Il fait beau, il fait jour, et la campagne est belle, très belle… Les collines et les montagnes, situées pour la plupart au nord-est, composent en partie le paysage de cette île, la plus vaste de la Méditerranée. Vingt minutes plus tard : «Jacques? Es-tu vraiment sûr que nous roulons dans la bonne direction? » Je me cale dans le fond du siège et réponds d'une voix hésitante : «Il me semble que oui», avec une angoisse soudaine et pernicieuse. Et si je me trompais? La clarté s'estompe légèrement, les feuilles des oliviers dansent dans le vent, laissant apparaître leur côté argenté…

Où je suis né, en Italie

>> La première fois que j'ai mis les pieds en Italie, c'était en Sicile. Hormis une brève escale à Rome, Palerme (*Palermo* en italien) a été la première ville à m'accueillir. Lors de ma deuxième visite, j'y ai passé deux semaines avec notre équipe et Francis Reddy afin de tourner six reportages pour l'émission *Vins et Fromages*.

Donnafugata ou la femme en fuite

>> Dans le sud de la province de Palerme se trouve la dénomination
Contessa Entellina. La sympathique famille Rallo, qui possède ici
170 hectares de vignes, règne seule sur cette appellation joliment
nichée dans les hauteurs de Belice. Son domaine s'appelle
Donnafugata (la femme en fuite) en référence à la reine Maria
Carolina, épouse de Ferdinand IV de Bourbon, qui trouva refuge dans
cette contrée en 1806, après avoir été chassée du palais royal à Napoli
(ou Naples). C'est à la Tenuta di Donnafugata que Giuseppe Tomasi di
Lampedusa a situé une partie de son fameux roman, *Le Guépard.*

Une heure plus tard, même s'il adore conduire et qu'il se plie aima-
blement à toutes sortes de situations, Francis a l'impression d'avoir fait
trois fois le tour de l'île. Il me le fait savoir gentiment pendant que je
scrute minutieusement la carte routière. Nous sommes alors en
l'an 2000, les GPS ne font pas encore partie de notre attirail et notre
téléphone ne fonctionne pas.

Nous avons déjà passé plusieurs jours à Palerme, senti les parfums
enivrants au marché nocturne de la ville tout en palpant cette fierté qui

Un prince en son royaume

>> C'est lors de ce voyage que nous avons rencontré pour la première
fois Francesco Spadafora, fils du prince Don Pietro. Il possède plus
de 200 hectares sur de jolis coteaux où poussent la vigne et l'olivier,
dont une centaine est consacrée à la culture des meilleurs cépages.
C'est à une altitude allant de 250 à 350 mètres au-dessus du niveau
de la mer que mûrissent les raisins, grâce à des fluctuations
thermiques entre le jour et la nuit, ce qui est bon dans une région si
chaude. D'une colline à l'autre, d'une parcelle de catarratto à une
vigne de grillo ou de petit verdot, Francesco observe, compare,
étudie, goûte et, le soir venu, partage ses impressions avec les
visiteurs d'un jour autour d'une table bien garnie.

anime ses habitants, capté de splendides images à Monreale, où se trouve une cathédrale du xiie siècle ornée de fabuleuses mosaïques, et séjourné chez Francesco Spadafora, prince et vigneron de son état. Tout s'est merveilleusement déroulé. Puis, dans la province de Trapani où se réalise la plus grosse production de vins siciliens, nous avons tourné dans les environs d'Alcamo et les caves de Marsala. L'ami Marco de Bartoli, géniteur de l'inoubliable Vecchio Samperi Riserva Solera de 20 ans – excusez du peu –, nous avait préparé un accueil chaleureux. Et malgré le côté trublion et iconoclaste du personnage, tout s'est bien passé, là aussi.

Et maintenant que nous sommes sur la route entre Caltavuturo et Sclafani Bagni, les dieux de la route et saint Christophe nous ont abandonnés. J'ai beau me concentrer, penser à ce marchand de poisson interprétant du Caruso, je n'ai plus envie de chanter. J'ai beau me démener, demander mon chemin à un berger planté là au milieu de ses moutons, rien à faire, je ne trouve plus la route qui devrait nous conduire à la propriété joliment dénommée Regaleali. Et pour cause : je n'étais pas au volant de l'autocar qui m'y a conduit la première fois.

« Vous allez voir, c'est magnifique ! » me suis-je permis de rajouter pour calmer l'équipe, qui commence à croire que nous allons dormir à la belle étoile. Dans un décor de rêve où tous les amoureux de la nature ne peuvent qu'y trouver leur bonheur, l'Azienda Tasca d'Almerita est une véritable oasis de plus de 500 hectares. Ici, la chasse est interdite, et beaucoup d'espèces d'oiseaux passent l'hiver dans cet environnement remarquable. Les rangs d'inzolia et de nero d'avola alternent avec les arbres fruitiers, les amandiers et les oliviers. La fabrication du

De Marsala à Samperi

C'est avec un brin d'émoi que j'ai retrouvé Marco de Bartoli, un des vignerons les plus attachants de l'Italie. Chaleureux, amical, fougueux quand il parle de son terroir, Marco a la passion des voitures autant peut-être que de ses vins. Ancien coureur automobile, infatigable défenseur du vrai marsala, sa simplicité n'a d'égal que sa conviction et sa détermination à élaborer, comme ils disent là-bas, des vins de méditation.

Se régaler avec le Regaleali

Si, dans les années 1980, le comte Tasca a fait connaître la propriété, son fils Lucio a pris les rênes de celle-ci avec fermeté, conscient de la stature du patrimoine viticole dont il est le gardien. Vouée initialement à l'agriculture, Regaleali allait en fait devenir un exemple en Sicile, avec l'introduction de la vigne en espalier et la transformation de la cuverie.

fromage reste une activité importante du domaine. Chaque soir, comme nous aurons l'occasion de le vérifier le lendemain, les brebis (*pecore* en italien) rentrent sagement au bercail donner le lait qui servira à faire le fameux *pecorino*.

Que ce soit pour le fromage, l'huile ou le vin, les installations font partie des plus modernes du sud de l'Italie ; les propriétaires sont extrêmement minutieux quand il s'agit du respect des règles d'hygiène et du contrôle des températures. Inaugurée au cours de la vendange 1999, la nouvelle cave est dotée d'un chai de vieillissement digne des plus grands châteaux. Toutefois, la réalité me revient à l'esprit, et je pense à Giuseppe Tasca qui doit s'inquiéter de ne pas nous voir arriver.

Je demande au chauffeur patient et néanmoins incrédule de s'arrêter devant une maisonnette qui semble rafraîchir ma mémoire. Je frappe à la porte et une vieille Sicilienne qui a perdu ses dents me regarde, interloquée. Dialogue de sourds ; j'apprendrai le dialecte sicilien une prochaine fois…

Après 1 heure 30 à tourner en rond sur des routes sinueuses tracées dans la montagne, nous sommes perdus, la nuit tombe et nous nous trouvons dans un petit village encastré dans la vallée. C'est presque lugubre. Nous demandons de l'aide à des jeunes qui nous plantent là, pressés d'aller manger, et tout à coup, miracle ! Un prêtre sort d'un café. Il nous a entendus et a compris notre détresse qui se lisait dans nos yeux de chèvres égarées. Il monte dans le véhicule d'un ami et nous crie dans un anglais approximatif mâtiné de sicilien : « Suivez-nous, on va vous indiquer le chemin. » Même s'il fait nuit, l'espoir renaît. Francis sifflote, Brigitte semble moins inquiète, Candice et l'équipe technique sont rassérénées. Pour ma part, je suis dans un piteux état ! Je suis fatigué, dubitatif et, je dois l'avouer, je me sens coupable d'avoir retardé tout le monde. Le chauffeur appuie sur le champignon et l'on commence à se demander, 15 minutes plus tard, si l'on n'a pas affaire à un faux curé qui va nous rançonner avec son complice, à la pointe d'un pistolet. C'est fou comme la nuit aiguise l'imagination ! Et quand la nature nous en a déjà fait généreusement cadeau, elle devient soudain disproportionnée. Il faudrait s'arrêter là et en profiter pour écrire le scénario d'un film à suspense.

Nous essayons tous de faire croire aux autres que nous maîtrisons la situation. En fait, chacun se demande bien comment tout cela va se terminer. Tout à coup, l'auto de notre guide impétueux s'immobilise au sommet d'une côte. Et le père don Falcone en sort triomphant, son cellulaire à la main. Il est bien équipé, le *padre*, et il vient de trouver un signal. En deux minutes, il joint Giuseppe Tasca d'Almerita, qu'il connaît bien et avec qui nous avons rendez-vous. Nous sommes sauvés, à deux kilomètres de notre destination.

On ne peut s'empêcher de remercier notre bon Samaritain,

Un *padre* bien branché

Don Calogero Falcone, début quarantaine, se présentera après sa divine prestation en nous donnant sa carte d'affaires (ou de visite, c'est selon), et nous étonnera par sa gentillesse et son sens de l'humour.

une position bien légitime pour notre super *sacerdote*, en lui donnant trois bouteilles de nero d'avola reçues en cadeau le matin même. L'abbé les accepte sans hésiter et, pour nous remercier à son tour, nous prie de nous approcher de lui en dessinant un cercle autour de son auguste personne. Nous nous exécutons comme des gamins obéissants puis, avec douceur et solennité, il se lance dans une bénédiction aussi émouvante qu'inattendue, sous un ciel étoilé, éclairé par une lune complice. C'est dans ces moments-là que l'on comprend combien la religion a moins d'importance que les convictions, et si on avait mis à notre place un musulman, un juif, un protestant, un catholique et un bouddhiste, ils se seraient sans doute laissé bénir dans ces conditions. Francis, sans rien dire, a discrètement sorti de sa poche une minuscule enregistreuse pour sauvegarder cet instant magique, et si quelques gouttes

177

d'émotion ont furtivement perlé sur la joue de l'un d'entre nous, on ne l'a jamais su. Dans le silence de la voiture, nous nous rendons enfin là où les Tasca ont fait du bleu, dans le ciel, sur les volets de leur demeure comme sur leurs étiquettes, la couleur qui pigmente leur quotidien.

Pour conclure cette petite anecdote, je dois dire que j'entretiens avec l'Italie et ses habitants des relations suivies et privilégiées depuis une vingtaine d'années. À l'occasion de réunions internationales et pour les besoins de mon *Nouveau Guide des vins d'Italie* (un livre qui existe depuis 16 ans et qui en est à sa quatrième édition), je m'y rends régulièrement.

Je ne peux soustraire de ma mémoire ces expériences uniques dans le vignoble originel de Pompéi, ou dans le panorama exceptionnel de la côte amalfitaine. Quoi de mieux, comme j'en ai eu le loisir à plusieurs reprises, que de suspendre le temps en compagnie du comte Pieralvise Serègo Alighieri, descendant du grand poète Dante, l'auteur notamment de la *Divine Comédie*? Je me vois en scooter arpentant les rues de Florence, ou courant avec l'ami Francis au cœur de l'envoûtante Toscane, dans les ruelles de Sienne. Les Italiens se vouent à leurs

Des moments d'exception

>> Écouter un quintette dans une villa véronaise, de la musique celtique dans une taverne de Gorizia, un adagio d'Albinoni dans une cave du Chianti, ou manger du poisson grillé arrosé du modeste blanc sec des pittoresques et colorés Cinque Terre font partie de ces doux instants qui me transportent. Que serait la Vénétie sans les Roberto Anselmi, Sandro Boscaini (de la société Masi), Nino Franco, Eddy Furlan, Franco Giacosa et Fausto Maculan? Que dire de mes dégustations annuelles avec Jarno Trulli, qui porte à la fois le casque de pilote de la F1 et la casquette d'un vigneron chevronné? Que de belles conversations dans les brumes piémontaises avec Tino Colla, Angelo Gaja et Aldo Vajra! Je les remercie tous, ainsi que Piero Antinori, Gianfranco Campione, Paolo de Marchi, Ezio Rivella et Luigi Veronelli, de m'avoir ouvert leurs caves et tant appris.

mamans comme à leurs vins, et les Italiennes ont un sens des sens si développé que l'on ne peut devant elles rester froid, comme le plus beau marbre de Carrare. Dieu m'en préserve, et même le plus sympathique et convaincant des curés ne pourrait m'y astreindre…

Pleins feux
sur la Sicile viticole

Situation géographique

La Sicile constitue à elle seule un État, avec ses propres institutions, ses traditions, son tempérament bouillant, sa chaleur humaine et son histoire, extraordinaire. La partie occidentale est caractérisée par de hauts plateaux, parfois isolés, parfois regroupés. Sur le versant méridional, l'Etna découpe l'horizon de ses lignes altières; d'autres volcans en activité se trouvent sur les îles Éoliennes dont Lipari. Plus au nord, les sols siliceux calcaires, situés dans une région humide et fertile, donnent des cuvées éventuellement moins structurées. Le vignoble sicilien est incontestablement le plus étendu de toute l'Italie.

Un peu d'histoire

Plusieurs civilisations se sont succédé en Sicile, chacune y laissant des traces plus ou moins importantes. Les Grecs y ont fondé de nombreuses villes, dont Syracuse et Agrigente qui vont devenir florissantes. Rome a commencé à s'intéresser à la Sicile trois siècles environ av. J.-C., pour la posséder complètement cinq siècles plus tard. Puis, les Vandales venus de la Germanie, suivis des Goths, ont envahi l'île, le plus souvent pour des raisons stratégiques, avant de laisser la place aux Byzantins vers 535.

La Sicile a ensuite connu une grande prospérité sous la domination arabe, mais les Sarrasins furent chassés par les Normands au XIe siècle. La maison d'Anjou, installée au XIIIe siècle, sera remplacée par la dynastie d'Aragon avant que le territoire ne revienne aux Bourbons de Naples en 1860. C'est dire la richesse culturelle, artistique et œnologique de cette île convoitée, et dont le vignoble a été fortement influencé par ces illustres visiteurs.

Le vignoble sicilien à la loupe

- 120 000 hectares de vignes, dont 7200 seulement pour les appellations contrôlées (DOC et DOCG).
- 24 appellations d'origine, dont alcamo, cerasuolo di Vittoria, contea di Sclafani, contessa entellina, etna, marsala, monreale, moscato di Noto et sambuca di Sicilia.
- 6 IGT (indication géographique typique). L'IGT sicilia est de plus en plus populaire ; cependant, on trouve également les dénominations camarro, fontanarossa di Cerda, salemi et salina. Le carcan IGT est certes moins astreignant que la réglementation appliquée aux DOC et aux DOCG. En conséquence, les propriétaires ont plus de latitude, tant dans le choix des cépages que dans les assemblages, les vinifications et les conditions d'élevage. Parmi les bonnes maisons : Calatrasi, Ceuso, Agricola C.O.S., Cusumano, Planeta, Principi di Butera, Rapitalà, Settesoli, Valle dell'Acate, Zonin et de nombreuses autres déjà citées.
- L'œnologie est résolument tournée vers l'avenir.
- La région offre des vins de plus en plus attrayants et à prix abordables.

Les principaux cépages

Blancs

En plus des chardonnay, fiano, malvasia, moscato, sauvignon et viognier, on retiendra les cépages autochtones ansonica, catarratto, grecanico, inzolia et grillo.

Rouges et rosés

On y cultive les cabernet sauvignon, merlot, petit verdot, sangiovese et syrah, ainsi que les cépages indigènes frappato, nero d'avola, perricone et nerelo mascalese, de plus en plus importants.

Les incontournables

Etna

Qui n'a pas entendu parler de ce célèbre volcan, point culminant de la Sicile (3330 mètres environ, l'altitude changeant en fonction des éruptions)? Par son activité sporadique, il nous rappelle qu'il est toujours bien là... Et c'est à l'est de celui-ci que la vigne est cultivée. Une température plus fraîche grâce à une altitude relativement élevée du vignoble, conjuguée à un sol noir d'origine volcanique, autorise une certaine qualité qui ne s'est malheureusement pas généralisée. Il faut prévoir suffisamment de temps pour apprécier les différentes végétations, de la plus luxuriante à sa base jusqu'aux cratères secondaires, couverts de scories. Après la visite des lieux et une dégustation des rouges un tantinet rustiques, des rosés légers et fringants et des blancs moyennement corsés, on ne manquera pas d'aller à Taormina admirer son théâtre grec et regarder, de la piazza 9 Aprile, le soleil couchant jouer avec le sommet enneigé de l'Etna. Parmi les bonnes caves: Benanti, Barone di Villagrande, Duca di Castelmonte, Firriato, Vincenzo Russo et Tenuta di Castiglione.

Malvasia delle Lipari

Lipari fait partie des îles Éoliennes, archipel volcanique situé au nord-ouest de Messina. Cultivé depuis des lustres à cet endroit, le cépage, une variété de malvoisie, y aurait été introduit par les Grecs. Le vin, original et délicieux, est apprécié depuis toujours; Guy de Maupassant en parle d'ailleurs dans son roman *La vie errante*. Cru de légende s'il en est, le Malvasia delle Lipari possède une robe jaune d'or à ambré. Il est très aromatique (miel, abricot, agrumes, cire, plantes aromatiques, etc.), doux, riche et parfois opulent. En plus de la vigne et des câpres, on y pratique la pêche, et les habitants extraient la fameuse pierre ponce sur la côte orientale de l'île. Parmi les bonnes propriétés: Carlo Hauner et Barone di Villagrande.

Marsala

L'amiral Nelson disait que le marsala «est digne de figurer sur la table de tout gentilhomme». Il avait certainement raison, même à cette époque. En effet, Marsala (de *marsah* et *Allah* qui signifient «port de Dieu»), un port de la côte ouest de la Sicile, a donné son nom au célèbre vin que l'on déguste aujourd'hui. À l'instar des xérès, porto et madère, ce sont les Anglais qui l'ont fait connaître. Il faut remonter jusqu'en 1773, à l'époque d'un certain John Woodhouse, marchand et armateur, qui l'a fortifié à l'alcool pour le transporter et le protéger. C'est depuis ce temps que l'on pratique le mutage (de diverses façons, avec des eaux-de-vie ou des mistelles), et bien des types de marsalas sont ainsi élaborés. Il y a d'ailleurs de quoi s'y perdre même si le législateur a mis de l'ordre. L'aire d'appellation se trouve à l'intérieur de la province de Trapani, à l'exception de la commune d'Alcamo et des îles qui s'y rattachent. Parmi les bonnes maisons : Fratelli Buffa, Marco de Bartoli, Cantine Florio, Carlo Pellegrino, Cantine Rallo et Vinci Vini.

Cinq familles de Marsala : marsala fine, marsala superiore, marsala superiore riserva, marsala vergine et (ou) solera, marsala vergine et (ou) solera stravecchio et (ou) solera riserva.

Moscato di Pantelleria et Passito di Pantelleria

Plus proche de la Tunisie que de la Sicile (une centaine de kilomètres), l'île de Pantelleria est surnommée « la perle noire de la Méditerranée » à cause de son sol d'origine volcanique. Connue pour sa situation stratégique particulière, mais aussi tout simplement pour la culture des câpres, l'île faisait déjà parler d'elle dans la mythologie romaine. De plus en plus fréquentée par les producteurs siciliens, Pantelleria possède un vignoble original. Le zibbibo (ou muscat d'Alexandrie) chauffé par un soleil intense donne ici un des plus beaux vins doux d'Italie. C'est nul autre que le vinificateur Marco de Bartoli qui m'a fait connaître, avec son superbe *Bukkuram* (qui signifie en arabe « père de la vigne »), les plaisirs de ce nectar original. D'autres maisons y produisent de savoureuses cuvées, comme le somptueux Ben Ryé de la famille Rallo (Tenuta di Donnafugata). L'actrice Carole Bouquet s'y est installée et nous propose son Sangue d'Oro, tandis que Carlo Pellegrino est probablement la maison qui exporte le plus.

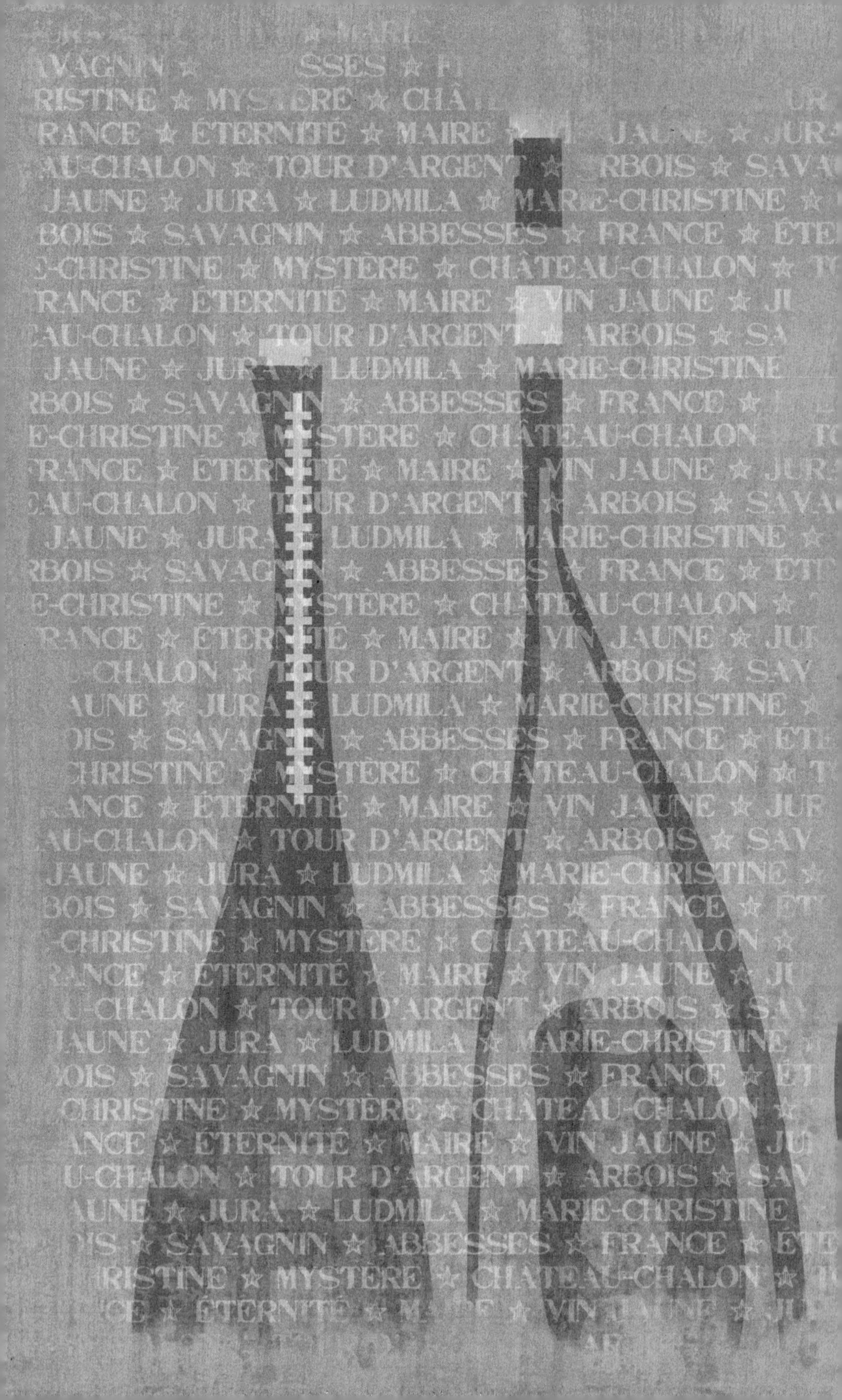
CHRISTINE ★ MYSTÈRE ★
FRANCE ★ ÉTERNITÉ ★ MAIRE ★ VIN JAUNE ★ JURA
CHALON ★ TOUR D'ARGENT ★ ARBOIS ★ SAVA
JAUNE ★ JURA ★ LUDMILA ★ MARIE-CHRISTINE ★
ARBOIS ★ SAVAGNIN ★ ABBESSES ★ FRANCE ★ ÉTE
CHRISTINE ★ MYSTÈRE ★ CHÂTEAU-CHALON ★
FRANCE ★ ÉTERNITÉ ★ MAIRE ★ VIN JAUNE ★
CHALON ★ TOUR D'ARGENT ★ ARBOIS ★
JAUNE ★ JURA ★ LUDMILA ★ MARIE-CHRISTINE
ARBOIS ★ SAVAGNIN ★ ABBESSES ★ FRANCE ★
CHRISTINE ★ MYSTÈRE ★ CHÂTEAU-CHALON
FRANCE ★ ÉTERNITÉ ★ MAIRE ★ VIN JAUNE ★
CHALON ★ TOUR D'ARGENT ★ ARBOIS ★ SAVA
JAUNE ★ JURA ★ LUDMILA ★ MARIE-CHRISTINE ★
SAVAGNIN ★ ABBESSES ★ FRANCE ★
CHRISTINE ★ MYSTÈRE ★ CHÂTEAU-CHALON ★
ÉTERNITÉ ★ MAIRE ★ VIN JAUNE ★
CHALON ★ TOUR D'ARGENT ★ ARBOIS ★
JURA ★ LUDMILA ★ MARIE-CHRISTINE ★
SAVAGNIN ★ ABBESSES ★ FRANCE ★
CHRISTINE ★ MYSTÈRE ★ CHÂTEAU-CHALON ★
ÉTERNITÉ ★ MAIRE ★ VIN JAUNE ★
CHALON ★ TOUR D'ARGENT ★ ARBOIS ★
JAUNE ★ JURA ★ LUDMILA ★ MARIE-CHRISTINE ★
SAVAGNIN ★ ABBESSES ★ FRANCE ★
CHRISTINE ★ MYSTÈRE ★ CHÂTEAU-CHALON ★
ÉTERNITÉ ★ MAIRE ★ VIN JAUNE ★
CHALON ★ TOUR D'ARGENT ★ ARBOIS ★
JURA ★ LUDMILA ★ MARIE-CHRISTINE ★
SAVAGNIN ★ ABBESSES ★ FRANCE ★
CHRISTINE ★ MYSTÈRE ★ CHÂTEAU-CHALON ★
ÉTERNITÉ ★ MAIRE ★ VIN JAUNE ★
CHALON ★ TOUR D'ARGENT ★ ARBOIS ★
JURA ★ LUDMILA ★ MARIE-CHRISTINE
SAVAGNIN ★ ABBESSES ★ FRANCE ★
MYSTÈRE ★ CHÂTEAU-CHALON

En route
vers l'éternité...

« **T**enez-vous bien ! Saviez-vous qu'en 1955 mon père et son ami Claude Terrail, le propriétaire du restaurant La Tour d'Argent, à Paris, avaient décidé d'emmurer pour 100 ans un fût de vin jaune ? Nous avons pris l'initiative, puisque nous sommes presque à mi-parcours, de goûter le vin ! »

De son bureau parisien, Marie-Christine Tarby, la fille du géant Henri Maire, l'une des plus populaires figures du Jura viticole, me téléphone pour me faire part d'une décision importante, assortie d'une bonne nouvelle. J'écoute, intrigué et presque incrédule, ce qu'elle m'annonce. « C'est une bonne idée, lui dis-je, d'autant plus que ce vin rare et sublime a l'aptitude de passer allègrement à travers les siècles. » Et Marie-Christine d'ajouter : « Ce

La maison Henri Maire

≫ Connue pendant longtemps pour son Vin Fou, cette maison possède la plus impressionnante réserve de vin jaune. C'est dans le vieux quartier vigneron d'Arbois, sur quatre étages, que l'on découvre ce royaume fascinant. Plus de 4000 pièces (fûts de chêne) participent, au rythme des saisons, au mystère de ce vin fabuleux issu du cépage savagnin, qui se présentera dans sa robe d'apparat après une dizaine d'années de vieillissement.

n'est pas tout, nous aimerions vous inviter à vivre avec nous cet instant magique. Et attendez-vous à des moments exceptionnels, car des personnalités seront présentes dont une grande dame de la danse qui était là à l'époque.»

Je fais celui qui ne comprend pas trop bien, et comme je me méfie de ma naïveté – elle m'a déjà joué des tours –, j'invite ma charmante interlocutrice à répéter ce qu'elle veut dire exactement.

«Oui, oui, Jacques, vous avez bien compris: nous vous invitons à traverser l'Atlantique pour cette soirée mémorable. On s'occupe de tout!» Moi qui, pour des raisons professionnelles, avais loupé 15 ans auparavant une visite privée de la cave de la Tour d'Argent, moi qui n'avais jamais mangé dans ce temple de la gastronomie et du canard au sang, j'allais y pénétrer pour la première fois, et par la grande porte par-dessus le marché.

Un lieu mythique

L'histoire de la Tour d'Argent débute en 1852, mais c'est sous la IIIe République que le grand maître Frédéric crée le rituel du canard au sang. Chaque client qui le commande reçoit un certificat sur lequel le caneton est numéroté. En 1914, André Terrail ajoute à cet héritage les recettes secrètes d'Adolphe Dugléré et les étiquettes rarissimes du Café Anglais. Puis, en 1947, Claude Terrail succède à son père et prend en main les destinées du célèbre restaurant. L'établissement a accueilli les noms les plus illustres de la politique, du cinéma et de la littérature.

Je téléphone immédiatement à mon producteur télé, car je sais qu'un voyage en Alsace et en Champagne est imminent. Aussitôt dit, aussitôt fait: après plusieurs vérifications, le tournage est programmé la même semaine, ce qui me permet d'amener mon équipe et d'obtenir en échange toutes les facilités, et une sorte d'exclusivité, pour réaliser à Paris un reportage sortant de l'ordinaire. De toute façon, en ce qui concerne les médias, la concurrence est plutôt discrète étant donné qu'à l'époque, et cela ne s'est guère arrangé depuis, il est interdit de produire en France des émissions de radio ou de télévision sur la chose œnologique.

La loi Évin

> Le paradoxe est un tantinet surréaliste quand on sait qu'une ridicule et pathétique loi relative à la lutte contre le tabagisme et l'alcoolisme, promulguée le 10 janvier 1991 – la loi Évin –, empêche de promouvoir le bon vin au pays qui produit sur ses terres parmi les meilleurs crus de la planète. Quand je pense que Claude Évin, alors ministre des Affaires sociales, est né au pays du muscadet, à 20 kilomètres à vol d'oiseau du lieu de naissance de mon père ! Il trouvait peut-être que son patronyme était lourd à porter, et a voulu ÉVINcer le bon vin de la Loi sur la santé publique. Pour ma part, il a manqué de nuance dans sa perception du rapport entre l'homme et le vin. Et il a confondu éducation et prévention avec répression et prohibition, en proposant cette loi draconienne et réductrice ! À ce jour, l'organisme québécois Éduc'alcool reste à ce sujet un modèle dans le monde.

Précisons-le, non seulement le vin jaune, autour duquel l'événement est programmé, vieillit-il en beauté, mais il est surtout l'un de ces vins français qui transcendent avec vérité la typicité et l'expression d'un terroir. Et c'est probablement pour ces deux raisons que le jeune et fougueux Henri Maire a pensé – au-delà du coup de pub dont il avait déjà le secret –, avec la complicité de son ami, d'emmurer le 20 octobre 1955, pour 100 ans, un fût de vin jaune et 10 clavelins du millésime 1949, en provenance du Château Montfort à Arbois. Pourquoi sa fille m'a-t-elle invité ? Peut-être parce qu'elle connaît mon penchant pour ce vin et que j'en suis un ardent défenseur depuis mes tout premiers débuts. Peut-être aussi parce qu'elle a apprécié ma détermination à faire servir ce «drôle» de vin lors du souper qui clôturait le concours du meilleur sommelier du monde à Montréal le 7 octobre 2000. C'était un peu culotté, mais je ne l'avais pas regretté.

Bref, c'est à ce sublime exercice, celui de vérifier à mi-chemin ce que le vin est devenu, que je me plie ce 18 octobre 2001. Arrivé en fin

Une belle fiole !

>> Le vin jaune est logé dans une bouteille spécifique, de forme trapue, appelée «clavelin», un nom commun tiré d'un patronyme assez courant dans la région. Sa contenance est précisément de 62 centilitres. Pourquoi? Parce que c'est ce qu'il reste, après évaporation, d'un litre de vin après six années d'élevage en barrique. Le clavelin de château-chalon, le vin jaune le plus réputé, se distingue par un écusson à la base de son col.

d'après-midi, vous pensez bien que je me suis réservé une visite guidée des caves du restaurant du quai de la Tournelle. David Ridgway, anglais de naissance et peut-être le plus français des sommeliers parisiens, me fait faire le tour du propriétaire. J'en garderai évidemment un souvenir ému, d'autant plus qu'entre nous le courant passe, comme c'est habituellement le cas entre échansons aguerris.

Plus tard, pendant son discours d'accueil, son patron nous précise, non sans fierté, que David sait en tout temps où sommeille le flacon introuvable... Après les propos de circonstance, il conclut par ces mots : «Pour moi, je vous le confie – oh! rien qu'à vous –, la fête ne peut s'imaginer sans ses cascades scintillantes. C'est son feu d'artifice qui vous ouvre le bal, le bal des amis, des joies que l'on partage. Entendez-vous ce bruissement de liqueur pétillante? Vous le reconnaissez : c'est le champagne qui libère ses bulles éphémères pour le rire et la gaieté...» Et le vin saute-bouchon se met à couler à flots !

Une première !

>> Pour la première fois sans doute, et grâce à la générosité de Marie-Christine Tarby-Maire, on a servi à Montréal du vin jaune, un château-chalon 1982 Réserve Catherine de Rye, à plus de 700 personnes en même temps. Ce détail peut sembler anodin, et pourtant ce rare moment de gastronomie fut exceptionnel.

Une cave hors de l'ordinaire

> David m'a confié que la Tour d'Argent s'enorgueillit de posséder plus de 500 000 bouteilles dans une cave techniquement parfaite. Visite envoûtante et riche en frissons que de contempler, entre autres, un Yquem 1871, un chambertin 1865, un clos de Vougeot 1870, une romanée conti 1874, un cognac 1788, des trésors sauvés de l'occupation allemande durant la Seconde Guerre mondiale par Claude Terrail, qui mura de ses mains une partie des caves dans la nuit du 14 juin 1940. Décidément, c'était une habitude chez ce restaurateur hors du commun !

C'est ainsi que la fête commence. Flûte à la main, nous nous retrouvons près du petit mur afin d'y observer l'invitée d'honneur à qui l'on a confié le premier coup de masse. Geste symbolique s'il en est, car la belle Ludmila Tcherina, toujours resplendissante à 77 ans, n'a pas le muscle suffisant. Habillée d'une robe noire surmontée d'une large collerette rose en taffetas, la diva est tout autant menue que coquette. Après trois essais infructueux, des ouvriers, munis de leurs maillets, font tomber le petit pan de maçonnerie derrière lequel nous découvrons, épatés, le fût de vin jaune et, sagement gerbés à ses côtés, les 10 clavelins qui attendent patiemment notre verdict.

Deux petits coffrets de métal qui ont pris la rouille sont extirpés du caveau, puis remis à notre ami Michel Dovaz, auteur réputé, qui se fait

Gracile et lumineuse

> Ludmila Tcherina, de son vrai nom Monika Tchemerzine, née le 10 octobre 1924, était une célèbre danseuse, chorégraphe et tragédienne. Sa carrière a débuté en 1939 aux Ballets de Monte-Carlo ; pendant une bonne trentaine d'années, elle a été danseuse étoile de Paris à New York, en passant par la Scala de Milan et le Bolchoï, à Moscou. Elle est décédée le 21 mars 2004.

189

un plaisir, outils à la main, d'en extraire les objets qui y ont été déposés voilà 46 ans. Pour ceux qui le connaissent un tant soit peu, Michel Dovaz n'est pas ce que l'on peut appeler un personnage démonstratif ni un joyeux luron plein d'optimisme qui s'ébahit devant n'importe quoi. Ce soir cependant, Michel, dont je connais bien la sensibilité introspective, joue le jeu avec délicatesse, bonne humeur et même avec un entrain qui en étonne plus d'un. Il est certainement fier d'avoir été choisi pour dévoiler la teneur du butin.

Les coffrets ouverts, on y trouve, pêle-mêle mais soigneusement emballés, divers articles dont des livres dédicacés, la brassière d'enfant de la princesse Grace de Monaco, des coupures de presse, une lettre autographe de Colette et enfin, intact, ce chausson de ballerine que Ludmila portait à ses débuts lors de la première de *Giselle*. Émue, elle le confie de nouveau au vin jaune, en route vers l'éternité.

Comme des gamins, les invités, ravis, passent leurs commentaires. Parmi eux, des artistes de la chanson, du cinéma et de la télé laissent un souvenir personnel que les futures générations retrouveront en 2055 à côté du petit fût non entamé et des 24 nouveaux clavelins que la Société Henri Maire tient à ajouter. Et comme nous n'y serons pas, nous tenons tous à en profiter…

On ouvre huit ou dix vénérables flacons, et pendant que nous partageons une quantité non négligeable de ce cru d'anthologie pour honorer un demi-siècle d'émotions, je me recueille pour ainsi dire avec cet élixir capiteux, sec et puissant, et d'une remarquable personnalité. Car il s'agit bien d'un vin qui défie les années, inspire la patience et fait partie de ces énigmes œnologiques si particulières qu'il est nécessaire de prendre le temps de l'apprivoiser. En un mot : il est unique ! Unique parce que le vin jaune est singulier et encore méconnu, pour ne pas dire ignoré par des œnophiles qui se disent amateurs éclairés. Et pourtant ! Ce n'est pas parce qu'il a pris le voile qu'il ne s'exprime plus et tombe dans l'oubli.

Puis, nous montons au cinquième étage afin de nous sustenter et de découvrir par la même occasion la Ville lumière, ses îles, et face à nous, majestueuse comme à l'accoutumée, Notre-Dame de Paris. Après les quenelles de brochet, le caneton au vin jaune et les cuisses de canard grillées, arrosées respectivement de chardonnay, de savagnin et de pinot noir d'Arbois, suit un magnifique vieux comté Réserve 1998.

Pour escorter ce fromage racé, un 1949 se présente dans nos verres avec noblesse et dignité, paré d'une éblouissante robe dorée aux reflets d'ambre. Le nez et la bouche sont d'une stupéfiante fraîcheur, davantage, me semble-t-il, que dans des cuvées plus jeunes. Les parfums de noix et de girofle sont au rendez-vous, auxquels s'ajoutent subrepticement des notes de curry et de truffe. Au fil du temps, la bouche est devenue volumineuse, non dénuée de cette élégance propre aux crus de prestige. Et que dire de la longueur de ce vin, symbole d'espoir et champion de la longévité ?! La persistance en bouche est exemplaire et les saveurs s'incrustent suffisamment longtemps pour éblouir nos palais incrédules.

Marie-Christine avait raison : cette soirée est mémorable ! Après une entrevue en bonne et due forme avec notre danseuse aux yeux pétillants, je repars avec mes collègues qui n'ont pas chômé, un château-chalon 1985 d'une série limitée dans ma besace et, dans le cœur et la tête, tous ces instants privilégiés imprimés pour la vie.

Pleins feux
sur le Jura viticole

Situation géographique

Le Jura est une splendide région que les touristes et les œnophiles oublient trop souvent de visiter. Erreur ! Car on y trouve des richesses insoupçonnées, à vrai dire des secrets bien cachés depuis des millénaires dans un environnement particulier. Installé en Franche-Comté, dans l'est de la France, le vignoble se déroule tel un croissant sur une centaine de kilomètres et plus de 1800 hectares. Les collines et les coteaux sur lesquels courent les vignes sont exposés sud-sud-ouest, et leur altitude varie de 250 à 480 mètres. Les marnes bleues, rouges et noires constituent la majorité du sous-sol, et des éboulis calcaires du plateau les recouvrent çà et là dans la partie nord.

Un peu d'histoire

C'est sous l'impulsion des Romains, de remarquables travailleurs de la terre, que le vignoble prend son essor. Les trois perles viticoles jurassiennes que sont Arbois, Château-Chalon et l'Étoile sont citées pour leurs bonnes aptitudes dès le Ier millénaire. Plus tard, Philippe Le Bel introduit ces vins à la cour de France et d'autres qui suivront en feront leur ordinaire... En revanche, si l'on se fie à ce qui se dit et s'écrit, chacun semble convaincu que le sien fut le préféré de tel ou tel souverain.

Aujourd'hui

Mieux vaut juger ce que les bons vignerons d'aujourd'hui nous proposent. Soucieux de préserver leurs traditions et conscients de la concurrence nationale et internationale, ils s'appliquent à produire des cuvées de caractère et n'hésitent pas, depuis des années, à investir et à se remettre en question. Je pense au domaine de la Pinte, aux Rolet, Foret, Aviet et autres Tissot, bien installés à Arbois, à Poligny ou à Montigny-lès-Arsures, comme le dynamique et talentueux Stéphane ; à Jean-Michel Petit au domaine de la Renardière à Pupillin. Plusieurs caves coopératives, appelées joliment « fruitières » dans le Jura, possèdent aujourd'hui des installations modernes, comme en témoigne la Fruitière viticole d'Arbois.

Climat

Le climat jurassien est semi-continental, et les hivers, c'est bien connu, sont rudes. Passez à la mi-janvier par Mouthe, le village le plus froid de France, et vous comprendrez! Le temps devient clément tôt au printemps, et les étés comme les automnes sont particulièrement chauds.

Principaux cépages

Ce qui fait le charme œnologique du Jura, c'est sa riche et imposante palette. En effet, qu'ils soient d'Arbois ou des côtes du Jura, les Jurassiens produisent des blancs issus du chardonnay, parfois associé au savagnin pour apporter un léger goût de noix. Différents types de rouges sont élaborés, avec le pinot noir notamment; certains, tanniques et bien charpentés, le sont avec le cépage traditionnel trousseau. D'autres, à base de poulsard, plus légers, passent moins de temps dans les foudres et prennent en vieillissant des reflets «pelure d'oignon».

Entre miracle et mystère

Le vin jaune a besoin des grappes de l'unique et rare savagnin, appelé aussi «naturé», cueillies soigneusement à partir de la deuxième quinzaine d'octobre. Une fois le raisin pressé, le jus est mis à fermenter, puis versé dans des pièces de chêne de 228 litres où il restera au minimum six ans et trois mois en vidange, c'est-à-dire sans soutirage ni ouillage (remplissage), dans une étonnante alchimie avec la nature et ses caprices. Un voile de levures d'environ un centimètre d'épaisseur se développera alors en surface, le protégeant pour toujours des aléas de la vie... et de l'oxydation! On le retrouvera plus tard dans le verre, nanti d'une jolie robe jaune d'or, offrant au nez comme en bouche des parfums et des saveurs inimitables de noix de Grenoble, de noisette et d'amande grillée, prémices de ce fameux «goût de jaune», bien installé pour l'éternité.

S'il s'apprécie avec des huîtres, du foie gras, un coq au vin jaune ou un gâteau aux noix, c'est avec des morilles à la crème et le fromage de comté que le vin jaune se révèle dans des harmonies évidentes, avec panache et précision. Pour s'en convaincre, il faut se rendre à Château-Chalon, un village adorable et non un domaine, comme on peut le croire à tort, accroché à un éperon rocheux culminant à 450 mètres, et fondé au Ve siècle par des abbesses inspirées. En plus d'y déguster des crus superbes, une visite en cave vous permettra de mieux comprendre, près d'une barrique spécialement aménagée d'une paroi transparente, les mystères de ce vin étonnant dont on dit, non sans raison, qu'il prend le voile...

Vin de paille

À ne pas confondre avec le vin jaune, le vin de paille est un produit rare élaboré à partir de raisins passerillés dans un local aéré, sur des claies ou dans des cagettes, autrefois sur de la paille. Après de deux à trois mois, le raisin présente un taux élevé de sucre à cause de l'évaporation de l'eau, ce qui permet d'obtenir un vin très doux. Les grappes flétries, déshydratées et gorgées de sucre, une fois pressées, ne donneront que de 15 à 18 litres de jus à partir de 100 kilos de raisins. Ce nectar se trouve sous les AOC arbois et arbois pupillin, côtes du Jura et l'étoile.

Appellations contrôlées

Arbois et arbois pupillin

C'est à Arbois que Louis Pasteur, originaire de cette région, se livra en 1878 à ses expériences sur le bon jus de la treille. Étudiant les mystères de la fermentation alcoolique, il fera porter ses travaux sur les maladies du vin et les moyens de les éviter. Aujourd'hui, et cela grâce à Henri Maire, une vigne ayant appartenu à sa famille porte son nom.

Château-chalon

D'une cinquantaine d'hectares seulement, ce petit vignoble produit exclusivement un vin jaune d'excellence sur un territoire restreint. Cette AOC est sous haute surveillance, car depuis 1958, une commission de contrôle passe tous les ans dans les vignes un peu avant les vendanges afin de vérifier si le raisin présente tous les attributs requis pour produire un vin jaune à la hauteur de sa réputation.

Côtes du Jura

L'appellation côtes du Jura est la plus étalée de toutes. Elle s'étend du nord au sud sur 105 villages, ce qui lui confère un nombre étonnant de terroirs contrastés et différentes expressions des cépages jurassiens.

Crémant du Jura

L'aire d'appellation du crémant du Jura, qui, comme son nom l'indique, ne produit que des effervescents, se superpose à l'identique à celle des côtes du Jura, d'arbois, de château-chalon et de l'étoile.

L'étoile

Le village porte ce joli nom à consonance céleste parce qu'il est entouré de cinq collines formant les branches d'une étoile et parce que ses vignes, sur un sous-sol de marnes, recèlent d'innombrables pentacrines, des étoiles fossiles. Ces dernières sont si délicates que certaines personnes les font monter sur des plaquettes en or en guise de pendentif!

Macvin du Jura

Le macvin du Jura appartient au club français fermé des mistelles (ou vins de liqueur) d'AOC, la seule à être issue d'une eau-de-vie de raisin. En fait, il est élaboré comme le Pineau des Charentes, à une différence près : le moût de raisin est muté, tradition oblige, avec de l'eau-de-vie de marc de Franche-Comté, puis vieilli en fût de chêne pendant 12 mois.

BOLCHOÏ ☆ RUINART ☆ SAINT-PETERSBOURG
CONCOURS ☆ TSARS ☆ CHAMPAGNE
PAUVRETÉ ☆ MOSCOU
RUSSIE ☆ PLACE ROUGE ☆ BOLCHOÏ
CAVIAR ☆ TUPOLEV ☆ KREMLIN

Un sommelier
à Moscou

« **Q**ue fais-tu en janvier prochain?» me demande mon amie Michèle Chantôme, qui me téléphone de Paris. «Je commence une nouvelle session comme chaque année», lui dis-je. «Et ça se présente bien?» «Oui. Je crois que je vais avoir un bon groupe puisque, comme tu le sais, après une analyse des dossiers et une première sélection, nous faisons

L'École hôtelière des Laurentides

J'ai eu le bonheur d'enseigner pendant 30 ans dans cet établissement, un précurseur dans la formation des sommelières et des sommeliers. Cette école est située à Sainte-Adèle, dans les magnifiques Laurentides, à une heure de route au nord de Montréal. Avec la bénédiction de mes supérieurs, dont un certain Gaétan Charron au tout début et le directeur Philippe Belleteste, j'ai pu y élaborer un programme et une attestation de spécialisation professionnelle en sommellerie qui ont vite été reconnus, au niveau tant national qu'international. La possibilité de faire passer des entrevues relevait d'une détermination à niveler par le haut, et c'est dans cette école que j'ai créé en 1988, avec la collaboration de mes élèves, l'Association canadienne des sommeliers professionnels, que je présiderai pendant plus de 12 ans.

passer des entrevues afin de ne garder que les meilleurs éléments.» «Si tu pouvais te libérer, j'apprécierais, ajoute-t-elle, car j'ai besoin de toi à Moscou.» C'est bien Michèle, ça! Rien à son épreuve! Voilà près de 20 ans qu'elle dirige, pour la maison de champagne Ruinart, le Trophée du meilleur sommelier de France, qui a existé de 1980 à 2007, et depuis 1988, celui du meilleur sommelier d'Europe. La grande finale a lieu tous les deux ans, à Reims, mais Michèle doit entre-temps superviser les épreuves qui se déroulent dans chacun des pays participants. C'est ainsi que de Stockholm à Milan, en passant par la Suisse, le Portugal, l'Allemagne ou la Bulgarie, elle écume les associations nationales et sélectionne la crème qui participera à la grande finale européenne. Il faut souligner ici sa contribution inestimable à l'avancement de la cause de la sommellerie dans le monde. Quant à moi, en tant que membre du comité technique de 1998 à 2007, disons que j'étais aux premières loges pour suivre l'évolution de la profession.

«Et pourquoi moi? Je suis loin de Moscou», finis-je par lui répondre. «Justement, parce que tu es totalement neutre, parce que Giuseppe, le président mondial, n'est pas disponible et que tu fais partie, dois-je te le rappeler, du comité technique de l'édition européenne.» Michèle sait trouver les mots, qu'elle exprime avec justesse et fermeté. Elle sait très bien aussi que je ne peux rien lui refuser puisque nous travaillons ensemble depuis des années en toute complicité et en toute amitié. Je n'ai d'ailleurs aucune raison de faire la fine bouche, car je rêve depuis longtemps d'aller traîner mes bottes sur le sol qui a vu naître Léon Tolstoï, Alexandre Pouchkine et Fedor Dostoïevski. Et en plein mois de janvier, ce ne sera pas difficile, car je crois savoir que l'environnement hivernal au Québec, dans lequel je vis, ressemble à bien des égards à celui de la Russie.

En dépit des similitudes climatiques, je sais que ce petit séjour, à défaut d'exotisme, va être certainement dépaysant. Au-delà de la barrière de la langue, que ni Michèle ni moi ne parlons, il est évident que nous allons devoir nous adapter aux us et coutumes du pays de Poutine, puisque ce n'est pas du tourisme conventionnel que nous allons faire, mais bien tenir une compétition chez les Russes et pour les Russes. Une flopée d'interprètes, en français comme en anglais, a été prévue et nous savons que tout va être mis en œuvre pour que l'événement soit un succès.

Il faut souligner ici l'attrait que le champagne a toujours exercé au pays de la vodka. En effet, tous les œnophiles connaissent le penchant des tsars

Le champagne et ses affinités impériales

>> Les liens étroits entre le champagne et la Russie ne datent pas d'hier. Edmond Ruinart de Brimont, convaincu des avantages de l'exportation, s'était rendu en Russie en 1827 avec un passeport signé par le ministre des Affaires étrangères du tsar Nicolas Ier. Puis son fils Edgar a foulé la terre russe en 1861, sous Alexandre II. Et c'est à la demande de ce dernier, en 1876, que Roederer créa la désormais célèbre cuvée Cristal, pour le seul et unique usage impérial. Pour la petite histoire, on vient, semble-t-il, de retrouver (ce 6 juillet 2010) dans une épave en mer Baltique une trentaine de bouteilles de champagne en parfaite condition, qui auraient été produites entre 1782 et 1785, et qui se rendaient, présume-t-on, à Saint-Pétersbourg.

pour les fines bulles champenoises, et le commerce du vin, aussi pétillant que l'esprit français de l'époque, y est florissant depuis près de deux siècles. Sous le règne d'Alexandre III, les vins de Roederer, de Veuve Clicquot, de Pommery, pour ne nommer que ces marques-là, étaient déjà très prisés.

Pour sa part, Ruinart assurera sur les bords de la Neva une présence timide qui ira en augmentant sensiblement grâce au travail assidu d'un «représentant exclusif» sur le terrain. Je pense à cette photo qui date de 1910 où l'on voit un panneau publicitaire installé tout le long d'une voiture de tramway à Saint-Pétersbourg. On peut y lire «Ruinart Père et Fils» et tout le reste est en caractères cyrilliques avec la mention de la date de naissance de la maison: 1729. Ce qui en fait, soit dit en passant, la plus ancienne de Champagne.

Quand on connaît un peu l'histoire de la Fédération de Russie, le plus vaste État du monde, on découvre avec étonnement, et cela malgré des informations glanées au préalable, que le métier de sommelier a pris peu à peu de l'expansion, notamment dans les grandes villes du pays. Cependant, on peut se demander comment, avec autant d'inégalités sociales, des jeunes de l'ex-Union soviétique ont pu s'intéresser à cette profession. Eh bien, j'en ferai l'agréable et enrichissante expérience au cours de ce voyage.

J'admets que c'est curieux de penser que, pendant que nous avons du mal à convaincre nombre de nos restaurateurs d'embaucher des experts, leurs collègues de ce pays, aux prises avec d'énormes difficultés économiques, essaient de satisfaire une clientèle avide de bonne cuisine et de vins fins. Cette gastronomie raffinée est bien sûr réservée aux étrangers de passage – qui en ont les moyens – ainsi qu'aux Russes bien nantis, peu importe la fortune, ancienne ou soudaine, propre ou moins propre... Le plus frappant dans tout cela, ce sont ces superbes restaurants spacieux et invitants, au design innovant, qui ont poussé à Moscou comme des champignons, offrant des menus alléchants et d'un bon niveau de créativité avec l'aide de chefs «importés».

Justement, après nous être installés à notre hôtel, nous passons notre première soirée au St-Michel, avenue Tverskaya, baptisé ainsi en l'honneur du célèbre mont normand. On nous fait bien savoir que nous devons garder notre passeport sur nous, au cas où. Le président des sommeliers russes, qui nous y attendait en compagnie d'une responsable de la distribution du champagne Ruinart, nous offre un accueil d'une extrême courtoisie. Que dire de la carte des vins? Tout simplement renversante, tant pour le choix que pour la diversité, l'équilibre et... les prix! Dans la mesure où l'on est bien équipé en cartes de crédit, tout va bien.

Étonné par tant de finesse dans l'assiette et de maîtrise dans l'exécution, je demande à voir le chef, qui s'avance timidement à notre table. Je lui pose deux ou trois questions sur ses origines parce que son nom me dit quelque chose, et je découvre avec étonnement que nous sommes nés tous les deux, à 10 ans d'intervalle, dans la même maternité. Devant sa perplexité toute légitime, je lui montre mon passeport pour lui prouver nos souches communes. Le lendemain soir, après avoir assisté à un magnifique spectacle au Bolchoï, je suis de nouveau conquis par le restaurant où l'on

Un hôtel fréquenté

≫ Nous nous sommes installés au Golden Ring Hotel, un établissement 5 étoiles situé dans la ville historique de Moscou, en face du ministère des Affaires étrangères, à proximité de la place Rouge et du Kremlin. Avec près de 300 chambres confortables et spacieuses, et des prix relativement raisonnables dans une ville reconnue pour son coût élevé de la vie, cet hôtel constitue une excellente option d'hébergement.

nous attend. De fait, rien n'est négligé pour faire de ce repas à la russe une soirée mémorable ; le service du vin est particulièrement à la hauteur. Si ma mémoire ne retiendra pas tous les mets proposés, je n'oublierai pas que c'est la première fois – et peut-être la dernière – que l'on m'invite à me servir du

L'un des grands boulevards de Moscou

> L'avenue Tverskaya, autrefois la rue Gorki, est l'artère principale qui mène vers le nord-ouest de la ville et au bout de laquelle se trouve la place Pouchkine.

caviar… à la louche ! Entre le béluga, l'*ossetra* (osciètre) et le sévruga, nous avons l'embarras du choix. À l'évocation de cette anecdote, j'ai toujours un frisson, non pas pour les saveurs pointues et pénétrantes engendrées par les œufs d'esturgeon, mais en pensant à ces pauvres femmes âgées que je croiserai quatre jours plus tard, et qui, pour subvenir à leurs besoins les plus élémentaires, vendront cinq ou six menus articles dans la froidure de Saint-Pétersbourg, le long des caniveaux.

Une carte des vins exceptionnelle

> J'ai été épaté par cette carte volumineuse de 90 pages proposant des références de 13 pays, avec une majorité de grands vins français, une gamme de fins spiritueux et 5 pages supplémentaires de cigares. Elle était présentée avec un souci du détail étonnant et peu de fautes d'orthographe, beaucoup moins en tout cas que ce que l'on voit encore ailleurs.

C'est avec 30 candidats, 22 hommes et 8 femmes, que le concours débute. Comme pour tous les trophées Ruinart, un questionnaire de niveau international a été soigneusement préparé, puis tous les candidats sont soumis à une dégustation de vins et de spiritueux. D'ailleurs, pour terminer notre

Un des plus beaux théâtres du monde

> Le théâtre Bolchoï (qui signifie «Grand» théâtre) est la scène la plus prestigieuse de Moscou. La troupe du même nom a été fondée en 1776 et le bâtiment actuel a été construit en 1825 sur l'emplacement du théâtre Petrovsky, ravagé par un incendie en 1805. Était présenté ce soir-là : *La Fille mal gardée*, de L. J. Ferdinand Herold, un ballet en deux actes... avec programme en français, s'il vous plaît !

liste, Michèle et moi nous sommes rendus en pleine nuit dans un gigantesque magasin ouvert 24 heures sur 24 où l'on peut se procurer n'importe quoi, comme ce flacon d'alcool en forme de kalachnikov. Cet objet pour le moins déconcertant m'a fait penser sur le coup à cette carabine, en guise de bouteille, vendue par la Société des alcools du Québec à la fin des années 1980, et qui venait supposément de maîtres verriers florentins... L'apothéose du bon goût !

Le lendemain, 10 demi-finalistes sont sélectionnés pour les examens de décantage et, après avoir goûté des vins, en faire une description oralement. Je surveille toutes les épreuves et préside le jury de dégustation (avec l'aide d'excellents traducteurs à qui nous avons donné notre confiance). Je suis étonné par l'application des candidats et des candidates qui se prêtent à l'exercice. Si le niveau n'est pas tout le temps impressionnant, on sent toutefois un désir de bien faire et de donner la meilleure prestation. Tout cela, il ne faut pas l'oublier, en fonction d'une formation qu'ils ont – ou pas, hélas ! – reçue.

Le tout se termine en fin d'après-midi par une finale passionnante en anglais, respectant en cela les règlements, et devant public. Au cours de celle-ci, l'accord des mets et des vins constitue un grand moment, ainsi que l'analyse sensorielle et la reconnaissance de produits, dont la fameuse cuvée québécoise *Le Marathonien*, une vendange tardive que j'ai glissée dans mes valises et que certains candidats prennent naïvement pour du Château d'Yquem. Ces derniers n'en ont probablement jamais goûté. Pourtant, l'aura de ce grand cru de sauternes est si grande qu'ils imaginent qu'il est caché parmi les échantillons proposés de façon anonyme.

Nous nous doutions bien qu'ils ne devineraient pas l'origine d'un vin élaboré au Québec. Ce que nous voulions en revanche, c'est montrer ce

Miniquestionnaire

>> Voici cinq questions parmi la quarantaine que comprenait le test
théorique, conçu en tenant compte des spécificités du pays.

1. Qui est le créateur des vins mousseux russes de haute qualité?

2. Quel est le nom de la technique de reproduction de la vigne qui
consiste à créer un nouveau cep à partir d'un sarment enterré et
non détaché de la vigne mère?

3. Quel est le cépage principal du taurasi?

4. Quel est le terme qui désigne le «cognac» moldave?

5. À quoi correspond, en Russie, le saperavi?

Réponses au miniquestionnaire

1. L. S. de Golitsyn. 2. Le marcottage. 3. L'aglianico. 4. Le mot *Divin*.
5. Un cépage rouge teinturier de Russie.

qu'un pays au climat sensiblement identique au leur peut produire. Il va
sans dire que nous avons établi une pondération qui ne défavorise pas ces
aspirants au titre de meilleur sommelier de Russie. Toutefois, je défends
depuis longtemps ce point de vue dans les concours internationaux: comment peut-on demander à des candidats d'identifier des vins qu'ils n'ont
en aucune façon dégustés? Avec tout ce qui se vinifie aujourd'hui sous
toutes les latitudes, il faut avoir, en plus d'une forte personnalité doublée
d'une grande culture générale, des connaissances encyclopédiques et une
pratique universelle de la dégustation pour se rendre en finale.

Le service des cigares, la correction d'une carte erronée ainsi que
l'ouverture et le service d'une bouteille de champagne font également
partie des épreuves. À l'issue de celles-ci, Juliana Grigorevia, jeune, élégante et talentueuse sommelière, obtient le diplôme de meilleur sommelier
de Russie 2002. À 28 ans, elle travaille justement au restaurant St-Michel
que j'ai expérimenté le premier jour de mon arrivée à Moscou. Au-delà des
bravos et des cris d'acclamation, cette jeune femme et les deux très bons
candidats qui se sont inclinés devant elle viennent d'inspirer à leur tour des
dizaines de jeunes professionnels de ce grand pays.

● ● · · · ·

Avant de mettre le cap sur Saint-Pétersbourg dans des conditions rocam-
bolesques (le Tupolev dans lequel nous prendrons place sera si mal chauffé
et dans un si mauvais état que nous nous demandons encore aujourd'hui
comment nous avons pu nous y rendre vivants...) et de visiter en partie le
merveilleux musée de l'Ermitage, je me suis familiarisé avec le centre du
pouvoir politique du pays.

En compagnie d'une guide francophile, nous nous sommes dirigés
vers le Kremlin, au cœur de Moscou, un endroit chargé d'histoire et de
symboles, et qui joue un rôle éminemment important. La ville s'est élargie
autour de cette place forte, protégée par des remparts en partie de brique
rouge et une vingtaine de tours qui donnent à l'ensemble une impression
de forteresse impénétrable. Le Kremlin n'est pas seulement la résidence du
président – avant d'avoir été celle des tsars –, mais bien un centre religieux
qui abrite des musées, des palais et des monuments imposants, véritables
chefs-d'œuvre d'architectures diverses et d'époques allant du XIVe au
XVIIe siècle. Ce jour-là, une mince couche de neige faisait ressortir la couleur
déjà vive de plusieurs façades, dont celles du palais des Terems, et les
bulbes dorés des églises donnaient un peu d'éclat au ciel gris.

Je garde un souvenir précis de l'imposante cathédrale de l'Assomption
dont l'intérieur est orné de fresques murales époustouflantes, et de la cathédrale de l'Annonciation, plus petite, où l'on admire les œuvres des plus
grands iconographes du début du XVe siècle. Je revois encore la majestueuse
cathédrale Saint-Michel, aux airs de palais vénitiens, surmontée de ses cinq
coupoles et construite par l'architecte italien Novi. Au pied de la tour du
clocher d'Ivan le Grand trône sur son socle la Reine des Cloches, qui n'est
pas celle que l'on croit, une pièce unique de la fonderie ancienne. Elle pèse
200 tonnes et revendique le titre de plus grosse cloche du monde. Un peu
plus loin, le roi des canons en impose, et tout comme la cloche reine qui n'a
jamais sonné, ce dernier, malgré son fort calibre, n'a en aucun cas tiré.

Évidemment, arrivé sur la place Rouge, devant l'enceinte du Kremlin,
j'ai fredonné la chanson de Gilbert Bécaud, et ma guide, qui m'a plutôt fait
chanter dans le taxi *Aux Champs-Élysées* de Joe Dassin, ne s'appelait pas
Nathalie. Comme quoi nous sommes généralement fascinés par ce qui

Extrait de l'épreuve de carte erronée.
Trouvez les erreurs !

VINS ROUGES

- Château Sociando-Mallet 1995, Médoc
- Vieux-Château Certan 1996, Pommerol
- Carmignano Rosso Riserva 1994, Michele Chiarlo
- Rioja Gran Reserva 1992, Mas la Plana, Miguel Torres
- Malbec 1997, Mendoza, Alamos Ridge, Vina Casablanca
- Porto Vintage 1987, Quinta do Boa Vista, Graham

Réponses à l'extrait de l'épreuve de carte erronée

VINS ROUGES

- Le Château Sociando-Mallet est un Haut-Médoc et non un Médoc.
- Faute d'orthographe dans le mot Pomerol, qui ne s'écrit qu'avec un « m ».
- Michele Chiarlo, producteur du Piémont, ne produit pas de carmignano rosso, un vin toscan.
- Le Mas la Plana, de Miguel Torres, est un vin de Catalogne, et non de la Rioja.
- Vina Casablanca est au Chili, et le Malbec de Mendoza est argentin.
- Le Porto Quinta do Boa Vista appartient à Offley Forrester, et non à Graham.

vient d'ailleurs. Haut lieu de rassemblement, de défilés militaires et d'évé-nements historiques, l'immense place Rouge est saisissante et empreinte de solennité, d'autant plus lorsqu'elle est désertée, comme ce jour-là. Après un bref coup d'œil au mausolée de Lénine, j'ai pu prendre le temps d'ad-mirer la force symbolique de la ville de Moscou, avec cette curieuse cathé-drale de Basile-le-Bienheureux. Édifié de 1555 à 1561 par les maîtres bâtisseurs russes Barma et Postnick, le célèbre monument à l'architecture quelque peu excentrique fait tourner les têtes de ses coupoles polychromes et ravit les photographes de passage.

Je me suis promis de revenir à Moscou pour découvrir plus avant ce Kremlin qui héberge tant de splendeurs et aller à la rencontre de gens attachants, tourmentés par tant d'infortune, sans oublier tous ces jeunes sommeliers qui essaient de se faire, eux aussi, une place au soleil.

Pleins feux
sur la Russie viticole

Situation géographique et climat

C'est au nord du Caucase, dans le sud du pays, que la Russie peut décemment produire du vin, puisque la plus grande partie de cette vaste nation a un climat trop froid, avec des températures hivernales oscillant entre -15 °C et -30 °C. À l'image du Québec, la période de végétation est donc bien courte pour la culture de la vigne.

On distingue quatre principales zones viticoles :

- La plaine du Don, près de Rostov sur le Don et de la mer d'Azov ;
- La région de Krasnodar, à l'est de la mer Noire, entre la Crimée et la Géorgie ;
- La région de Stavropol, un peu plus au sud-est ;
- La République du Daguestan, où l'on cultive la vigne depuis plusieurs siècles.

Grâce aux subventions, on espère revenir vers l'année 2020 à une superficie du vignoble d'avant 1985, c'est-à-dire 180 000 hectares.

Un peu d'histoire

Le vin et les boissons alcooliques occupent depuis des lustres une place prépondérante dans les habitudes de consommation des Russes. Les différents souverains, de Vladimir Ier à Alexandre III, en passant par Pierre le Grand, ne sont pas étrangers à cette réalité. L'Église orthodoxe aussi a importé du vin de Cahors, dans le sud-ouest de la France. Beaucoup plus tard, à la demande de Nicolas Ier, on a développé un vignoble important à Massandra, en Crimée. C'est également vers la fin du XIXe siècle que l'on s'est mis à produire des mousseux à grande échelle. Le « champanskoye » est maintenant un vin effervescent sucré, populaire et peu coûteux.

Depuis peu, le gouvernement russe a adopté un projet de loi qui autoriserait le pays à redevenir un joueur important sur l'échiquier viticole mondial, après la politique « anti-alcoolique » de Gorbatchev. Tout cela, néanmoins, restera à vérifier, et les autorités devront mettre en place une réglementation adaptée aux réalités tant écologiques que culturelles et commerciales. L'idée étant d'offrir des cuvées de premier ordre, on voit apparaître de nouvelles marques de style «Grand Cru» ou «Bon Vin». Après une nette augmentation de la consommation au pays, des entreprises vitivinicoles russes ont racheté des sociétés en Moldavie, en Bulgarie et en Géorgie. En 2006, la Russie était le quatrième pays importateur de vin dans le monde.

Les principaux cépages

On plante de plus en plus les variétés dites «internationales» – l'aligoté, le chardonnay, le pinot blanc, le pinot gris, le riesling, le sauvignon blanc et le sylvaner – pour élaborer des vins blancs secs; on cultive le cabernet sauvignon et le merlot pour des rouges, des plus légers aux plus corsés.

Parmi les cépages autochtones, on trouve encore des variétés qui résistent au froid et aux maladies cryptogamiques: fioletovy ranny, rkatziteli, saperavi (cultivé en Géorgie), severny, stepnyak, etc.

La vie
de château

« **E**t maintenant, chers amis, je vais vous demander
d'accueillir un bon copain qui a accepté de chanter
pour nous ce soir. Vous savez, je fausse quand je
pousse la chansonnette, et il saura vous charmer bien
mieux que moi. Accueillez Placido Domingo ! » Les
2000 hôtes applaudissent à tout rompre l'homme élégant
qui suit d'un pas alerte le piano à queue roulant sur la
scène, juste devant nous. Domingo, souriant et décon-
tracté, s'exécute, fixant sur son nez ses petites lunettes qui
lui permettent de mieux suivre son texte.

Nous sommes au Château Mouton Rothschild, en juin
2003, à l'occasion de la fête de la Fleur, qui souligne en même

Une fête grandiose

>> La fête de la Fleur a lieu chaque année en juin – tous
les deux ans dans le cadre de Vinexpo – dans la région
bordelaise pour souligner l'arrivée de la fleur de vigne.
En plus de réunir des épicuriens du monde entier
autour d'agapes inoubliables, ce rassemblement,
organisé avec le concours de la Commanderie du
Bontemps du Médoc et des Graves, revêt une
dimension symbolique majeure puisqu'on sait bon an,
mal an que les vendanges auront lieu 100 jours après
l'éclosion des petites fleurs chargées d'espoir.

temps le 150e anniversaire de l'acquisition de ce cru prestigieux de Pauillac par le baron Nathaniel de Rothschild. À la fin, Domingo nous propose de recommencer en suivant le poème imprimé au verso de notre menu. Pour un peu, on se croirait à une veillée de scouts autour d'un feu de camp, à la différence près que le chanteur-animateur est l'un des plus talentueux ténors de la planète. Épatés et conscients de ce privilège d'écouter cette voix de velours au mitan de ce repas somptueux, nous sommes subjugués et ravis.

Pourtant, notre présence – celle de mon épouse et la mienne – à cette fête païenne de haute volée était loin d'être acquise. Par deux canaux différents, j'ai dû refuser deux fois la même invitation puisque la plupart des invités ne pouvaient être accompagnés pour des raisons évidentes de manque de place. Quand on s'appelle Rothschild, on peut compter sur la moitié de la planète vin et remplir aisément une salle de 5000 spectateurs, mais il y a des limites à tout. Et comme j'étais au même moment en vacances sur une île charentaise, je ne pouvais faire l'affront à ma compagne de la laisser seule et partir ripailler de mon côté.

Or, et il n'y a toujours pas de hasard, une relation bordelaise m'avait téléphoné 15 jours avant l'événement. Malgré les milliers de kilomètres qui nous séparaient, j'avais entendu crisser les pneus de sa voiture sur des gravillons : mon interlocuteur venait d'arriver au château Palmer et, pour me faire plaisir, m'avait passé sans perdre une seconde la personne qui l'accueillait et dont il connaissait nos amicales relations. C'est ainsi que Bernard de Laage, directeur au développement du grand cru classé du village de Margaux, m'avait demandé sans ambages si j'étais de la fête de la Fleur. Trois heures plus tard, tout était réglé : NOUS étions ses invités.

●•·˙·

La charmante et colorée Philippine, personnage hors de l'ordinaire et fille respectable du baron Philippe, n'a pas ménagé ses efforts ni ses ressources pour nous recevoir : une vaste verrière, style Belle Époque, a été dressée dans le parc attenant au château, et ces festivités d'un jour ont nécessité six mois de préparation. Sous la gouverne de Xavier de Eizaguirre, directeur général de Château Mouton, une équipe a mis au point tous les détails pour faire de cette soirée de rêve une parenthèse gourmande unique.

Quand on a la fortune, ce n'est pas difficile, n'est-ce pas ? Eh bien, ce n'est pas tout le temps vrai, car, en plus de l'argent, il faut avoir du goût, et le lien entre les deux n'est pas systématique. À combien de réceptions ai-je assisté où le succès de la prestation était inversement proportionnel aux moyens engagés ? L'art de faire sobrement dans la démesure n'est pas donné à tout le monde. La véritable définition de la classe, comme j'ai pu le découvrir en Italie, n'est-elle pas la recherche de la plus haute qualité, avec le souci du détail, dans une extrême simplicité ? L'industrie du luxe tombe parfois dans l'ostentatoire, mais ses acteurs essentiels, les vrais, comme souvent à Bordeaux ou en Champagne en ce qui concerne le monde du vin, savent agir sans lésiner, mais avec une certaine retenue.

C'est Potel et Chabot, le réputé traiteur parisien et organisateur d'événements, qui est le maître d'œuvre de ce happening viticole mémorable, voire éblouissant. De fait, nous allons de surprise en surprise, depuis la dégustation de dizaines de crus servis en guise d'apéritif, jusqu'aux danses endiablées du petit matin.

Après avoir enfilé robe et complet noir entre deux rangs de vignes bordant une petite route médocaine et avoir laissé la voiture, comme tous les heureux élus, dans un stationnement de Pauillac, nous avons été conduits au château par des navettes prévues à cet effet. Le repas a commencé à l'heure convenue puisque – et je vais l'apprendre plus tard – le bon déroulement dépend des horaires d'arrivée et de départ d'un Boeing 777 spécialement affrété pour la circonstance, et qui vient de Paris avec, à son bord, des personnalités du monde français des arts, du spectacle et de la politique. Parmi elles, madame Claude Pompidou, Catherine Deneuve, Mireille Darc, Jean-Claude Brialy, Jean d'Ormesson et Frédéric Mitterrand. Il ne faut pas oublier que Philippine a déjà fait partie du monde artistique et qu'elle a gardé des contacts sûrs ainsi qu'un sens du théâtre relativement aiguisé.

Claude Pompidou, une amie des arts

> Curieusement, j'ai été bercé dans ma jeunesse par le nom de son mari, Georges Pompidou, premier ministre du général de Gaulle et président de la République française de 1969 à 1974, puisque ce dernier a épousé Claude Cahour, née tout comme moi à Château-Gontier. La maison familiale était située une rue au-dessous de la nôtre, et son père, médecin, entretenait des liens étroits avec ma tante, une religieuse hors du commun. Claude Cahour Pompidou est décédée en 2007.

Un autre restaurateur a été prévu pour nourrir les employés du traiteur principal et l'on a assigné un serveur pour quatre convives, moyenne infiniment plus élevée que dans quantité de restaurants. Ces conditions exceptionnelles permettent aux nombreux participants de savourer, autour d'une table joliment agrémentée en son centre d'un soliflore de Murano, l'aspic de bar accompagné d'asperges en gelée aux truffes, puis le duo de veau forestière. Les températures de service sont respectées, tout comme celles des Haut-Brion blanc 1999, Margaux 1996 et Mouton Rothschild 1982 qui accompagnent les plats. Il faut bien admettre que servir des mets et des vins de cette envergure, à autant de monde et dans les meilleures conditions, relève du tour de force.

Entre le fromage et le dessert, une pêche rôtie au caramel accompagnée d'un Château Coutet 1989 – un délicieux et suave barsac –, un feu d'artifice digne d'un festival pyrotechnique international jaillit dans le ciel de Pauillac, juste au-dessus de nos têtes. Nous sommes émerveillés par tant de beauté, de grâce, de tonalités vives et percutantes, de jets étincelants qui crépitent, de points d'exclamation fugaces et colorés qui ponctuent le firmament pour notre plus grand bonheur, et de courbes incandescentes qui scintillent et se reflètent dans nos yeux. Voilà, c'est dit! D'autant plus que tous les gens présents, même s'ils en ont vu d'autres, se prêtent au jeu et ne demandent pas mieux que de redevenir des gamins, le temps d'en prendre plein la tête. Une fois n'est pas coutume, et même les plus blasés, Dieu sait qu'ils pullulent, paraissent enchantés par ces instants de réjouissances qui, pour une fois, ne leur semblent pas teintés de banalité...

Cafés, tisanes et alcool de prune servis, nous sommes conviés à danser au son d'une troupe des

Quand un vin frise la perfection

» «Un nez d'une exquise droiture»; «Ciselé à la perfection»; «Un vin concentré et pur»; «Il est loin d'atteindre son apogée»; «Un vin riche qui vous caresse»; «Parmi les meilleurs du siècle dernier dans la région bordelaise», tels sont les superlatifs utilisés çà et là par des amateurs et des professionnels à propos du Mouton Rothschild 1982! Et je corrobore!

Caraïbes, le Tabou Combo, venue spécialement de New York pour nous divertir. Zouk, salsa, mérengué, pachanga, calypso, kalangué et autres biguines sont au programme. Les autochtones et les étrangers de passage se laissent aller et se déhanchent, tout en conservant une petite gêne de bon aloi, souhaitée ou à tout le moins bienvenue, dans le monde charmant et un rien crispé de la bourgeoisie bordelaise.

En ce sens, j'aime bien Philippine, que j'ai côtoyée à diverses reprises, car elle n'use pas de son ascendance aristocratique pour se conduire avec condescendance. De cette première fois à Limoux lorsqu'elle a inauguré la société Baron'Arques, je me souviens de sa capacité à faire sincèrement plus simple que ceux qui seraient tentés de critiquer sans discernement quiconque de son rang. Ce n'est pas parce qu'elle est née une cuillère en argent dans la bouche que sa destinée est un conte de fées. Attentive aux malheurs des autres, elle poursuit l'œuvre de son père et, tout comme lui, se fait philanthrope. Des années plus tard, nous avons partagé à Montréal le chœur d'une belle église pour une vente aux enchères dont les profits ont servi à sa remise en état, avec le parrainage de Toques et Clochers, organisation qui poursuit une action identique dans le Limouxin.

Une enfance marquée par la guerre

> Pendant la Seconde Guerre mondiale, le père de Philippine de Rothschild, le baron Philippe, a fui la France en 1941 pour rejoindre les Forces françaises libres (FFL), après avoir mis sa famille à l'abri. Son épouse, Élisabeth de Chambure, qui pensait être épargnée puisqu'elle n'était pas juive comme son mari, fut arrêtée par la Gestapo. Sa fille, qui avait 10 ans en 1945, ne reverra plus sa mère, morte en déportation à Ravensbrück, juste avant la fin de la guerre. Passionnée de théâtre, Philippine sera admise au Conservatoire en 1958, et c'est sous le nom de Philippine Pascal qu'elle jouera plusieurs années au théâtre, aux côtés notamment de Madeleine Renaud. Dès le début des années 1980, elle commencera à s'intéresser aux affaires familiales et prendra la succession de son père, décédé en 1988.

Enfin, en juin 2009, les circonstances et mes engagements professionnels m'ont amené à être convié à sa table deux fois plutôt qu'une en l'espace de trois jours. Ainsi va la vie! Et qui plus est dans le cadre magique du chai à barriques du même Château Mouton! Après avoir bravé la maladie, elle reste intarissable, joyeuse et d'un optimisme à tous crins. Elle rejette du revers de la main tous les esprits chagrins qui pourraient s'interposer, et c'est en femme libre et déterminée qu'elle savoure avec humour chaque minute de l'existence. Elle délègue à ses fils Philippe et Julien diverses responsabilités. Le premier soir, assis à la gauche de son époux, Jean-Pierre de Beaumarchais, bibliographe et descendant du brillant auteur dramatique, nous avons beaucoup ri, devisé sur le *Mariage de Figaro* et l'urgence de protéger la langue française de tous les anglicismes parasites, convenant, avant de se laisser, que la vie de château avait ses beaux côtés…

Pleins feux
sur le Château Mouton Rothschild

Situation géographique

Mouton Rothschild est situé à Pauillac, en plein Médoc, à 50 kilomètres de la ville de Bordeaux, et compte 84 hectares de vignes, sur un terroir où le sol, l'exposition et l'ensoleillement sont remarquables.

Un peu d'histoire

C'est en 1853 que le baron Nathaniel de Rothschild, de la branche anglaise de la dynastie, achète le Château Brane Mouton. Malgré la réputation du terroir, nul ne s'intéresse vraiment à ce domaine devenu Château Mouton Rothschild. Pourtant, en 1922, Philippe, qui n'a alors que 20 ans, découvre le charme de la propriété familiale et en devine tout son potentiel. Il décide d'en faire un lieu unique et de produire un des meilleurs vins de la terre. Visionnaire, et gratifié d'une forte personnalité, il opte, deux ans plus tard, pour la mise en bouteille intégrale au château, pratique inusitée à l'époque. En 1926, Philippe fait construire le magnifique chai à barriques qui en inspirera plus d'un.

Il participe aussi à des compétitions automobiles et se consacre à la production cinématographique. Homme de lettres et amoureux des arts, il souligne la fin de la guerre et la Libération en faisant illustrer son étiquette par l'artiste Philippe Jullian, du V de la victoire. Puis il demandera à ses célèbres amis de s'en charger. C'est le début de la collection d'œuvres signées par les Cocteau (1947), Braque (1955), Dali (1958), Miró (1969), Chagall (1970), Picasso (1973), Warhol (1975), Riopelle (1978), et le prince Charles en 2004, pour ne nommer que ceux-là, qui vont décorer chaque année la bouteille de Mouton.

En 1962, le Musée du vin dans l'art, consacré à trois millénaires d'objets de la vigne et du vin, est inauguré par André Malraux. En 1973, après 20 ans de lutte contre les normes établies, il obtient la révision de l'ordre historique des crus classés de 1855, donnant à Mouton la première place qui lui revient, aux côtés des Latour, Laffite et Margaux. Depuis que le baron Philippe est décédé, sa fille Philippine porte désormais sur ses épaules, secondée de ses enfants, l'œuvre de son père avec brio.

La devise du château, *Premier je suis, Second je fus, Mouton ne change,* n'aura jamais été aussi vraie.

Le vignoble à la loupe

- L'encépagement est composé de 77 % de cabernet sauvignon, 12 % de merlot, 9 % de cabernet franc et 2 % de petit verdot.
- L'âge médian des vignes est de 48 ans.
- La densité de plantation est de 8500 pieds à l'hectare.
- Les vendanges se font entièrement à la main ; les raisins sont déposés dans des cagettes.
- La vinification se fait en cuves de bois, et la durée de cuvaison est de 15 à 25 jours.
- L'élevage se fait en barriques de chêne entre 18 et 22 mois. Selon le millésime, le pourcentage de bois neuf frise les 100 %.
- La production annuelle est d'environ 300 000 bouteilles.
- Le deuxième vin, Le Petit Mouton de Mouton Rothschild, est issu des plus jeunes vignes, et est proposé à la clientèle depuis le millésime 1993.
- Quatre hectares sont consacrés à la production d'un bordeaux blanc sec, appelé joliment Aile d'Argent.

TO... PHILIPPINE ☆ PAL...
HILD ☆ FLEUR DE VIGNE ☆
RANDIOSE ☆ PLACIDO DOMINGO ☆ VICTOIRE ☆ DEP
ND CRU ☆ FIGARO ☆ PALMER ☆ MOUTON ☆ PHILIPP
ICTOIRE ☆ DÉPORTATION ☆ ROTHSCHILD ☆ FLEUR
UTON ☆ PHILIPPINE ☆ PAUILLAC ☆ GRANDIOSE ☆ P
HILD ☆ FLEUR DE VIGNE ☆ GRAND CRU ☆ FIGARO
RANDIOSE ☆ PLACIDO DOMINGO ☆ VICTOIRE ☆ D
AND CRU ☆ FIGARO ☆ PALMER ☆ MOUTON ☆ PHIL
ICTOIRE ☆ DÉPORTATION ☆ ROTHSCHILD ☆ FLE
UTON ☆ PHILIPPINE ☆ PAUILLAC ☆ GRANDIOSE
CHILD ☆ FLEUR DE VIGNE ☆ GRAND CRU ☆ FIG... O
RANDIOSE ☆ PLACIDO DOMINGO ☆ VICTOIRE ☆ DÉPO
AND CRU ☆ FIGARO ☆ PALMER ☆ MOUTON ☆ PHILIPPIN
ICTOIRE ☆ DÉPORTATION ☆ ROTHSCHILD ☆ FLEUR D
UTON ☆ PHILIPPINE ☆ PAUILLAC ☆ GRANDIOSE ☆ PLA
CHILD ☆ FLEUR DE VIGNE ☆ GRAND CRU ☆ FIGARO
RANDIOSE ☆ PLACIDO DOMINGO ☆ VICTOIRE ☆ DE
D CRU ☆ FIGARO ☆ PALMER ☆ MOUTON ☆ PHILIP
TOIRE ☆ DÉPORTATION ☆ ROTHSCHILD ☆ FLEU
ON ☆ PHILIPPINE ☆ PAUILLAC ☆ GRANDIOSE
ILD ☆ FLEUR DE VIGNE ☆ GRAND CRU ☆ FIGARO
ANDIOSE ☆ PLACIDO DOMINGO ☆ VICTOIRE ☆ DE
ND CRU ☆ FIGARO ☆ PALMER ☆ MOUTON ☆ PHILIP
ICTOIRE ☆ DÉPORTATION ☆ ROTHSCHILD ☆ FLEU
UTON ☆ PHILIPPINE ☆ PAUILLAC ☆ GRANDIOSE
HILD ☆ FLEUR DE VIGNE ☆ GRAND CRU ☆ FIGA
RANDIOSE ☆ PLACIDO DOMINGO ☆ VICTOIRE ☆ D
D CRU ☆ FIGARO ☆ PALMER ☆ MOUTON ☆ PHIL
CTOIRE ☆ DÉPORTATION ☆ ROTHSCHILD ☆ FLEU
TON ☆ PHILIPPINE ☆ PAUILLAC ☆ GRANDIOSE ☆
ILD ☆ FLEUR DE VIGNE ☆ GRAND CRU ☆ FIGAR
ANDIOSE ☆ PLACIDO DOMINGO ☆ VICTOIRE ☆ DI
D CRU ☆ FIGARO ☆ PALMER ☆ MOUTON ☆ PHILIP
TOIRE ☆ DÉPORTATION ☆ ROTHSCHILD ☆ FLEI
ON ☆ PHILIPPINE ☆ PAUILLAC ☆ GRANDIOSE ☆
D ☆ FLEUR DE VIGNE ☆ GRAND CRU ☆ FIGARO
DIOSE ☆ PLACIDO DOMINGO ☆ VICTOIRE ☆ D

NELSON ★ RAUPUNGA ★ MAORIS ★ TUTAEKURI
NOUVELLE-ZÉLANDE ★ MARLBOROUGH ★ SAUVIGNON
TUTAEKURI ★ TE MATA ★ PAUL PICHÉ ★ TUKITUKI
SAUVIGNON ★ HAKA ★ CHANSONS ★ NELSON
TUKITUKI ★ TE AWA ★ NOUVELLE-ZÉLANDE

Émotions avec les Maoris

« **H**ello Jacques – je suppose que tu es Jacques –, comment ça va ? » me dit (en anglais évidemment !) un quinquagénaire confortablement assis dans le hall de l'hôtel où je suis descendu. « Ça va bien, merci. » « Écoute, poursuit-il, je crois que ce serait bien que tu enfiles des jeans. Ce soir, c'est relax. »

Un peu décontenancé, d'autant plus que je suis habillé déjà très *casual*, j'obéis aux ordres de Keith Palmer, le directeur de la cave maorie qui me souhaite la bienvenue de façon originale, dois-je le préciser. Je redescends cinq minutes plus tard, en jean et veston sport, un capodastre dans ma

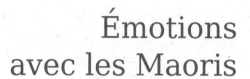

Loin, très loin de la maison

>> Prenez votre boussole, car nous sommes ici un peu coupés du monde. Du soleil et un ciel bleu toute l'année, m'a-t-on dit, des montagnes (souvent recouvertes de neige), des lacs, des forêts et un bord de mer magnifique... C'est ce qui fait dire à certains que Nelson est la plus belle région de la Nouvelle-Zélande. Personnellement, j'ai trouvé tout le pays beau.

Les raisins sont protégés des fortes précipitations par les montagnes et bénéficient d'un climat tempéré par la proximité de la mer. La baie de Tasman, où Nelson est situé, m'a fait penser à celle de La Baule en Bretagne, là où se trouve la plage de mon enfance.

poche. Et pour cause : pendant les présentations, Keith m'a expliqué que le lundi les bons restaurants sont fermés, et que je dois me préparer, car, ce soir, c'est place à la musique…

Je suis à Nelson, dans la baie de Tasman sur la côte Ouest, tout au nord de l'île du Sud de la Nouvelle-Zélande. En fait, je suis attendu dans un bistro tout simple où Palmer et son équipe me réservent un accueil bien particulier que je ne serai pas près d'oublier.

Un outil indispensable

> De l'italien *capotasto*, qui désigne la barrette sur laquelle s'appuient les cordes, un capodastre est un petit appareil que l'on pose à son gré sur le manche de la guitare sans toucher à « l'accordage ».

Les cordes sont ainsi plaquées comme pour un « barré », ce qui permet d'ajuster le ton à sa voix. À défaut d'une guitare qui prend trop de place, j'ai habituellement un capodastre dans mes bagages.

« Écoute, me dit Keith, ce soir on va dans un endroit où l'on mange correctement, mais ce n'est pas ça l'important. Ce qui compte, c'est d'avoir du plaisir. Il y aura de bons vins, du beau monde, et tu ne travailles pas, tu profites. Je sais que tu fais de la musique – il est bien renseigné, le coco –, alors tu te laisses aller, car cette soirée, c'est pour toi ! » Drôle de façon de recevoir un *écriVin* de passage qui veut coucher dans son livre, et de manière professionnelle, le fruit de ses investigations. J'avoue que je suis intrigué par cette prémisse qui est loin de me déplaire. Il m'arrive de gratter et de chanter dans une cave quand l'occasion se présente, comme j'ai pu le faire au Chili, en Argentine, et en Europe, ici et là. Cette fois-ci, je sens que ça va être différent. On verra bien !

●　●　●　●　●

La tradition maorie, extrêmement présente, joue un rôle prépondérant dans le quotidien des Néo-Zélandais. Qui plus est, la maison qui me reçoit, et que j'ai tenu à tout prix à visiter, s'appelle Tohu, un exemple surprenant, pour ne pas dire insolite, d'une cave à vin indigène. La culture maorie est au cœur de cette importante propriété, née de la fusion de trois partenaires : Wi Pere Trust de Gisborne, Nelson's Wakatu Incorporation et Ngati Rarua Atiawa Iwi Trust. Ici, tout est pensé et exécuté pour mettre de l'avant les valeurs distinctes et spirituelles des autochtones par une approche équitable, et produire des vins de bonne qualité. Ceux-ci viennent de Marlborough, plus précisément des vallées Waihopai et Awatere, de Nelson, où je me trouve, et de Gisborne, dans l'île du Nord.

Un peuple pacifique

Issus de populations polynésiennes, les Maoris se sont installés en Nouvelle-Zélande par vagues successives à partir du VIIIe siècle, ce qui explique la quantité de gens et de lieux (villes, villages, rivières, montagnes, etc.) qui portent des noms typiques (Waipara, Ngaruroro, Raupunga, Tutaekuri, Te Mata, Tukituki, Te Awa, Ngatarawa, etc.). Aujourd'hui, ils sont plusieurs centaines de milliers, auxquels il faut ajouter une diaspora importante, qui vit en Australie principalement. Les Maoris sont des gens affables et accueillants ; j'en ai eu la preuve tangible lors de mon reportage dans leur pays.

Il y a déjà du monde quand nous entrons dans le bistro-bar, et un *band folk rock* ne nous a pas attendus pour installer l'ambiance dans la place. Je vois que Keith a pensé à tout et qu'il sait joliment s'entourer. Je dois me rendre à l'évidence : le contexte de ma visite et de la dégustation sera bien différent et moins convenu qu'à l'accoutumée. On m'a déjà réservé bien des surprises au cours de mes visites, seulement je vais devoir assurer une fois de plus puisqu'on a décidé de chatouiller mon penchant pour la musique, cette fois-ci.

Pour nous mettre à l'épreuve

» Ne croyez surtout pas que la vie de globe-trotteur du vin soit de tout repos. On m'a déjà reçu à cheval et en hélico, fait faire du 4 x 4 et du *quad*, et, plus prosaïquement, du vélo. On a voulu me faire sauter en *bungee*, et j'ai dû grimper en haut d'un des plus hauts foudres d'Europe (à Budapest, en Hongrie). J'ai aussi pigé (foulage au pied) à moitié nu dans une cuve en Bourgogne, cherché des œufs de Pâques au fond d'une crayère gallo-romaine et descendu en rappel dans une cave, harnaché comme un spéléologue. Sur les bords d'un lac souterrain valaisan, j'ai soufflé dans un cor des Alpes, cette longue pipe au son venu des entrailles de la terre. Et que sais-je encore !

La nourriture du corps et de l'esprit

» À une époque où l'on n'a plus que le mot «bouffe» à la bouche pour parler de cette nourriture dont trop de gens manquent cruellement, j'ai trouvé cet instant à la fois vibrant, intense et rafraîchissant, et d'une déférence extrême à son égard.

Une table bien garnie a été mise de côté et je m'y installe, prêt à tout. Je suis en train de siroter mon premier vin blanc quand une famille maorie au grand complet, des adultes qui s'occupent de Tohu, se joignent à nous, vêtus simplement. Je découvre, éberlué, que la maman et ses cinq grands enfants sont là pour chanter et danser à l'occasion de mon passage à Nelson. Le *band* s'est arrêté pour laisser tout l'espace à mes nouveaux amis, qui m'expliquent comment leur respect de la nature et leurs fortes traditions collent à merveille à une authentique philosophie de la culture de la vigne et du vin.

Après s'être embrassés nez contre nez, une coutume à laquelle je me suis prêté de bonne grâce, ils bénissent le pain et tous les aliments avec une douceur infinie, dans le recueillement et le silence, un rituel qui me prend aux tripes. Pour tout dire, je suis saisi, bouleversé au point d'en rester coi, étranglé par l'émoi, lorsque Keith me demande de dire un mot. Je ne m'y attendais pas, et c'est sans doute un peu trop, tant d'égards, tant de profondeur dans le propos malgré la barrière de la langue, tant d'universalité partagée, si loin de ma famille et de mes amis.

Avec une grande délicatesse, ils me laissent reprendre mes esprits, et pour donner le change et ne rien laisser voir, je me retourne, le nez dans mon verre de sauvignon… Il faut dire que ma sensibilité est peut-être exacerbée, car j'ai été ébranlé deux semaines auparavant par la perte d'un être cher pendant que j'étais au fin fond de l'Australie. De plus, ce soir, je me sens perturbé par la présence d'un de leurs *winemakers* (œnologue ou vinificateur) qui ne me lâche pas d'une semelle et qui, contre toute attente, est le portrait étonnant d'un de mes frères que je n'ai pas vu depuis des années. Ce n'est pas son sosie, sauf que son faciès présente des similitudes troublantes.

Enfin, je réussis en quelques mots à leur faire part de mes senti-ments et du privilège que j'ai d'être là, puis ils se donnent en spec-tacle, juste devant moi, alternant danses et chants traditionnels, accompagnés à la guitare par le plus jeune fils. La joie commune aug-mente au fil des mélopées maories. Je dois à mon tour interpréter des chansons plus conventionnelles, issues de mon modeste répertoire.

Les secrets du haka

>> S'il est une facette importante de la culture maorie, c'est bien le haka, cette danse popularisée par les All Blacks, l'équipe nationale de rugby. Le haka revêt avant tout une portée considérable dans l'accueil des visiteurs, exprimant par des postures complexes, qui peuvent à nos yeux sembler exagérées (le corps, les pieds, les yeux, parfois exorbités, la langue sortie chez les hommes, etc.), l'expres-sion de l'âme, de la passion et de l'identité d'un peuple. Avec une multitude de variantes dans l'interprétation, chaque danse est exé-cutée avec discipline, selon des règles clairement établies. Forcé-ment, j'ai dû me prêter au jeu, et je crois que ma courte (ou trop longue, c'est selon) prestation a fait rire plus qu'elle n'a impressionné mes hôtes tolérants.

Curieusement, elles semblent teintées d'exotisme à leurs oreilles. Grâce au petit accessoire que j'ai apporté, je peux adapter ma voix à l'instrument qui m'est prêté.

Des vins de stature internationale

>> Ambiance décontractée pour cette dégustation, dont le premier échantillon est le Mugwy Marlborough sauvignon blanc, expressif, riche et plein de vivacité, suivi de l'Unoaked chardonnay, toujours de Marlborough, fruité et d'une franchise évidente, puis du Gisborne Reserve chardonnay, légèrement marqué par le bois. De Marlborough à nouveau, le pinot noir est fort agréable, loin toutefois de la complexité et de la richesse de saveurs du Rore Marlborough Reserve du même cépage, concentré, doté de tanins soyeux, agrémenté de notes de prunes bien mûres et de douces épices, livrées par une sensuelle et indicible rémanence.

Il va sans dire que l'analyse de ces vins est celle d'un chroniqueur objectif et impartial, et qu'elle n'a rien à voir avec la nature de la réception. Combien de fois, quand on veut bien faire son métier, doit-on critiquer négativement – ou ignorer, ce qui est souvent mon cas – la production d'une maison qui nous a reçus avec panache et générosité ? !

Après deux ou trois *tounes* de mon cru, je leur fais apprendre les *lalalalala* de la chanson de Paul Piché *Heureux d'un printemps,* pour que mes hôtes puissent m'accompagner à la québécoise, dans un esprit chansonnier. Comme les Maoris ont le rythme dans le sang, ils n'ont pas de mal à me suivre. Même la chanteuse du groupe rock se met de la partie et vient nous rejoindre. C'est ainsi que la nuit commence ! Certes, la flopée de bouteilles qu'ils ont apportées jouent de leur indéniable influence, mais les émotions, de part et d'autre, sont palpables… jusqu'au petit matin.

Il faut admettre qu'il est tout de même un peu frustrant de se retrouver seul lorsqu'on vit ce genre de situation, incapable de partager avec un proche les impressions ressenties. Comme la soirée vécue trois jours plus tôt dans le décor féerique des Marlborough Sounds,

Un directeur photo talentueux

> À la fois directeur photo et réalisateur, le Néo-Zélandais Michael Seresin mène une carrière exceptionnelle dans le cinéma. Collaborateur attitré d'Alan Parker, notamment, il a signé la photographie de bon nombre de ses films dont *Bugsy Malone*, *La vie de David Gale* et *Midnight Express*. Il a aussi réalisé *Homeboy*. Amoureux du vin depuis des lunes, il est l'heureux propriétaire de *Seresin Estate*, situé à Marlborough, auquel il se consacre entre deux tournages. C'est pour cette raison que je me suis retrouvé chez lui, grâce à mon bon ami Jean-Marie Bourgeois, vigneron dans le Sancerrois... et à Marlborough.

un environnement unique, accessible seulement en bateau. Je me suis rendu dans une propriété de rêve, la résidence privée de Michael Seresin, chez qui j'étais invité à fêter la fin des vendanges 2007. J'y ai goûté des cuvées de pinot noir qui m'ont vraiment enthousiasmé, mais j'étais surtout conscient que je vivais des moments extraordinaires, dans un cadre qui l'était tout autant. On me dira que l'on peut immortaliser ces instants magiques par la photo numérique, Twitter ou d'autres avenues virtuelles, mais rien ne peut remplacer la présence de quelqu'un à ses côtés.

Après plusieurs semaines passées dans cette contrée, avec en toile de fond la culture maorie et ses mystères, je repartirai ébloui à la fois par la gentillesse des gens et la beauté des paysages, à couper le souffle. D'Auckland jusqu'aux rives des lacs du Central Otago, les Néo-Zélandais ont développé un tel sens de l'hospitalité et de l'œnotourisme que les domaines, qui sont légion, ont ouvert un restaurant, un bistro, une boutique, tout ça pour le plaisir de recevoir… et de faire des affaires. Autant de progrès en si peu de temps peut laisser songeur. En revanche, voilà bien la preuve, quand on a le vin en bouche, qu'aucune nation au monde ne détient le monopole de la perfection, et que la connaissance et la passion des hommes, où que l'on soit, combinées à des terroirs comme on en trouve là-bas, peuvent provoquer des petits miracles œnologiques.

Pleins feux
sur la Nouvelle-Zélande viticole

Situation géographique et climat

La Nouvelle-Zélande, située en plein océan Pacifique à 2000 kilomètres environ à l'est de l'Australie, est essentiellement composée de deux grandes îles (et d'autres plus petites); on a l'habitude de différencier les zones de production de la même manière. Renommé pour ses verts pâturages et ses millions de moutons, ce coin du monde connaît des amplitudes thermiques notables puisqu'il se situe entre les 34e et 47e degrés de latitude, sur une distance de 1600 kilomètres. En fait, un monde sépare les conditions semi-tropicales de l'extrême nord de l'île septentrionale, et les hivers rigoureux du sud de l'île du Sud. Entre les deux, les étés frais et les hivers relativement tempérés offrent d'excellentes conditions pour la culture de la vigne.

Un peu d'histoire

Ce n'est qu'au début du xixe siècle que la vigne a été introduite en Nouvelle-Zélande par un missionnaire anglais, plus précisément à Kerikeri, dans le nord. Puis un certain James Busby, premier résident britannique à avoir contribué antérieurement à l'essor de la viticulture australienne, a participé à l'élaboration des premiers vins. Vers 1895, le dramatique phylloxéra s'est introduit au pays; par conséquent, malgré les essais d'une poignée de colons français, espagnols, italiens ou dalmates, la vigne, au début des années 1920, comptait environ 200 hectares, rien de vraiment important pour assurer son avenir. Après une curieuse politique de tempérance ne favorisant pas la culture du vin au pays du kiwi (pas le fruit, l'oiseau national), cette période d'abstinence a pris fin en 1990 lorsque les magasins d'alimentation ont enfin été autorisés à vendre des boissons alcooliques. C'est à peu près à la même époque que cette industrie a connu un essor considérable.

J'écrivais dans *Les vins du Nouveau Monde, tome I,* mon livre consacré en partie à ce pays, que, parmi les plus récents vignobles du monde, celui de la Nouvelle-Zélande s'est forgé une réputation d'excellence au cours des 10 dernières années. Le calibre de ses vins ne s'est pas démenti et est en constante progression.

Principaux cépages

.·· Blancs

Les deux cépages blancs les plus importants sont le sauvignon blanc et le chardonnay, représentant respectivement 37 % et 17 % de la surface totale plantée. On cultive aussi, en ordre d'importance, le pinot gris, le riesling, le gewurztraminer, le sémillon, le müller-thurgau, le muscat, le viognier, le chenin blanc, le chasselas, le pinot blanc et le palomino (ce dernier pour élaborer des vins de type xérès).

.·· Rouges

Cépage dominant, le pinot noir représente 50 % dans l'élaboration des vins rouges, suivi du merlot et du cabernet sauvignon. Le marché se développe doucement et est surtout destiné à l'exportation, car les marges de profit y sont plus importantes. On cultive également, dans de petites proportions, la syrah, le cabernet franc, le malbec, le pinotage, le pinot meunier (pour les vins effervescents), le gamay, et une dizaine d'autres, à titre expérimental.

Régions de production

L'île du Nord (North Island)

C'est dans cette île que tout a commencé. Depuis Auckland jusqu'à Wellington, en passant par Hawkes Bay et Martinborough, les vignes sont disséminées. Voilà pourquoi maints producteurs achètent à des viticulteurs du raisin cultivé dans les zones les plus favorables. C'est à Auckland que l'on trouve le siège administratif d'une quantité de maisons (Babich, Delegate's, Nobilo, Matua Valley, Villa Maria, etc.) et par le fait même d'une forte communauté d'origine croate, fils et filles d'immigrants ou immigrants eux-mêmes.

Deux petits secteurs sont à surveiller : Matakana (sur l'île du Nord) et l'île Waiheke, un véritable petit paradis pour les touristes. Waikato et la baie de Plenty sont les terroirs de prédilection du chardonnay. Gisborne, la troisième entité viticole par sa surface, est connue comme étant la région la plus à l'est du monde. La région de la baie Hawkes est la deuxième en importance. Des étés et des automnes ensoleillés, de faibles pluies et des sols de graves bien drainés sont autant de facteurs autorisant l'élaboration de vins distinctifs. Sa renommée réside aujourd'hui dans ses terroirs puisque, dit-on, les géologues y distinguent près de 25 types de sols, de l'argile au calcaire, en passant par le sable, les galets et le gravier. En fait, la partie bien nommée Gimblett Gravels est constituée d'alluvions laissées par les méandres de la rivière Ngaruroro, lorsque celle-ci est sortie de son lit en 1867.

Enfin, Wairarapa, qui inclut les secteurs de Martinborough et de Wellington, la capitale, est situé le plus au sud de l'île du Nord et son climat s'apparente à celui de Marlborough, avec du vent et une faible pluviosité.

L'île du Sud (South Island)

De nombreux vignobles sur cette île, qui assure aujourd'hui près de 70 % de la production nationale, avaient été laissés à l'abandon avant de reprendre du service dans les années 1970. Marlborough possède la plus importante surface viticole et génère plus de 60 % de la récolte. Plantés dans la vallée du fleuve *Wairau*, les ceps profitent ici de sols caillouteux et d'un climat sec et ensoleillé, idéal pour la bonne maturation du raisin, qu'il s'agisse du sauvignon, du chardonnay, du riesling ou du pinot noir. Or, c'est incontestablement le sauvignon blanc, aromatique à souhait, qui est le seigneur du royaume et c'est avec les vins de Cloudy Bay que nous avions deviné, il y a une dizaine d'années, son immense potentiel.

À Nelson, on trouve des conditions idéales avec des plants bien exposés au nord (n'oublions pas que nous sommes dans l'hémisphère Sud), des hivers froids mais des étés secs et ensoleillés, un excellent drainage sur des sols de gravier... Que ce soit dans les plaines de Canterbury ou dans la vallée de la Waipara, bien protégée des vents, ces deux districts bénéficient d'un climat frais et d'un ensoleillement parfait pour la culture du riesling, du sauvignon, du chardonnay et du pinot noir.

Pour terminer en beauté, au sens propre comme au sens figuré, le Central Otago possède le vignoble situé le plus au sud du monde ! Il bénéficie d'un climat semi-continental avec un été court, chaud et aride, des automnes secs, ensoleillés le jour et frais la nuit, de bonnes conditions pour les mêmes cépages, et idéales pour le pinot noir. Ce dernier apprécie les sols graveleux ainsi que les terrasses qui longent l'envoûtante rivière Kawarau. Plus au sud, le pinot noir profite de zones schisteuses donnant des vins basés sur la minéralité. Il faut à tout prix se rendre sur les bords du saisissant lac Wanaka, où d'excellents domaines sont installés dans un décor inoubliable.

En allant sur le terrain déguster ces crus du bout du monde, on découvre un panorama incroyable, composé de lacs majestueux, de rivières et de cascades, de collines verdoyantes parmi lesquelles chemine une route sinueuse et pittoresque, de montagnes imposantes et de gorges profondes et mystérieuses. Tous les ingrédients naturels qui ont incité le réalisateur Peter Jackson à magnifier sa terre natale dans sa célèbre trilogie *Le seigneur des anneaux*.

Le pays de la capsule à vis

La Nouvelle-Zélande est certainement le chef de file en matière de capsule à vis, puisque 90 % de ses vins sont bouchés avec cette technique, qui plaît à beaucoup et déplaît en même temps à une kyrielle de consommateurs. Vaste débat, il est vrai, quand on sait que le goût de bouchon, ou vin bouchonné au sens large, touche de 4 à 7 % des bouteilles dégustées, ce qui est, convenons-en, beaucoup trop. C'est ainsi que la capsule dévissable a gagné du terrain.

Si la capsule métallique continue frileusement de faire des adeptes dans les pays traditionnels, elle est employée depuis longtemps en Suisse (80 % des bouteilles) et en Australie (50 %), et elle connaît une progression croissante dans l'ensemble des pays du Nouveau Monde ou sur les marchés anglo-saxons. Des scientifiques ont démontré que cette forme de bouchage est probablement la meilleure solution de remplacement au liège pour la conservation, la fraîcheur, la régularité et l'évolution des vins en bouteilles. Sans oublier la facilité de stockage, dans la mesure où les flacons peuvent être conservés debout, l'ouverture simplifiée et le rebouchage pratique.

Contrairement au liège, cette capsule ne permet aucun échange avec l'air (la question de l'impact des échanges gazeux à travers le bouchon de liège sur le vieillissement du vin reste pourtant sujette à débat) et promet une parfaite étanchéité. Elle a fait ses preuves sur les blancs et les rosés, restant timide sur le marché des vins rouges, jugé plus traditionnel.

Une question cependant : le bouchon de liège est-il en train de disparaître ? Je n'en suis pas sûr. En fait, on assiste à un faux débat, je dirais même à un faux procès. Sous prétexte de se montrer sous un jour avant-gardiste pur et dur, on condamne sans discernement le liège, responsable des vins bouchonnés. En revanche, il ne faudrait tout de même pas que la présence de goûts moisis, issus de mauvais bouchons et bien souvent d'agglomérés, mette en péril les remarquables suberaies centenaires où pousse le noble chêne-liège. Si le Portugal est le premier producteur du monde, l'Espagne se place au deuxième rang. Et j'ai la conviction que bien des choses ont changé dans la façon de faire. Dès à présent, les forêts sont mieux gérées – on y exerce un meilleur contrôle sur la matière première, en particulier sur l'âge des écorces –, et diverses technologies ont été mises au point afin d'éviter les désagréments.

Ce qui est amusant néanmoins, même dans les pays où la capsule à vis est généralisée, c'est d'entendre de la bouche de producteurs qui se croient futés l'argument fallacieux du deux poids, deux mesures : ils affirment qu'une partie de leurs vins sont bouchés avec une capsule métallique et gardent le bouchon de liège traditionnel pour les meilleurs. Est-ce à dire que les premiers ne sont pas assez bons pour mériter le liège ? Les plus pragmatiques avouent que la capsule coûte tout simplement 3 ou 4 fois moins cher qu'un bon bouchon de liège. Multipliez ce bénéfice par des centaines de milliers voire des millions de flacons et vous aurez compris l'enjeu économique que représente ce *twist cap* qui a changé nos habitudes.

Quoi qu'il en soit, liège ou capsule de métal, le débat est lancé. Gardez votre précieux limonadier, il devrait encore servir...

☆ MENDOZA ☆ COLOMÉ ☆ C...
DÉNUEMENT ☆ RAMIRO ☆ ÉMOTI... ...QUIE
CAFAYATE ☆ MALBEC ☆ ARGENTIN... ☆ MISÈRE ☆ D
...OTIONS ☆ CALCHAQUIES ☆ SALTA ☆ TORRONTÈS
...ENTINA ☆ MISÈRE ☆ DÉGUSTATION ☆ WALTER ☆ D
☆ SALTA ☆ TORRONTÈS ☆ MENDOZA ☆ COLOMÉ
...GUSTATION ☆ WALTER ☆ DÉNUEMENT ☆ RAMIRO ☆
MENDOZA ☆ COLOMÉ ☆ CAFAYATE ☆ MALBEC ☆
DÉNUEMENT ☆ RAMIRO ☆ ÉMOTIONS ☆ CALCHAC
CAFAYATE ☆ MALBEC ☆ ARGENTINA ☆ MISÈRE
...OTIONS ☆ CALCHAQUIES ☆ SALTA ☆ TORRONT...
...GENTINA ☆ MISÈRE ☆ DÉGUSTATION ☆ WALTER ☆ D
☆ SALTA ☆ TORRONTÈS ☆ MENDOZA ☆ COLOMÉ
...GUSTATION ☆ WALTER ☆ DÉNUEMENT ☆ RAMIRO ☆
MENDOZA ☆ COLOMÉ ☆ CAFAYATE ☆ MALBEC ☆ AR
DÉNUEMENT ☆ RAMIRO ☆ ÉMOTIONS ☆ CALCHAQU
CAFAYATE ☆ MALBEC ☆ ARGENTINA ☆ MISÈRE
...OTIONS ☆ CALCHAQUIES ☆ SALTA ☆ TORRONTÈS
...NTINA ☆ MISÈRE ☆ DÉGUSTATION ☆ WALTER
SALTA ☆ TORRONTÈS ☆ MENDOZA ☆ COLOMÉ
...STATION ☆ WALTER ☆ DÉNUEMENT ☆ RAMIRO ☆
...NDOZA ☆ COLOMÉ ☆ CAFAYATE ☆ MALBEC ☆ AR
DÉNUEMENT ☆ RAMIRO ☆ ÉMOTIONS ☆ CALCHAQUI
CAFAYATE ☆ MALBEC ☆ ARGENTINA ☆ MISÈRE
...OTIONS ☆ CALCHAQUIES ☆ SALTA ☆ TORRONTÈS
...ENTINA ☆ MISÈRE ☆ DÉGUSTATION ☆ WALTER
SALTA ☆ TORRONTÈS ☆ MENDOZA ☆ COLOMÉ
...STATION ☆ WALTER ☆ DÉNUEMENT ☆ RAMIRO
...NDOZA ☆ COLOMÉ ☆ CAFAYATE ☆ MALBEC ☆
...ENUEMENT ☆ RAMIRO ☆ ÉMOTIONS ☆ CALCHAQU
...AFAYATE ☆ MALBEC ☆ ARGENTINA ☆ MISÈRE
...TIONS ☆ CALCHAQUIES ☆ SALTA ☆ TORRONTÈS
...NTINA ☆ MISÈRE ☆ DÉGUSTATION ☆ WALTER
SALTA ☆ TORRONTÈS ☆ MENDOZA ☆ COLOMÉ
...STATION ☆ WALTER ☆ DÉNUEMENT ☆ RAMIRO
...DOZA ☆ COLOMÉ ☆ CAFAYATE ☆ MALBEC ☆ AR
...UEMENT ☆ RAMIRO ☆ ÉMOTIONS ☆ CALCHAQUI
...AYATE ☆ MALBEC ☆ ...NTINA ☆ ...RE

Au milieu
de nulle part

« **Q**ue diriez-vous d'aller au nord du pays rencontrer des Indiens qui font du vin ? » Je regarde Ariel, un des jeunes responsables de l'Association nationale des vins d'Argentine, avec une once de perplexité. Nous sommes dans le hall d'un grand hôtel de Mendoza à l'ouverture d'un concours de dégustation qui me permet à toutes fins utiles de vadrouiller et de visiter plusieurs dizaines de producteurs pour mon prochain

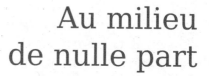

La capitale du vin argentin

> La ville de Mendoza est devenue une grande métropole agréable, grouillante et animée. L'agglomération tourne autour de 850 000 habitants, ce qui fait d'elle la quatrième en importance au pays. J'aime bien cette ville qui a poussé en plein désert, et plus particulièrement le centre avec ses rues piétonnières, ses parcs, ses restaurants, ses marchés d'artisans, ses cybercafés et ses arbres, irrigués par un réseau de petits canaux le long des trottoirs, les *acequias*, alimentés de façon mesurée par les réserves d'eau issues de la fonte des neiges. Mendoza règne sur des vignobles situés en altitude, qui profitent ainsi d'un microclimat frais et d'une amplitude thermique parfaits pour le fruit et l'équilibre du futur vin.

livre. Je mitraille mon interlocuteur de quelques questions : « Quel genre de vin font ces Indiens ? Où se trouvent-ils ? Exportent-ils ? Et que puis-je faire pour eux ? » « Justement ! me répond-il. Ce serait la première fois qu'un professionnel comme vous viendrait sur leur terre. Peut-être que vous pourriez les aider, leur dire comment faire… »

Moi qui enrage devant des sommeliers ou des journalistes qui se permettent d'intervenir auprès des vignerons sur la façon d'élaborer leur propre vin, j'hésite et je me vois mal donner des directives ou des leçons, même à des Indiens disposés à les recevoir. « Et vous pourrez ainsi connaître Salta, Cafayate et Colomé ! » À l'évocation de ces trois noms, je ne peux que me ranger à ses arguments puisque je rêve depuis longtemps d'aller là où l'on ne va presque jamais. Et puis, l'idée d'approcher ces gens qui se battent pour vivre avec leur production viticole me séduit malgré tout.

Le printemps suivant, période qui correspond à l'automne sud-américain, je pars pour Santa Rosa. Quel voyage ! Depuis une vingtaine d'années que je visite ce pays magnifique, j'ai eu beau rendre hommage à la *Pachamama* à Lujan de Cuyo, chanter dans le nord de la Patagonie à la *bodega* La Fin del Mundo ou mettre en musique l'assemblage d'un grand cru au pied de la cordillère, ma virée entre Salta et Cafayate restera certainement la plus marquante.

Mais avant mon rendez-vous avec la viticulture autochtone, c'est le cas de le dire, je vais découvrir la propriété qui, de mémoire, est la plus inaccessible que j'aie visitée en 40 ans de métier.

Pachamama, un rituel ancestral

≫ Ce rite consiste à rendre hommage à la terre, mère nourricière, en lui offrant des cadeaux pour s'attirer ses bonnes grâces, une pratique qui a cours chez les agriculteurs de la Bolivie et du nord de l'Argentine. Les vignerons perpétuent cette tradition, lors de festivités joyeuses et colorées, en demandant à chacun de leurs invités d'enfouir une bouteille pleine en guise de présent. Chaque fois, un mélange de solennités et de joie partagée préside à la cérémonie.

Après un vol de Mendoza jusqu'à Buenos Aires, puis un autre jusqu'à Salta, dans le nord du pays, prendre la route relève tant de l'aventure que du pur plaisir lié à l'impression de se retrouver au milieu de nulle part. En effet, au terme d'une quarantaine de kilomètres direction sud, passé Cerrillos et El Carril, s'offre à nos yeux un festin de paysages à couper le souffle, composés principalement de montagnes aux teintes vertes et rouges. Bienvenue dans les vallées calchaquies! On longe d'abord la fameuse *quebrada de Escoipe,* un étroit défilé qui ressemble à un canyon aux courbes vertigineuses. À peine une heure plus tard, celui-ci s'élargit peu à peu, et la route, caillouteuse, devient chaotique. Malgré tout, je m'endors en traversant Piedra del Molino; au réveil, mon chauffeur me dit que c'est normal: les 3348 mètres d'altitude m'ont pour ainsi dire mis K.-O. Puis, nous traversons un plateau presque désertique où des guanacos, mammifères sauvages apparentés au lama, des chevaux et quatre ou cinq vaches se sont donné rendez-vous.

Le temps s'est complètement dégagé lorsque nous nous engageons sur une magnifique ligne droite longue de 14 kilomètres: la Recta Tin Tin. Nous bifurquons sur la gauche pour entrer de plain-pied dans le parc national Los Cardones, où l'on trouve, comme son nom l'indique, des milliers et des milliers de cactus, appelés *cardones.* On se croirait en Arizona ou dans le Colorado. Et pour cause! On y tourne régulièrement des films aux décors de far-west.

Environ quatre heures après notre départ de Salta, nous arrivons enfin à Molinos, entre Cachi et Cafayate. Seulement attention: il reste encore une bonne demi-heure de route! Et que ceux qui ont le mal des hauteurs se le tiennent pour dit: nous sommes ici dans une viticulture extrême: la *bodega* Colomé, où je suis attendu, est située à 2300 mètres.

Il faut remonter en l'an 1831 pour assister à la naissance de cette cave, probablement sous la houlette du gouverneur de Salta, et c'est sa fille qui fera venir de France des plants de malbec et de cabernet sauvignon avant la crise phylloxérique. Peut-on dès lors concevoir qu'il s'agit du plus vieux domaine viticole du pays? Peut-être! Après plusieurs changements de propriétaires, c'est nul autre que Donald Hess qui va acheter, en 2001, la «petite»

Les débuts de l'aventure du vin pour les Indiens

》 Colomé fut nommée ainsi en l'honneur de Colomin, un chef indien qui, à la fin du XVIᵉ siècle, reçut une quantité de vignes des conquistadors espagnols pour services rendus.

propriété de 39 000 hectares... dont 75 seulement sont plantés de vignes. Ça laisse songeur !

Auparavant, le sympathique milliardaire avait mis la main sur la ferme El Arenal (30 hectares), située plus au nord, à 2600 mètres au-dessus du niveau de la mer. Et pour couronner le tout, il a imaginé tout près de là un vignoble expérimental à base de pinot noir implanté à 3111 mètres précisément. Rien ne l'arrête : la reconstruction complète de la cave, une petite centrale hydroélectrique, un hôtel de luxe et un restaurant conçus par son épouse, Ursula, un musée d'art moderne, tout pour être heureux dans ce fabuleux décor de la vallée du Rio Calchaqui, où vivent près de 400 Indiens qui constituent la main-d'œuvre principale.

Tout cela n'empêche pas l'expérimentation sur le terrain avec différents procédés de culture de la vigne en fonction des altitudes, le tout dans une approche biodynamique, pour le raisin comme

Quand deux pigeons voyageurs se rencontrent

》 Donald Hess est le fondateur du groupe suisse Hess (Hess Collection en Californie, Glen Carlou en Afrique du Sud et Peter Lehmann en Australie, trois domaines où j'ai eu le bonheur de me rendre). Toujours guidé par ma bonne étoile, j'ai pu l'attraper au vol en déjeunant avec lui pendant mon trop court séjour à Colomé. Nous avons échangé sur le vin, bien sûr, et sur la philosophie de la vie. Verre à la main, j'ai pu constater que je partageais avec cet homme, cultivé et pourvu d'un sens de l'humour aussi aiguisé que son sens des affaires, certaines valeurs, excepté sa fortune, hélas !

pour le reste (pomme de terre, céréales, fruits, viande, etc.). Le climat, très sec avec des journées chaudes et des nuits fraîches, permet donc une démarche bio qui n'est pas pour déplaire à celui qui s'est jeté dans ce projet colossal. Enfin, du côté de la production, il suffira de goûter les crus du domaine, étonnants et d'une grande pureté, pour vous élever spirituellement vers la cime des montagnes andines.

Des vins étonnants

C'est avec Thibault Delmotte, jeune Bourguignon chargé, entre autres, des vinifications, que j'ai procédé à la dégustation. Le torrontés, d'une jolie couleur brillante aux reflets verts et dorés, embaumait les narines de délicats parfums de rose. Avec la forte expression de l'ensemble, j'ai constaté une fois de plus que la finesse et l'exubérance peuvent faire bon ménage. Du côté des rouges, l'Amalaya, au nez superbe d'épices douces, est un assemblage agréable, fruité et assez charnu dans lequel le malbec domine (55%), complété par le cabernet sauvignon, la syrah, le tannat et la bonarda. Le Colomé Estate malbec provient de vieilles vignes, et le vin, massif et tannique, propose de franches saveurs de mûres et de cerises noires. Enfin, le Colomé Reserva, robuste, profond et d'une fraîcheur étonnante, est élaboré avec 80% de malbec et 20% de cabernet sauvignon.

Le lendemain, je me retrouve vite sur le plancher des guanacos quand, à mi-parcours, je traverse les alentours d'Angastaco avant de voir la vallée s'étendre à nouveau. La nature aride, composée de pics et d'aiguilles de roches aux teintes vieux rose, est éblouissante, pour ne pas dire hallucinante. Puis, en plein désert, je rencontre mes Indiens-vignerons qui m'attendent de pied ferme. Tout comme le nom de la région, ce sont des indigènes calchaquies, de culture et de langue quechua.

À l'approche du premier village, je vois bien sur le bord de la route des fruits d'un rouge éclatant en train de sécher sur des toiles en plein soleil. Il s'agit en fait de piments dont on se sert pour relever cette cuisine comme celle qu'on me préparera affectueusement, faite de fromage de chèvre et de maïs cuits dans ses feuilles, l'unique plat avec lequel je vais me sustenter. «Affectueusement» n'est pas trop fort, tant la famille de Walter, le vigneron qui me reçoit à Santa Rosa, m'accueille avec une gentillesse profonde et totalement détachée.

Ces gens vivent dans le dénuement le plus total et je les sens à la fois confus et embarrassés, tout autant que moi d'ailleurs, mais je m'efforce de ne pas le montrer. En fait, je suis accablé par tant de pauvreté et je ne veux pas passer pour un voyeur, même si je suis officiellement en reportage et que je dois prendre des notes ainsi que des photos. La cuisine commune et les autres logements sont en terre battue, et le terme «spartiate» pour décrire ce confort austère n'est pas suffisant pour expliquer autant de misère et de précarité.

Mes valises ont été entreposées avec une grande délicatesse dans ce qui sert de chambre à Walter, et que l'on réserve à ceux qui aimeraient y passer la nuit. J'apprends de Géraldine, une Française qui m'a rejoint et qui s'implique dans le tourisme durable et équitable, que le jeune homme qui l'accompagne – il s'appelle Ramiro – fait un travail remarquable. En fait, il aide ces gens courageux à se prendre en main en confectionnant des produits de facture artisanale; pour «mes Calchaquies», ce sont des vins élaborés sur place avec leurs vignes que je n'aurais su voir tout seul et qui, ma foi, ont du potentiel même si elles sont maladroitement entretenues.

J'ai un choc quand je pénètre dans la cave, assurément le lieu le plus propre et le plus invitant de l'endroit. Une cuve en plastique noir d'une contenance d'environ 200 litres, 2 récipients bleus d'une centaine de litres chacun, et 2 barriques esseulées posées sur des madriers constituent l'ensemble de l'équipement de vinification. Je dois évidemment faire abstraction de mes repères habituels, et je les félicite sincèrement, sachant que leur culture du vin n'a aucune commune mesure avec la mienne et ce qui se fait ailleurs.

Puis vient le moment délicat de la dégustation. Délicat car je vais devoir dire ce que je pense tout en pesant mes mots. Six bouteilles ont été disposées sur une petite table de fortune, et trois verres miniatures sont couverts d'un linge blanc afin de repousser les petites bestioles de passage. Ils sont tous debout autour de moi (qui suis assis) à épier mes réactions. Je suis désarçonné par le décalage entre l'exercice auquel j'ai accepté de me plier et cet environnement glauque dans lequel mes hôtes tentent de survivre. Des images défilent dans ma tête, qui évoquent ces Mayas et leur sinistre habitat qu'il m'a été donné d'observer lors d'un séjour au Mexique. Je pense également à tout ce décorum qui fait partie de ma profession, aux réceptions luxueuses auxquelles je suis convié. Certes, ce n'est pas la première fois que mes petites habitudes de dégustateur choyé volent en éclats, et ça ne me déplaît pas. Comme me le dit parfois mon épouse, Josiane (qui ne manque en aucune façon l'occasion de me garder les deux pieds sur terre), quand je me retrouve dans des conditions, dirons-nous, moins favorables : « C'est bon, c'est même très bon pour toi, ça te permet de ne pas prendre la grosse tête... »

Je suis renversé par le silence de ces gens qui sont suspendus à mes lèvres, de la maman, de l'oncle et de la tante, du frère et de la sœur, qui m'observent avec respect et dignité. Je goûte, je crache dans un petit gobelet et ça les fait rire, je prends des notes et je les sens anxieux. Je dois maintenant donner mon avis, mon opinion qui ne vaut que ce qu'elle vaut, et que je veux la plus sincère. Pas question de langue de bois pour leur faire plaisir en leur disant que tout est bon, car ce n'est pas le cas, et j'essaie doucement de leur prodiguer divers conseils pour qu'ils puissent tirer de leurs raisins des vins que les gens de passage achèteront tout en se faisant plaisir. Comment garder la couleur, le fruit et la fraîcheur, éviter les oxydations et l'amertume.

Mon travail de dégustateur terminé, nous prenons des photos. Je les sens soulagés et heureux, Walter est fier et la maman me serre fort dans ses bras. Ils n'ont rien, mais ils me donnent tout en se collant ainsi. Mes yeux rougissent, et je sais d'ores et déjà que je n'oublierai pas de si tôt ce moment de grâce, cette sérénité, loin des dorures et du faste, des apparences trop souvent inutiles.

De retour à la maison, j'envoie mes recommandations en insistant sur le fait qu'il est impératif que ces gens puissent travailler dans de meilleures conditions, notamment du point de vue hygiénique (principalement en ce qui concerne la manipulation des moûts) et du contrôle des températures. Il faudra leur montrer comment utiliser le SO$_2$ (anhydride sulfureux ou soufre) afin de stabiliser le vin et d'éliminer les risques d'oxydation, et leur suggérer, dans la mesure du possible, de ne plus vinifier la criolla, une variété de vigne bien meilleure pour la table. En s'en tenant au malbec et au torrontés, ce serait un progrès. Enfin, une des solutions pour ces vins artisanaux sera peut-être de produire plus de mistelles, puisque

Ma description des vins

- **Criolla rosado.** Même si la couleur est acceptable, il est simplement oxydé.

- **Malbec tinto.** La couleur est plutôt jolie, mais il manque de fruit et les tanins sont durs et amers. Aussi, problème d'oxydation.

- **Malbec 2007.** La robe est correcte. Le nez est fruité. En bouche, en plus d'une note oxydative, le vin est acide, maigre et plutôt court.

- **Torrontés.** Vin non stabilisé, sa couleur est trouble. Difficile à boire.

- **Torrontés (autre cuvée).** Agréablement aromatique. Odeurs de levures. Pas de fraîcheur et manque de fruité en bouche.

- **Mistella.** Jaune ambré. Parfums de fleurs blanches et de miel. Bonne texture en bouche. Une bonne surprise pour cette mistelle, malgré le manque évident de finesse.

l'apport d'alcool dans l'élaboration de ces vins fortifiés élimine bien des problèmes.

J'aurai le bonheur d'apprendre cinq mois plus tard que Ramiro a réussi à débloquer un petit budget pour leur procurer une cuve en inox, ce qui est en soi un bon départ. Et je me promettrai alors de retourner voir «mes Calchaquies» pour constater les progrès réalisés… et les prendre à nouveau dans mes bras.

Pleins feux
sur le vignoble
de la province de Salta*

Situation géographique

Située à 1000 kilomètres à vol d'oiseau au nord de Mendoza, cette région, chère aux amoureux des paysages en hauteur, ne représente cependant que 1% de la production argentine. Sans être un alpiniste chevronné, il faut savoir que les vignobles sont situés à une altitude allant de 1700 à 2400 mètres, et à Cafayate principalement.

Climat et géologie

Dans ces belles vallées calchaquies au panorama saisissant, la culture du raisin profite d'un microclimat idéal grâce à un soleil présent tout au long de l'année, et propice à la couleur et à la finesse des tanins. Le peu de pluie entre septembre et mai, et les grands écarts de température entre le jour et la nuit favorisent l'empreinte aromatique du futur vin. Le sol est formé de sable et de petits galets qui assurent un bon drainage ; les vignes sont irriguées par les rivières avoisinantes et les nappes d'eau souterraines.

Etchart et son histoire

Depuis plus d'un demi-siècle, la famille Etchart assure une production de premier ordre près de Cafayate. Établi en 1850 dans la province de Salta, le domaine a été longtemps connu sous le nom de La Florida. En 1996, Bodegas Etchart fut rachetée par le groupe français Pernod Ricard, qui continue de promouvoir tradition et distinction. Si on y cultive le chardonnay, le merlot, le malbec et le cabernet sauvignon, c'est le torrontés, aromatique à souhait, qui est le maître des lieux. Des rendements raisonnables et le désir de bien faire en restant fidèle à un terroir d'exception donnent du crédit à cette société, qui a travaillé d'arrache-pied pour être reconnue.

D'autres maisons

En plus de Colomé, situé entre Salta et Cafayate, la Bodega El Esteco, dont les cuvées sont connues dans le monde sous le nom de Michel Torino, est l'autre société installée à Cafayate. Évidemment, la région attire d'autres investisseurs tels que Michel Rolland, associé à la famille Etchart dans l'aventure de San Pedro de Yacochuya. Le populaire œnologue girondin signe ici un de ses grands vins rouges, le Yacochuya, un pur malbec à la robe dense, aux notes de cassis, de myrtilles et d'épices, et aux saveurs poivrées et torréfiées, le tout emballé par des tanins fins et mûrs.

Autre maison familiale dans le district de San Rafael, dont le fondateur, à la fin du XIXe siècle, avait planté ses premières vignes du côté de Cafayate : la Bodega Félix Lavaque, ou Finca El Recreo. Aujourd'hui dirigée par la cinquième génération, elle propose une trentaine de cuvées, les deux entités réunies. Personnellement, je recommande les vins de Cafayate, dans la gamme Finca de Altura, d'un excellent rapport qualité-prix.

Enfin, j'ai aimé déguster sur place les produits d'El Porvenir de Los Andes, une ancienne cave établie à Cafayate à la fin des années 1890, et qui a recouvré une seconde jeunesse en 1999 grâce à des investisseurs décidés à jouer le tout pour le tout afin de se démarquer. Pour arriver à leurs fins, ils se sont entourés de gens compétents, dont l'œnologue espagnole Maria Isabel Mijares. Si le torrontés fait partie des priorités, El Porvenir élabore aussi, à partir d'une centaine d'hectares, un cabernet sauvignon et un malbec qui ne manquent pas de caractère, et un assemblage délicieux sous le nom de Laborum.

---

* On peut en savoir beaucoup plus sur le vignoble argentin, et sur ceux des pays voisins, en se procurant mon livre *Les vins du Nouveau Monde, tome II*, publié aux Éditions de l'Homme.

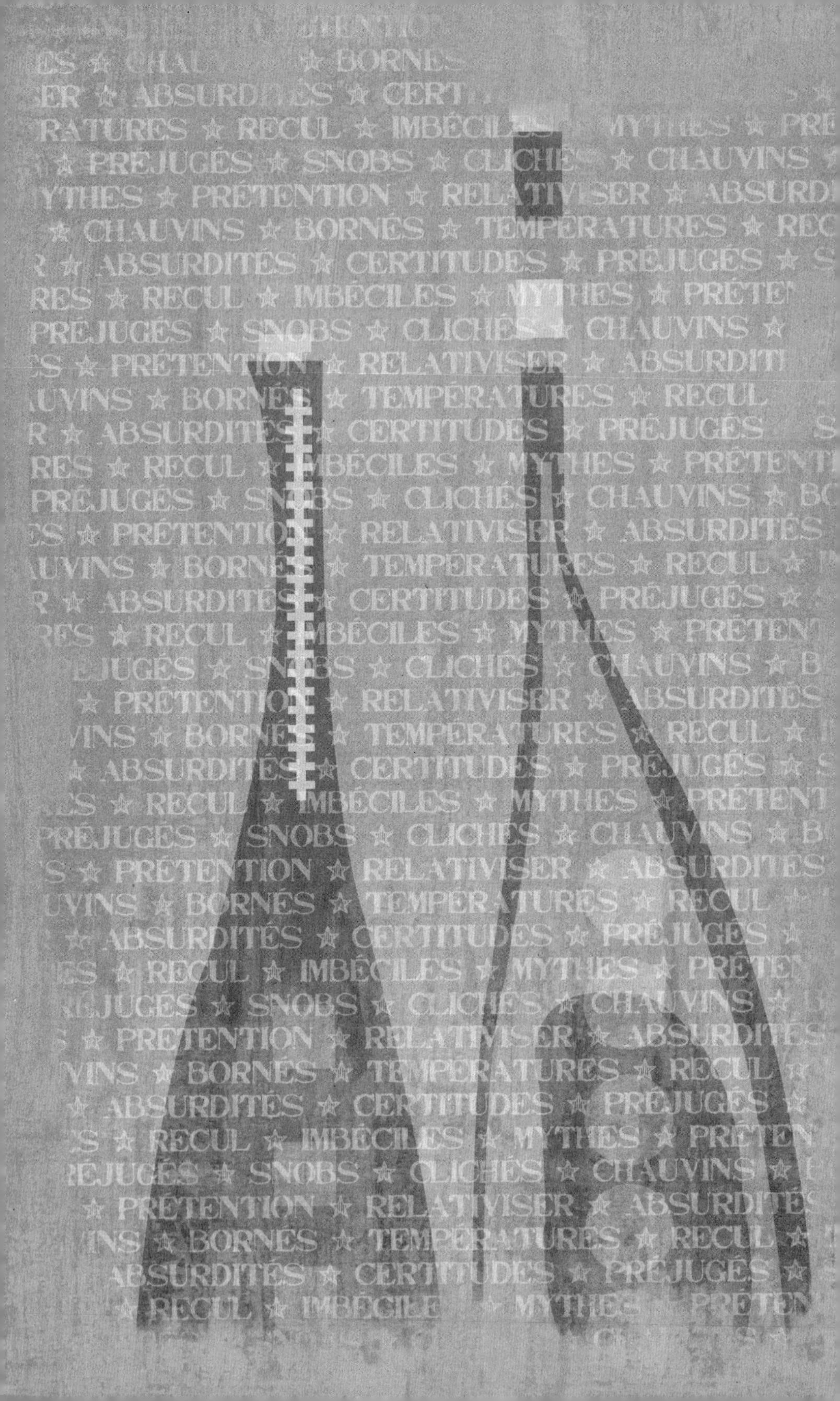

RATURES ☆ RECUL ☆ IMBÉCILES ☆ MYTHES ☆ PRÉ
☆ PRÉJUGÉS ☆ SNOBS ☆ CLICHÉS ☆ CHAUVINS ☆
YTHES ☆ PRÉTENTION ☆ RELATIVISER ☆ ABSURDI
☆ CHAUVINS ☆ BORNÉS ☆ TEMPÉRATURES ☆ REC
R ☆ ABSURDITÉS ☆ CERTITUDES ☆ PRÉJUGÉS ☆ S
RES ☆ RECUL ☆ IMBÉCILES ☆ MYTHES ☆ PRÉTEN
PRÉJUGÉS ☆ SNOBS ☆ CLICHÉS ☆ CHAUVINS ☆
ES ☆ PRÉTENTION ☆ RELATIVISER ☆ ABSURDITÉS
AUVINS ☆ BORNÉS ☆ TEMPÉRATURES ☆ RECUL
R ☆ ABSURDITÉS ☆ CERTITUDES ☆ PRÉJUGÉS
RES ☆ RECUL ☆ IMBÉCILES ☆ MYTHES ☆ PRÉTENT
PRÉJUGÉS ☆ SNOBS ☆ CLICHÉS ☆ CHAUVINS ☆ B

Paradoxes
et autres absurdités

C'était en juin 2009 et j'étais en sol français pour deux semaines. La raison de mon séjour : Vinexpo. Une fois de plus, j'ai été bien servi en ce qui a trait au décalage qui existe, en matière de vin, entre le discours et la pratique, entre tout ce qui se dit et s'écrit et le traitement qu'on lui accorde, pour le meilleur et pour le pire.

Moi qui venais de pondre un article sur les dérives et les excès de notre petit monde, et le caractère ampoulé qu'on veut lui prêter, insistant sur le principe qu'on en fait souvent trop, j'ai pu à nouveau vérifier que le contraire n'est pas forcément mieux. D'ailleurs, au risque – non fondé – de paraître ennuyant, le juste milieu, qui se trouve

La magie de Vinexpo

>> Salon géant et rendez-vous international, Vinexpo se déroule à Bordeaux en juin tous les deux ans. Créé en 1981, cet événement commercial, lieu incontournable d'échanges et de rencontres, accueille environ 50 000 visiteurs, des professionnels venus de plus de 140 pays. Moi qui privilégie les contacts avec les producteurs de vins sur leur propre terrain, j'avoue que j'aime cette expérience au cours de laquelle les principaux acteurs de notre industrie se retrouvent en un seul endroit pendant cinq jours.

dans l'équilibre et le jugement, n'empêche surtout pas, à mon avis, d'accéder au véritable plaisir. Au contraire, et c'est peut-être là ce qui caractérise l'hédoniste épicurien, pour ne pas dire le jouisseur éclairé... Que l'on soit professionnel, simple consommateur ou œnophile chevronné, on va de temps à autre d'aberration en discordance et de paradoxe en absurdité, avec une façon de voir qui confine à la bêtise.

● ●∙∙∙∙ ●

Tout a commencé chez des proches où je séjournais les premiers jours...

« C'est peut-être l'heure d'ouvrir un des flacons que je vous ai apportés ? » ai-je dit. Malgré ma bonne volonté, ce fut la croix et la bannière pour trouver un bon tire-bouchon et les verres appropriés. Ne parlons pas des carafes, brillant par leur absence, ni de la température sur laquelle je reviendrai plus loin... Il ne fallait pas me provoquer ! Je suis fragile. Ou peut-être voulait-on mettre à l'épreuve le maniaque de la bouteille, le tatillon du thermomètre, en d'autres mots le pinailleur de service. Il n'y a pourtant pas plus commode que moi, mais faut tout de même pas pousser le bouchon trop loin !

Quand je prône la mesure et le bon sens, cela ne signifie pas qu'il faille faire n'importe quoi et confondre facilité avec simplicité et mesquinerie. Entre un Riedel de collection et un verre à moutarde, il y a certainement place au compromis. Bon, j'exagère un peu, car on arrive toujours à se débrouiller, même avec les petits ballons des années 1960 ou les trois rescapés au pied amoché de la liste de mariage, esseulés dans le fond du buffet. Mais avez-vous essayé de boire un grand vin dans un verre à bière ? C'est du gâchis ! Pourquoi ne pas vivre avec son temps et reléguer au placard les vieilles habitudes ? Ça garde jeune !

Mais revenons en 2009. Une fois à Bordeaux, ma vie s'est avérée plus facile. Comme d'habitude, le service dans les soirées aux châteaux était pour ainsi dire sans faille. À Pichon-Longueville Comtesse de Lalande, à Mouton Rothschild ou à Haut-Bailly, en ce qui me concerne, les prestations, malgré l'immense réputation des étiquettes proposées, étaient sobres, d'une belle tenue et sans bavure. Rien n'a manqué, et dans l'esprit et dans le geste. Pendant l'expo, les verres pour déguster à la plupart des kiosques étaient à la hauteur de la situation. Par contre, malgré une chaleur agréable et supportable, entre 22 et 28 °C, il y avait bémol en ce qui a trait au degré des vins.

Entre Narbonne et la Méditerranée

>> Jacques Boscary, propriétaire du splendide Château Rouquette sur Mer dont les vignes, dans l'appellation Coteaux du Languedoc La Clape, courent vers la Grande Bleue, voulait encourager le jeune couple qui tenait l'établissement.

Vinexpo terminé, j'ai filé en direction du Languedoc. Le soir même, en compagnie d'un vigneron, je me suis retrouvé à la terrasse d'un restaurant assez achalandé. La cuisine était bien, sans plus, avec néanmoins un souci de recherche. Le service, lui, était catastrophique malgré une bonne volonté. Le vin du monsieur n'étant plus à la carte, il s'est résigné à commander une cuvée d'un concurrent, qui nous a été servie chaude comme une tisane! On a demandé un seau avec de l'eau fraîche, on l'attendra toute la soirée…

Deux jours plus tard, dans les Corbières, je me suis rendu avec des amis chez des vignerons qui profitaient du week-end pour recevoir les passants et vendre le fruit de leur labeur en compagnie d'autres viticulteurs, des jeunes dans la trentaine avancée venus d'Alsace, de Bergerac, de la vallée du Rhône, qui partageaient la même philosophie. L'idée

D'un chaland à l'autre

>> Je tiens compte ici de la définition, utilisée à bon escient au Québec, du mot « achalandé », qui signifie qu'on y trouve beaucoup de monde, et non beaucoup de marchandises, pour la bonne raison que « chaland » (en dehors du bateau à fond plat) désigne un client ou un acheteur dans un magasin.

était excellente, et j'ai été invité à rester pour des agapes sans façon, je dois le préciser, sous un soleil de plomb.

Hélas! Les vins ont été servis à la « température de la pièce »! Nous étions sous des parasols, c'était sympathique, il faisait 36 °C et le vin allait bientôt... en faire autant. Ce qui m'a impressionné, et c'est l'assoiffé qui parle, c'est que personne n'a semblé s'en préoccuper. Imaginons un instant la réaction des convives à qui l'on apporte un plat froid quand il est censé être chaud! La protestation ne se fait pas attendre. Pour le vin, notamment dans les pays à forte tradition viticole, on dirait que, bien souvent, ce n'est pas important de faire attention à la température de service. Quoi qu'il en soit, j'ai attendu 10 bonnes minutes, il ne s'est rien passé, et avant que je me mette à bouillir comme toutes ces fioles mal ouvertes, le maître des lieux s'est adressé à moi d'un air étonné en me tendant une flûte alsacienne : « Qu'est-ce qui t'arrive, tu n'en prends pas ? »

« Enfin, il va se passer quelque chose », me suis-je dit. Comme je ne pouvais, vu le contexte, lui demander une bière bien fraîche, je lui ai suggéré discrètement l'idée d'apporter des récipients remplis d'eau froide et de glaçons. C'était un peu le parcours du combattant, et ce fut fait un peu plus tard... après l'entrée.

Vive la capsule à vis !

› Je reste tout le temps décontenancé – *a fortiori* chez des producteurs négligents – devant des capsules lacérées, des bouchons déchiquetés, des bouteilles ouvertes à la va-comme-je-te-pousse... Ce n'est pourtant pas compliqué !

C'est vrai. Tout ça n'est pas bien grave et il y a pire sur terre que ces petits problèmes d'intendance. Par contre, nous voilà au cœur d'un autre paradoxe, et c'est sans doute le chroniqueur qui parle : à quoi sert-il de palabrer, de philosopher pendant des heures sur le terroir, l'âge des vignes et les densités de plantation, de s'extasier devant une cuverie avant-gardiste ou de vanter les mérites de la biodynamie si c'est pour « valoriser » le vin de cette façon? C'est un comble quand il s'agit du sien. Il est regrettable, pour un banal manque d'attention, de détruire ainsi en trois minutes le travail acharné de plusieurs mois, voire des années.

Pourquoi écrire des livres ou s'en procurer, s'abonner à des revues spécialisées et dépenser des sommes folles dans une cave qui sera *in fine* mal gérée ? On aura beau vouloir intellectualiser le précieux nectar et le rendre compliqué pour mieux impressionner une clientèle avide de nouveauté, réinventer la roue pour se donner de l'importance et pontifier devant des clients ou des amis faussement ébahis, il faudrait déjà maîtriser les principes de base, que ce soit dans l'achat, la vente et le service.

Sous prétexte d'être gentil – et cette fois c'est le prof et le sommelier qui mettent leur grain de sel –, je devrais passer sous silence le laïus réducteur du serveur désagréable qui affiche un mépris pour son métier et du même coup son ignorance, m'assénant ses quatre vérités en déclarant de façon péremptoire qu'il ne tient pas de muscadet pour la bonne raison qu'il s'agit, pour reprendre ses mots, d'un « picrate imbuvable » ! Fidèle à mes habitudes quand je suis en position extrême avec des imbéciles, je ne bronche pas. J'avale ma salive et la piquette qui m'est refilée, puis je pense à ce vieux Georges qui avait tellement raison quand il chantait que « le temps ne fait rien à l'affaire », quand on est con, on est con !

Dans l'avion du retour, j'étais assis à côté d'un homme – sans aucun doute un amoureux du vin, doublé d'un avocat – qui m'a reconnu. Flatté par ce qui me semblait être une forme d'égard à mon endroit, je l'ai écouté sagement me débiter ses vérités sur le vin. Et sont revenus, tels les vestiges d'une époque révolue, les lieux communs, les mythes et les vieux préjugés. Parmi ceux-ci, j'ai retenu son obsession des notes,

Le vin des Bretons

>> Je ne suis pas un adepte constant de muscadet, quoi qu'il n'y ait guère mieux pour accompagner les huîtres nature. Pourquoi, cela dit, affirmer de telles sottises ? Est-ce son prix abordable qui le cantonne au rayon des produits quelconques et sans intérêt ? Il n'en demeure pas moins qu'il s'en fait de bons et savoureux, fidèles à leur origine minérale, et issus de ce sud de la Bretagne où j'étais alors de passage, ce qui ajoute à l'ironie.

prétendument gages de qualité, qui, pour moi cependant, expriment peu dans l'absolu. Il était mal tombé, mais je n'ai pas riposté. Puis, en bon procureur de la défense, il y est allé d'un plaidoyer, en passant de plus en plus répandu, énonçant l'idée que si le vin n'est pas bio, il n'est pas bon! J'ai alors tenté de me faire l'avocat du diable en parlant d'une approche parfois racoleuse qui profite du mouvement écologiste ambiant, et tout à fait justifié par ailleurs, pour donner à des produits une pseudo plus-value et, surtout, les vendre à des prix trop élevés.

Rien n'y fit. L'homme en a rajouté et est passé du côté de l'accusation en affirmant que seules les petites maisons font du bon vin, pendant que les grosses structures ne produisent que des piquettes industrielles. Avec diplomatie, j'ai rétorqué qu'il prenait un raccourci qui déformait la réalité, que si de nombreux petits propriétaires travaillent très bien et des grandes boîtes ne présentent aucun intérêt, le contraire est tout aussi vrai. En effet, combien de petites et moyennes entreprises n'ont pas les moyens de leurs ambitions, alors que de grandes caves pilotées par des gens d'expérience et de tradition sont capables de mettre en valeur des terroirs d'exception?

Pendant qu'il me regardait d'un œil dubitatif, j'imaginais les réactions de l'homme de loi si, moi, j'avais osé balancer sur sa profession le quart de son exposé maladroit, de ses affirmations fallacieuses et à l'emporte-pièce. Nul doute qu'il m'eût fallu trouver un bon avocat...

Au terme d'une heure de ce traitement «royal», Brassens est revenu dans mes pensées, puis j'ai invoqué l'urgence de m'en remettre à Morphée. J'ai mis une petite bille de cire dans chacune de mes oreilles, puis je me suis assoupi profondément...

●●••• •

Il en va donc du vin comme dans d'autres domaines. On n'en est pas à une contradiction près, et mes petites histoires, depuis le début de ce livre, montrent les situations paradoxales que la noble boisson sait engendrer ou dans lesquelles elle se faufile. Tous ces épisodes, toutes ces portions de vie personnelle et professionnelle m'ont probablement permis de mettre les circonstances en perspective. Mes élèves et mes enfants – n'est-ce pas, Julie ? – m'ont déjà taquiné et me taquinent encore de leur avoir servi, en guise de leitmotiv, l'importance de relativiser. On peut défendre des idées et des principes, améliorer des façons de faire et mettre les points sur les i, surtout dans un environnement technique, mais on ne devrait en aucun cas perdre de vue la nécessité de faire la part des choses et de prendre du recul en tout temps. Combien de fois n'ai-je pas dit d'un gros rouge un peu lourd qu'il serait merveilleux après deux semaines dans le désert ? Comment doit-on réagir à cet achat par une femme qui se rendait en Côte d'Ivoire, un pays où le salaire annuel moyen frise les 1000 euros, et qui, dans un magasin de Roissy, en a dépensé près de 30 000 pour trois célèbres crus bourguignons ? Faut-il fermer les yeux ou se révolter ?

Cinq minutes pour claquer une fortune

Cette transaction s'est déroulée en cinq minutes dans la boutique Pure and Rare du terminal 2E de l'aéroport Paris-Charles-de-Gaulle, pendant la semaine du volcan islandais dont le nuage de fumée a paralysé sérieusement le ciel de l'Europe, en avril 2010.

Enfin, sur la santé de l'homme, on se donne bonne conscience en usant de cet amalgame entre le bon vin, bu modérément et en toute connaissance de cause, et l'alcool en général qui peut causer des dommages irréparables. Comme si le vin rimait avec beuverie et trivialité, alors qu'il serait sage, sans prendre la licence de lui attribuer des propriétés thérapeutiques exceptionnelles, de ne pas lui coller cette image négative en associant les dérives d'une consommation excessive avec le plaisir légitime d'en boire du bon.

Si la modération et le bon sens doivent être au rendez-vous, la tolérance et la modestie devant le verre devraient être les préalables à tout bon dégustateur. Comme ma mère me l'a si bien enseigné, un peu d'humour et de fantaisie, dans le sens de l'imagination et de l'originalité – on ne fait tout de même pas dans la médecine nucléaire –, n'ont jamais fait obstacle à la rigueur, à la précision du propos. Il faut simplement essayer de ne pas prendre tout cela trop au sérieux, et éviter de tomber dans le panneau de la mode et le piège de la prétention.

Quand j'entends des gens bourrés de vieilles certitudes et campés sur leurs *a priori* qui continuent à se répandre en inepties, en deux mots qui racontent n'importe quoi, je me retiens, si vous saviez, je me retiens pour ne pas crier, avec un petit air faussement indigné : « Cessez ! Cessez ! »

Comme le disait ma tante...

... il y a des choses plus importantes ! Voilà une autre antinomie qui sévit dans notre milieu. Il n'y a rien de plus simple que le bon vin. Et pourtant, certains profitent de leur position d'expert pour faire croire qu'ils détiennent la vérité, alors que celle-ci se cache peut-être dans le fond du verre. D'autres se prennent tellement la tête qu'ils obtiennent l'effet contraire de l'objectif initial en éloignant, par un langage par trop hermétique, celles et ceux qui aimeraient en savoir davantage. De tout cela, bien sûr, il faut en rire. Le rire, à toutes fins utiles, ne facilite-t-il pas la digestion ?

> « Jadis, ils buvaient du vin
>
> sans se poser trop de questions
>
> et sortaient leur tire-bouchon
>
> pour le plaisir, jamais en vain
>
> Maintenant ça fait bien
>
> de disserter sur un grand cru
>
> par des propos incongrus
>
> à l'oreille du béotien. »
>
> *Couplet d'une de mes chansonnettes.*

Remerciements

Pour m'avoir inspiré, encouragé et aidé dans ce projet,
d'une façon ou d'une autre, je voudrais remercier :

Philippe Belleteste
Jean-Yves Bernard
Pierre Bourdon
Michèle Chantôme
Jean Chouzenoux
Josiane Duval Orhon
Francine Galataud
Ghislain K. Laflamme
Don-Jean Léandri
Erwan Leseul
Sylvie Massariol
Jean-Nicolas Orhon
Julie Orhon
Francis Reddy
Hervé Richard

Table des matières

Suivez les Éditions de l'Homme sur le Web

Consultez notre site Internet et inscrivez-vous à l'infolettre pour rester informé en tout temps de nos publications et de nos concours en ligne. Et croisez aussi vos auteurs préférés et l'équipe des Éditions de l'Homme sur nos blogues!

www.editions-homme.com

Achevé d'imprimer au Canada
sur papier Enviro 100% recyclé
sur les presses de Imprimerie Lebonfon Inc.

BIO GAZ
ÉNERGIE

100%